古波斯语教程：
语法·文本·词汇

白钢◎著

华东师范大学出版社
·上海·

华东师范大学出版社六点分社　策划

目　录

序言

本书是对于古波斯语的一种系统研究。古波斯语是印欧语系之印度－伊朗语族的伊朗语分支中有着最古老文献传承的两种语言之一（另一种为阿维斯塔语）。它作为古代波斯帝国王室所使用的语言，以一种（由大流士所创？）的准字母楔形文字加以记载，专用于波斯王室的碑铭中。作为这一过程中最古老也最重要的证物，记载大流士功业的贝希斯敦（Behistun，古波斯语：Bagastana“神居之地”，新波斯语：Bīsotūn）铭文，它包含古代波斯语、巴比伦语、埃兰语（Elamite）三种相互对照的楔形文字，为人类在 19 世纪破解楔形文字提供了极为重要的助缘。古波斯语所用的文字作为各种楔形文字中最早被破解者，为其他各种楔形文字的破解提供了核心的线索与参照。

波斯帝国作为一个地跨亚非欧三洲、幅员辽阔、民族众多、地区差异极大的超级政治体，确立和完善了对于后世影响至为深远的行省制度，形成了帝国政府与地方精英－贵族集团合作，既赋予地方以高度自主性又维持帝国政府之高度权威的格局，从而突破了以巴比伦第一王朝—亚述帝国—新巴比伦王朝为代表之“可大而不可久”的政体局限，在人类政治史上留下了真正意义上的核心遗产。波斯帝国所奉行的宗教宽容政策与波斯王室对于琐罗亚斯德宗教的信仰并行不悖，是那一时期宗教氛围极为浓厚的地中海文明区内带有政教分离性质的重大创举。亚历山大所开启的“希腊化时代”出现的各种文明－宗教相互借鉴交流融汇的盛况，正是这种精神的直接继承者。

对古波斯语的研究，对于理解波斯帝国和古代伊朗文明，理解那一时期多语环境下的文本生成与相互影响，认识伊朗语族、印度－伊朗语族（乃至印欧语系）的历史演化，均有极重要的价值。

上世纪以来，国际学界出现了几部高水平的古波斯语语法，包括梅耶（Antoine Meillet）所著，并经本维尼斯特（Émile Benveniste）大幅修订的《古波斯语语法》（*Grammaire du vieux-perse*，1931^2），肯特（Roland Kent）所著《古波斯语：语法、文本、词汇》（*Old Persian:*

Grammar, Texts, Lexicon，1953[2]），布兰登斯坦（Wilhelm Brandenstein）和迈尔霍费尔（Manfred Mayrhofer）所著《古波斯语手册》（*Handbuch des Altperischen*），1967）。其中梅耶和本维尼斯特、肯特、布兰登斯坦和迈尔霍费尔分别代表着法语、英语、德语这三种学术语言在古波斯语语法研究领域的代表性学术成就，都体现了历史比较语言学的方法与古波斯语文本的有机结合。肯特作品中体现的对当时所掌握的古波斯语材料所进行的穷尽式分析，布兰登斯坦和迈尔霍费尔对于古波斯语的各种语音现象所进行的精审探究和对于古波斯语词汇的词源学解释，更是在整体的高水平写作中极突出的特点。以电子版的形式出现于哈佛大学官网的施杰我（Prods Oktor Skjærvø）所著《古波斯语导论》（*An Introduction to Old Persian*，2016），代表着与前述作品在风格上有明显差别但同样颇见水准的尝试，其最大特点是带有大量练习（包括楔形文字的和拉丁转写的），非常适合课堂教学或自学使用，又保持较高的学术品质。

本书的写作，正是在借鉴了上述几部优秀作品的基础上进行的。它大致分为以下几部分：

1. 历史背景，包括古波斯语（及其在印度－伊朗语族，进而在印欧语系中的地位）和波斯帝国的相关信息介绍；

2. 楔形文字字母表与相关书写原则；

3. 历史比较语法，分为语音、形态、句法三个部分，除介绍古波斯语的相关形式与演化轨迹外，会系统性地将其与阿维斯塔语、梵语（吠陀语）和拟构的古印欧语形式加以对比，并大量伴随包括古希腊语、拉丁语、赫提语、哥特语在内的其他古代印欧语相关形式的类比；

4. 波斯帝国铭文分布情况及对应的语言情况介绍；

5. 古波斯语文本释读，分为 A. 带有语法分析的文本示例，在这一部分，文本将被分为五个层次（行）加以分析：第一行是楔形文字形式，第二行是对于第一行内容的转写（transliteration）形式，第三行是其转录（transcription）形式，第四行是语法与词义分析，第五行是汉语翻译；B. 不带语法分析的文本示例，即古波斯语文本的拉丁字母转录配以汉语翻译。这一部分所处理的文本，出自大流士的贝希斯敦铭文（DB）中的五栏（Column）古波斯语。其中 A 部分的 Column

I,B 部分的 Column II-V。贝希斯敦铭文作为古波斯语传世文献中篇幅最长影响最大者，能为读者提供古波斯语文献的基本面貌。

6. 附录，包括 1）波斯王系，梳理波斯帝国的王族谱系；2）波斯帝国的历史存在与历史形象，勾勒作为空前庞大之政治体的波斯帝国之特点及其对后世的影响；3）古波斯语楔形文字的破解简史。

7. 古波斯语词汇表，分为 a. 古波斯语 - 汉语，以古波斯语的拉丁字母转写顺序排列编写，收录的词条涵盖大部分已发现的古波斯语词汇，伴以可能的词源学解释;b. 汉语 - 古波斯语，以汉语拼音的顺序排列编写，由于 a 部分有相对完整的分析，故而这一部分只标出汉语概念所对应的古波斯语词汇的基本形式。

8. 参考文献，分为语法 - 字典类、语法分析类、历史比较语言学类、相关历史 - 宗教背景类几个范畴。

本书的历史比较语法中语音和形态部分，体例上采用布兰登斯坦和迈尔霍费尔 1967 的形式，但很多内容与解释根据印欧历史比较语言学较新的研究成果进行了调整，如在当时还未被普遍接受而后来有重大发展的喉头音理论（Laryngeal Theory）。

文本释读所涉及的相关铭文,A 部借鉴了施密特（Rüdiger Schmitt）的《阿契美尼德王朝的古波斯铭文》（*Die Altpersischen Inschriften der Achaemeniden*，2009）的文本校勘与体例,B 部则文本上参照施密特 2009 而体例上接近肯特 1953 和施杰我 2016。

辞典部分，借鉴了肯特 1953、布兰登斯坦和迈尔霍费尔 1967 和施密特的《古波斯王室铭文辞典》（*Wörterbuch der Altpersischen Königsinschriften*，2014）的体例，考虑到汉语学界还没有一部真正的印欧语词源学辞典，对于可能具有古印欧语来源的古波斯语词汇，都给出了拟构的古印欧语（原始印欧语）形式和有代表性的关联词（首先是印度 - 伊朗语族的，进而是各种其他印欧语）。

对于有一定的历史比较语言学基础的读者，可以按照本书的编排次序往下阅读。尽管本书没有达到肯特 1953 对于古波斯语的各类语言现象分析的详尽程度，但基本上可以作为参考性语法（Reference Grammar）加以使用。对于更多是希望了解古波斯语本身及其所使用的楔形文字情况的读者，可以在阅读楔形文字的部分后，直接跳到文本释读中带有语法分析的文本示例部分，通过阅读贝希斯敦铭文的内容，获得对于古波斯语文献和楔形文字的直观印象，在此过程中若有疑问或希望获得更系统性的知识，可再转回本书前面的章节。

本书的问世，要感谢笔者所在的复旦大学中文系和华东师范大学出版社六点分社的大力支持，感谢倪为国老师、彭文曼女士与王旭编辑的努力付出。由于本书涉及大量特殊字符，特别是楔形文字符号，给排版工作带来了巨大的挑战。能够以目前这个形式呈现，殊为不易。在此，可以借用贝希斯敦铭文中的话作为某种自勉：ima adam akunavam，adam hamataḫšaiy"我完成了这事。我已尽了努力！"希望这一在当下显得有些冷僻的作品在未来并不孤单。是为序。

语法

导论

§ 1. 古代波斯语是一种用楔形文字记载的阿契美尼德王朝时波斯王室所使用的语言。它与作为琐罗亚斯德宗教之圣语的阿维斯塔语同属于伊朗语族有文字记载的最古老语言。伊朗语族属于印欧语系的东部分支，并与以吠陀语－梵语为古老代表的印度语族具有特殊的相关性，故而往往被合称为印度－伊朗语族。将印度与伊朗的语言－文明作为一个整体加以考察，很大程度上源于这两种文明的主导形态都可回溯到古代印欧民族的某一共同族群。这一族群将自己称作“雅利安”（梵文 ā́ryaḥ，古波斯语 ariya，阿维斯塔语 a^{i}rya-），意为“高贵者”。

公元前 5000—前 3000 年，早期印欧人（Indo-European）居住在黑海以北、喀尔巴阡山脉与高加索之间的乌克兰大草原上，留下了古坟（Kurgan）文化的遗迹。约在公元前 4000 年和公元前 3000 年左右，印欧人自其故乡发动了两次大规模的民族迁徙。这奠定了印欧民族东至中国新疆的焉耆与龟兹、西至不列颠群岛、横跨几乎整个亚欧大陆的分布基础。早期印欧社会被划分为三个阶层：祭司、武士与农牧民，它们分别对应于祭祀－统治、征战－守卫与生产耕作的三重功能。在分化后的各印欧民族中，都往往能发现这种原初社会三分结构的痕迹。

自称雅利安的那支印欧人，于公元前 2000 年左右从东欧平原翻越乌拉尔山，来到了阿富汗高原。在那里，这一族群发生了分裂：一支南下来到了印度河流域的旁遮普平原；另一支，则朝着相反方向，西向进入伊朗。造成这种分裂的原因可能源自宗教信仰的分歧：古印度语中表“正神”的 deva，其同源的伊朗对应词 daēva 被赋予了“邪神”的意味；古印度人视作天神 sura 之对立面的 asura（“非神”－阿修罗），在古代伊朗的宗教体系中则成了至高神阿胡拉·马兹达（Ahuramazda）的名号。

这种信仰与族群的分裂，并未影响分立后的两支呈现出高度的文明相关性：二者最古老的经典，印度的《梨俱吠陀》（*Rigveda*）与伊朗的《阿维斯塔经》（*Avesta*）中较古老部分（归于扎拉图斯特拉名下的五首献给阿胡拉·马兹达 [Ahuramazda] 的赞美诗 *Gāthā* 与扎拉图斯特拉的追随者所作的 *Yasna Haptaŋhāiti*）存在着大量极相似的表述，某些段落甚至可以作逐字逐句的对译。

雅利安人从西北方进入印度次大陆，于公元前 15 世纪占领了包括印度河上游盆地与旁遮普邦的七河流域（saptasindhava）。北印度因而被称作雅利安伐尔塔（āryavarta），即“雅利安人的居处”。迁入伊朗高原的雅利安人居于凡湖（Lake Van）附近的 Parsuaš 地区，于公元前 9 世纪中叶才出现在这一地区的历史记述中：公元前 843 年亚述王萨尔玛纳撒三世（Salmanassar III，公元前 858—前 824 年）的铭文中，提到他此前接受了 27 个来自 Parsuaš 地区的王所献上的贡品，这些人被称作 Parsua（<*Pārsva-）。在后来的两个世纪中，他们不断向南迁徙，成为那里的主人，进而将之称作 Pārsa（“波斯”，新波斯语 Fars，古希腊语 *Περσίς*）。这支雅利安人中阿契美尼斯（Haḫāmaniš，古希腊语 *Ἀχαιμένης*）一系的族人，成为后来波斯王国 - 帝国的王室。伊朗这一名号保留着他们对于自我族群的身份认同：现代波斯语 Īrān< 中古波斯语 Ērān<Ērān-šahr, Ērān-šaϑr “雅利安人的王国”，进而可回溯到古老的属格形态 *Aryānā(m) “属于雅利安人的（土地）”。

§ 2. 伊朗语族就时间而言，可分为古（至公元前 4 世纪）、中（公元前 4 世纪—公元 10 世纪）、新（公元 10 世纪至今）三个大的类别。古伊朗语最重要的代表为古波斯语和阿维斯塔语，也包括流传于伊朗西北部、没有留下完整文献、主要保留在其他语言材料中（以词汇和专名的形式）的梅德语（Median）。中（古）伊朗语包括帕提亚语（Parthian）、粟特语（Sogdian）、斯基泰语（Scythian，又称塞种语 Saka）、于阗塞种语（Khotan Saka）、大夏语（Bactrian）、中古波斯语（Middle Persian，又称巴列维语 Pahlavi）[1] 等。新伊朗语包括 80 余

---

① 中古波斯语是安息王朝（Arsacid Dynasty，公元前 250—公元 226 年）与萨珊王朝（Sasanid Dynasty，公元 226—642 年）时期伊朗地区所使用的主要语言形式。在晚期的古代波斯语铭文中存在的某些常态化的“错误”形式（如 niyaštāya “他已全力投入”，写作 ništāya），已（转下页注）

种伊朗语系的语言－方言，其中最有影响的是新波斯语[①]、普什图语（Pushto）、库尔德语（Kurdish）、奥塞梯语（Ossetian）、塔吉克语等。

以地理分布而论，现代伊朗语族主要分为东（进而东南、东北）西（进而西南、西北）两支。波斯语是西南支的代表，库尔德语是西北支的代表，普什图语是东南支的代表，在东北支的若干较小语言群中，奥塞梯语是最有影响者。

文字

§ 3. 现存的古代波斯语文献，主要是公元前 6 世纪—前 4 世纪的产物，主要记载着大流士一世（Darius I，公元前 521—前 486 年在位）与薛西斯（Xerxes，公元前 486—前 465 年在位）的铭文，少数铭文则直至阿塔克西斯三世（Artaxerxes III，公元前 359—前 338 年在位）的时代。它们以楔形文字为载体。最早的楔形文字由苏美尔人在公元前 3000 年左右创立，经过苏美尔－阿卡德时代而进一步发展完善，在公元前 3000 年至前 1000 年的地中海文明区，扮演着类似当今世界拉丁字母文字所对应的角色。进入公元前 1 千纪后，楔形文字便逐渐失去地区主要文字形式的地位，被形式上极大便捷简化的西北闪米特字母文字所取代，阿拉美（Aramaic）字母与腓尼基（Phoenician）字母是其中的杰出代表。波斯帝国崛起后，阿拉美字母文字成了这一庞大帝国最为通行的文字载体。然而，在楔形文字已经度过其生命的黄金期趋于没落之际，它于漫长历史中积淀而成的特有之庄重神圣意味，引发了波斯王室的特殊兴趣。一种记载古代波斯语的准字母楔形文字被创造出来（由大流士？），它较之苏美尔－阿卡德的楔形文字体系大为简化，专门用于波斯王室的碑铭中。大流士（Darius）在贝希斯敦（Behistun）留下的古代波斯语、巴比伦语、埃兰语（Elamite）三语对照的楔形文字碑铭，是人类在 19 世纪破解楔形文字的极重要证物，而古代波斯语所用的文字作为第一种被破解的楔形文字，为其

（接上页注）经指示出古波斯语向中古波斯语的过渡。因而有学者认为可以将这类语言形式称作“后古波斯语”（post-Old Persian）或“前中古波斯语”（pre-Middle Persian）。参阅 Brandenstein/Mayrhofer 1964，§ 7；Skjærvø 2016，页 13。

① 新波斯语的标志是采用了阿拉伯字母而非此前中古波斯语（巴列维语）采用的阿拉美字母。考虑到德黑兰处于古代使用梅德语的区域，新波斯语很可能是以梅德语为基础发展而成。

他各种楔形文字的破解提供了核心的线索与参照。

通过古波斯语铭文在不同阶段语言形式的变化，我们可以推想，它们不但作为书面语被应用，也曾作为一种宫廷语在相关的群体中言说。很可能，这种语言存在的历史应该可以上溯到最早的铭文问世前几个世纪，大约与晚期阿维斯塔语（Young Avestan）相似。

§ 4. 在贝希斯敦（Behistun）铭文的 § 70 中，大流士写道：ima dipi[c]i[çam] adam akunavam patišam ariyā utā pavastāy[ā] utā carmā gra[ftam] [āha]（“我造了这铭文形式，而且是雅利安式的，被刻写在泥版和羊皮纸上”）。这种被表述为“雅利安式的”（ariyā）铭文形式（dipi-ciçam）[①]，很可能就意味着楔形文字的形式。如果这一释读是正确的，那么古波斯语的楔形文字当是依大流士的意愿所创的。此前，居鲁士大帝（Cyrus II）已经使用过阿卡德语（巴比伦语）的楔形文字，他的名字（Kuruš）所涉及的楔形符号 ku、ru 属于古波斯语楔形符号中最为古老的存在，因而古波斯语楔形文字的最初发展或许能上溯到居鲁士时期[②]。这种在大流士时代生成的新型楔形文字，甚至不是一种对旧的苏美尔 - 阿卡德楔形文字体系的改造，而是结合古波斯语的特点所造的创设，或说，是楔形文字旧体系的运用和新体系的创设之结合。除了使用楔形符号和功能上对应于苏美尔 - 阿卡德体系的意符（Logogramm）外，其总体构造方式与旧的楔形文字体系差异很大，反而大量借鉴了阿拉美字母文字的特点，形成了一种音节文字与字母文字的结合，某种程度上可以说，是以楔形符号之相表字母文字之实。在迄今所知的各种楔形文字中，与之最接近的当是乌迦利特语（Ugaritic）的文字体系。

古波斯语的楔形符号表单纯的辅音（C）或辅音 + 元音（CV），CV 结构中包含的元音为 a, i, u（Ca, Ci, Cu）。<> 符号往往被用于标识楔形文字的转写（translitration）形式。所有表达辅音的符号 C，也都可以表达辅音 + 元音 a 的楔形符号 <Ca>[③]。但 <Ci> 符号只有 4 个，

① 这一表述中“雅利安的”一词，在埃兰语版本作 har-ri-i̯a；“铭文形式”一词，在埃兰语版本中作 tup-pi-me。

② 参阅 Schmitt 1980，页 19-20。

③ 由于 <C> 与 <Ca> 形式上一致，因而转写中选择何者，在不同学者的著作中，有所差别。如 Kent 1954 与 Brandenstein/Mayrhofer 1964 以 <C> 为基本型，Skjærvø 2016 以 <Ca> 为基本型。本书的转写依照后者。

<Cu> 符号只有 7 个。楔形文字的符号往往是多义的，因而对于楔形文字的转写本身就已经包含着对于相关内容的释读与理解，无法与转录（transcription）截然分开。如 <a-sa-ta-i-ya> 的形式，通常会被读作 astiy“他是”，但也可以读作 āsantaiy，而如果对这一组楔形符号每一个所包含的各种可能性加以列举：a-，ā-，an，ān（4）/ s，sa，san（3）/ t，ta（2）/ i（1）/ y，ya（2）= 48，则共包含着 4*3*2*1*2=48 种可能性。

§ 5. 楔形文字符号表（依照字母顺序）

𐎠	a, ’	𐎡	i	𐎢	u
𐎲	b, ba				
𐎨	c, ca①				
𐏂	ç, ça				
𐎭	d, da	𐎮	di	𐎯	du
𐎳	f, fa				
𐎥	g, ga			𐎦	gu
𐏃	h, ha				
𐎧	ḫ, ḫa②				
𐎩	j, ja③	𐎪	ji		
𐎣	k, ka			𐎤	ku
𐎾	l, la				
𐎶	m, ma	𐎷	mi	𐎸	mu
𐎴	n, na			𐎵	nu
𐎱	p, pa				
𐎼	r, ra			𐎽	ru
𐎿	s, sa				
𐏁	š, ša				
𐎫	t, ta			𐎬	tu
𐎰	þ, þa④				
𐎺	v, va	𐎻	vi		
𐎹, 𐎹	y, ya				
𐏀	z, za				

（𐏐 为词与词之间的分隔符号。𐎹 与 𐏐 出现在贝希斯敦铭文中。除

① Brandenstein/Mayrhofer 1964 转写作 č, ča。
② Kent 1953、Skjærvø 2016 转写作 x, xa。
③ Brandenstein/Mayrhofer 1964 转写作 ǰ, ǰa。
④ Kent 1953、Skjærvø 2016 转写作 ϑ, ϑa。

上述形式外，𐎠<ă> 出现过一次。）

说明：本书所采用的古波斯语转写体系，综合考虑了古波斯语本身的语言特点、与古波斯语有着最密切关联的阿维斯塔语和梵语的转写体系及相关学术传统。

由于阿维斯塔语和梵语均采用 c、j，因而本书未使用 Brandenstein/Mayrhofer 1964 中 č、ǰ 的转写。

但是，阿维斯塔语转写体系所惯用的 x 与 ϑ 没有被本书采用，而代之以 ḫ 与 þ，其主要原因在于：

x 对于大部分读者而言，会首先联想到某种与 ks 相关的音值，且其拉丁字母位序在 v 之后、y 之前，不如 ḫ（它在词典中位于 h 之后）能更清晰地传递这一字母在古波斯语中的音值情况。

阿维斯塔语的转写体系中，使用希腊字母 β、γ、δ 表达与 b、g、d 对应的擦音（Fricatives），以 ϑ 对应 t 的擦音。而在古波斯语的语音体系中，则不存在这种系统性的对应关系。因而本书没有采用在拉丁字母转写体系中引入希腊字母的做法，而使用了在早期日耳曼语转写中很常用的 þ。

意符（Logogramm）：

𐏋 : <ḪŠ>= ḫšayaþiya“国王，君主”；

𐏌 : $\langle DH_1 \rangle$=dahyāuš“国土，区域”，𐏍 : $\langle DH_2 \rangle$=dahyāuš；

𐏈 : $\langle AM_1 \rangle$=Auramazdā“阿胡拉·马兹达神”；𐏉 : $\langle AM_2 \rangle$= Auramazdā；𐏊 : <AMha>= Auramazdāha“属于阿胡拉·马兹达神的”；

𐏏 : <BU>= būmiš“大地，土地”；

𐏎 : <BG>= baga“神”。

意符本身为主格形式。若要表达除主格之外的其他语法功能，可以在意符后添加其他语法成分，如 𐏋𐎹𐎠𐎴𐎠𐎶 : ḪŠyānām = ḫšayaþiyānām“诸王”（属格），𐏌𐎴𐎠𐎶 : DH_1nām = dahyūnām“诸区域”（属格）。

楔形文字符号表（按照符号相似程度）

𐎣 <k, ka>	𐎤 <ku>	𐎶 <m, ma>	𐎴 <n, na>
𐎿 <s, sa>	𐎥 <g, ga>	𐎺 <v, va>	𐎲 <b, ba>
𐏀 <z, za>	𐏃 <h, ha>	𐎩 <j, ja>	𐎫 <t, ta>
𐎰 <þ, þa>	𐎦 <gu>	𐎻 <vi>	𐏋 <ḪŠ>
𐎹 <y, ya>	𐎯 <du>	𐎪 <ji>	𐎼 <r, ra>

𐎷 <mi>
𐎳 <f, fa>
𐎬 <tu>
𐏕 <ă>
𐎭 <d, da>
𐎠 <a , '>
𐎨 <c, ca>
𐏁 <š, ša>
𐎢 <u>
𐎧 <ḫ, ḫa>
𐎵 <nu>
𐏂 <ç, ça>
𐎱 <p, pa>
𐎽 <ru>
𐏎 <BG>
𐎡 <i>
𐏏 <BU>
𐎮 <di>
𐎸 <mu>
𐎾 <l, la>

数字：铭文中有所记载的数字符号

1 𐏑	10 𐏓	20 𐏔
2 𐏒	12 𐏓𐏒	22 𐏔𐏒
3 𐏒𐏑	13 𐏓𐏒𐏑	23 𐏔𐏒𐏑
4 𐏒𐏒	14 𐏓𐏒𐏒	
5 𐏒𐏒𐏑	15 𐏓𐏒𐏒𐏑	25 𐏔𐏒𐏒𐏑
6 𐏒𐏒𐏒		26 𐏔𐏒𐏒𐏒
7 𐏒𐏒𐏒𐏑		27 𐏔𐏒𐏒𐏒𐏑
8 𐏒𐏒𐏒𐏒	18 𐏓𐏒𐏒𐏒𐏒	
9 𐏒𐏒𐏒𐏒𐏑	19 𐏓𐏒𐏒𐏒𐏒𐏑	120 𐏑𐏕𐏔

§ 6. 古波斯语字母的音值（近似发音）：

字母	发音	字母	发音	字母	发音
a	德语 a，英语 m**u**st	k	德语 k	y	英语 **y**outh
ā	英语 f**a**ther	ḫ	德语 do**ch**	r	德语 r，英语 **r**oom
i	德语 i，英语 s**i**t	c	意大利语 **c**iao	l	德语 l，英语 **l**ove
ī	英语 s**ee**k	j	英语 **j**ock	v	英语 **v**ice
u	德语 u	t	德语 t，英语 **t**ime		
ū	英语 ch**oo**se	þ	英语 **th**ing	s	德语 s，英语 **s**un
		ç	英语 **tsetse** fly	š	德语 sch，英语 **sh**ot
		d	德语 d，英语 **d**inner	z	英语 **z**oo
		N	德语 n，英语 **n**ose		
		P	德语 p，英语 **p**en	h	德语 h, 英语 **h**ouse
		F	英语 **f**rom		
		B	德语 b，英语 **b**ook		
		M	德语 m，英语 **m**oon		
ai	德语 K**ai**ser，英语 **lie**				
au	德语 H**au**s，英语 **how**				

说明：古代波斯语辅音 ç，源自早期伊朗语 *θr，进而可回溯到

古印欧语－雅利安语 *tr（puça-“儿子”，对应于阿维斯塔语 puϑra-，梵语 putrá-），其音值应是某种咝音①，如 ciça-“来源”一词出现于复合词中，在古希腊语和拉丁语中再现为 Tissa（-phernes），在利西亚语中为 Cizza（-prñna）；古波斯王名 Artaḫšaça-“阿尔塔薛西斯”在埃兰语版本作 Rtakšašša，在阿卡德语版本作 Artakšatsu，在阿拉美语版本作'rtḥšsš，在吕底亚语版本作 Artakśassa。古波斯城市名 çūšā“苏萨”在古希腊文献记作 *Σοῦσα*，这一城市后来一直被称作 Sūsa。

§ 7. 古波斯语书写体系中的元音表达：

a 居于词首时，代表 ā 或 ă，往往要依据其词源或语法形态特征加以确定。在词中处在其他带有 a 元音的音节后（Ca-a）表 ā，如 <na-a-ma>= nāma-“名字”。当 Ca 的形式后紧接着另一辅音音节（Ca-Cx）或处于词尾时，a 或表 ă，或不具有实质性意义，如 <da-ra-ša-ma>= daršam“很，激烈地，强烈地”。

-ā 在词尾与附属性的代词或小品词相连，会变为 -a，如：manā + cā>manacā“和我”，avahyā + rādiy>avahyarādiy“因而，因此”。

i 或出现在词首，或在词中其他带有 i 元音的音节后（Ci-i），或在带有 a 元音的音节后（Ca-i），如 <i-ma>= ima“这，这个”，<ji-i-va>= jīva-“活着的”，<ma-ra-ta-i-ya>= martiya-“男人”。

u 与 i 的情况高度相似，如 <u-ta-a>= utā“和，且”，<ku-u-ru-ša>= Kūruš“居鲁士”，<pa-u-ça>= puça-“儿子”。

当 <Ci> 和 <Cu> 只用于表达辅音加元音的时候，i 和 u 在转录形式中常被上标，如 <vi-þa-i-ya-a> 转录为 v^{i}þiyā（viþiyā）“在屋子里”，<sa-u-gu-da> 转录为 Sug^{u}da-（Suguda-）“粟特”。

i 与 u 的长度在楔形文字的表达中，往往不易确定。处于词尾的元音 i 与 u，无论长短，均写作 <i-ya> 与 <u-va>，如 <þa-a-ta-i-ya>= þātiy“他说”，<pa-ru-u-va>= paruv“很，非常”。

某些情况下，u 在辅音前写作 <u-va> 而非单纯的 <u>②，既可以为短 u，如 <pa-ru-u-za-na>= paru-zana，<pa-ru-u-va-za-na>= paruv-zana“来自许多族群的”；也可以为长 u③，如 <u-ja>= Ūja-，<u-va-ja>= Ūvja-“埃

① 参阅 Brandenstein/Mayrhofer 1964，页 22。
② 参阅 Skjærvø 2016，页 27。
③ 更多 uva 对应于 ū 的例子，参阅 Kent 1953，页 14。

兰”,<pa-ru-u-na-a-ma>= parūnām,<pa-ru-u-va-na-a-ma>= parūvnām “(具有)许多的”；也可能是不定的，如 <u-va-na-ra>=^{h}ū̆vnara-“技艺，能力”。

<i-ya> 位于非词尾的位置，可能反映了 iya->ī- 的发展过程，如 <na-i-ya-ša-a-da-ya-ma>= niyašādayam “我曾放置”(DNa 36):<na-i-ša-a-da-ya-ma>= nišādayam(XPh 34f.),marīka-“年轻男子”(DNb 50，54，59)<*mariyaka-(梵语 maryaka-“小个男子”)。

§ 8. 古波斯语的双元音，在词首位置写作 a-+ i- 或 a-+ u-，在词的中部与尾部写作 -Ca-+ i 或 -Ca-+ u，如 <a-i-va-ma>= aivam “一，唯一”,<a-u-ra-ma-za-da-a>= Auramazdā “阿胡拉·马兹达”,<na-i-ya>= naiy “不是”,<ha-u-va>= hauv “这，这个”。

长双元音在词首无法与短双元音有效区分，在词中或词尾，则可以通过 <-Ca-a-i/u> 结构加以反映：如 <a-i-ša>= āiš “他已到来”,<fa-ra-a-i-ša-ya-ma>= frāišayam “我已送出”,<da-ha-ya-a-u-ša>= dahyāuš “国土”(复数主格)。

有时,-ay- 和 -av- 会被写作 -aiy 和 -auv-，如 dāraya-“持有”~dāraiya-,bava-“变成”~bauva-。

§ 9. 辅音 +v 总是被写为 uv<Cu-u-va> 或 <Ca-u-va>，辅音 +y 则被写为 iy<Ci-i-ya> 或 <Ca-i-ya>，如 <pa-ru-u-vi-i-ya-ta>= paruviyata “自古以来”,<i-sa-u-va-a>= isuvā “战斧”,<ja-di-i-ya-mi-ya>= jadiyāmiy “我请求”,<ma-ra-ta-i-ya>= martiya-“男人”。

处于词尾的 -uv、-auv 或 -iy、-aiy，若与附属性的代词或小品词相连，则最后的 -v 或 -y 将会发生脱落，如 naiy “不是”+ šim “他”(宾格)>naišim “不是他”,hauv “这，这个”+ šaiy “他”(属格 – 与格)>haušaiy “这个……(对)他”。

§ 10. 在很多情况下,<ha> 的符号被使用以表达 <ha-i>(而 <i> 则被略去)，最常出现于 <Ca-ha-ya> 的结构，系统性地对应于 <Ca-ha-i-ya><*-ahya-，如作为阳性名词单数属格 – 与格形态的 -ahyā(梵语 -asya)①。<ha-i>= hi 的情况发生于 <ha-i-du-u-ša>= Hi^{n}duš “印度”,

① Skjærvø 2016 中采用了 -hạ 的转写形式以表达这种情态下的 <ha>，相应地将 § 11 中的 <ar> 转写为 ạr。

<ha-i-du-u-ya>= Hi^{n}duya“印度人，印度的”。较罕见的情况下，<ha-i> 结构中的 <ha> 被略去而 <i> 被保留，如 <a-i-ša-ta-ta-a>= a^{h}ištatā（<hašta-，hišta-“站立”~ 阿维斯塔语 hištaite）“他已站在，已处在”（DB 1. 85）。

§ 11.<ra> 有时用于表示含音节的 r̥，即类似元音而使用的 r，这种含音节的 r 总是在元音 a 之后，而非 i 或 u 之后。确定这种 r̥ 的存在，或是通过词源学考察（特别是与阿维斯塔语、梵语及其他伊朗语系语言的比较），如古波斯语 <ka-ra-ta-ma>kartam“被做成的”（= kr̥tam）~ 阿维斯塔语 kərətəm，梵语 kr̥tám，在新波斯语中它演变为地名 -gird“城市”，古波斯语 vazarka-“强大的”（= vazr̥ka-）发展为新波斯语 buzurg/r̥>ur（而 martiya-“男人”则发展为中古波斯语及新波斯语 mard/r̥>ar）；或是通过对古波斯语词汇在其他语言的转写形式的考察，如埃兰语版本中 r̥ 常被转写为 ir 或在 ar/ir/r 三者形式间摇摆，大流士一世的祖父阿尔沙美的名字 Aršāma 的古波斯语版本为 <a-ra-ša-a-ma>=r̥šāma，埃兰语版本为 <ir-ša-um-ma>；古希腊语的记载中也零星地保留了一些痕迹，如冈比西斯之弟巴尔迪亚的名字 Bardiya- 被转写为 *Σμέρδις*，古波斯计量单位 karša- 被转写为 *κέρσα*。更进一步的讨论参考 § 23。

§ 12. 除了半元音 y 与 v 之外，只有 m、r、š 这三个辅音能够出现在古波斯语词汇的词尾。没有发现出现于词尾的复辅音。在词的中部，重复的辅音在书写过程中往往只保留一个，如 ucāram-maiy“对我是容易的”写作 <u-ca-a-ra-ma-i-ya> 而不是 <u-ca-a-ra-ma-ma-i-ya>。

§ 13. 鼻音 n 在塞音与摩擦音之前通常不被书写，这种情况下，需要借助其他语言中的转写和词源学考察的方式才能确认其存在。如 <ha-i-du-u-ša>Hiduš“印度”，在梵语中作 Sindhu-，埃兰语中作 hi-n-tu-š，阿维斯塔语中作 Hindu-，Həndu-，古希腊语中作 *Ἰνδός*，因而其转写形式当为 Hi^{n}duš①；由中古波斯语 bandak，新波斯语 banda“仆人”，可知 <ba-da-ka> 当转写为 ba^{n}daka“随从，封臣”。

---

① Sindhu- 一词无论在《梨俱吠陀》或是在后来的梵语文献中，都并非只是用于印度河，还可以指称大河乃至海洋。因而，当大流士一世在铭文中提到 Hi^{n}duš 时，他所指的也许并非作为地理概念的印度，而是其帝国最东部的区域。Sindhu- 及其对应的古波斯语 Hi^{n}duš，最初可能并非指具体的地域，而是意味着作为印度与伊朗民族的“边界”（源自词根 sidh-“驱赶，抵挡，防卫”）的大河。参阅 Thieme 1969。

§ 14. 古波斯语铭文所对应的埃兰语版本所采用的楔形字体，是一种相对于旧的埃兰语字体有所简化的新形式。这种新旧埃兰语字体的差异，以及音值本身已经发生变化却依然试图用旧字体所对应的音值加以转写的习惯，以及埃兰语和古波斯语间的相互影响，形成一些很有趣的语言－文字现象[①]，如阿卡德语 ṭuppu（苏美尔语 DUB）“字版，文字”作为外来借词进入古埃兰语，被写作 tuppi，在新埃兰语中通过元音和谐作用变为 tippi。古波斯语 dipiy“铭文，文字，文章”一词正是受此影响而出现的，但在新埃兰语版本中，依然会出现复古（仿古）的写法 tup-pi。

语音

元音体系

§ 15. 相对于古代印欧语和古雅利安语（以梵语和阿维斯塔语为代表）的元音体系，古波斯语的元音体系明显简化了。短元音体系对照如下：

古印欧语 > 古雅利安语	古雅里安语 > 古波斯语
a e o H（h_1, h_2, h_3）[②] i u	a i u

如：

古印欧语 *ápo“离开”> 古波斯语 apa，阿维斯塔语 apa，梵语 ápa，古希腊语 *ἀπό*，拉丁语 ab；

古印欧语 *h_1eḱu-“马”> 古波斯语 asa-（受梅德语影响，但在复合

① 参阅 Brandenstein/Mayrhofer 1964，页 23-24，页 24 有新旧埃兰语字体的对照表。

② 此处大写的 H 代表原始印欧语中的喉头音（Laryngeal），在一段时间中，它被类比于闪米特语中的 schwa 而被称作 schwa indogermanicum。本质上它们具有辅音的特质，但很多情况下可以发挥类元音的作用（索绪尔将之称作 coefficients sonantiques）。目前学界通常认为喉头音有 h_1（自然的喉头音）、h_2（倾向于 a 的喉头音）、h_3（倾向于 o 的喉头音）三类（也有学者用 $ə_1$，$ə_2$，$ə_3$ 加以标识），如无法确定具体的类别，则标示为 H。伴随着语言演化过程，它们在绝大多数印欧语中消失，但留下了特定的痕迹，如 eh_1> ē，eh_2> ā，eh_3> ō；h_1e>e，h_2e>a，h_3e>o。相关理论，参阅 Mayrhofer 1986，页 121-50；Bamnesberger 1988；Kellens 1990；Rassmussen 1999；Meier-Brügger 2003, 页 106-124。

词中保留了 aspa- 的形式，如 ^{h}uvaspa-“拥有良好马匹的”），阿维斯塔语 aspa-，梵语 áśva-，古希腊语 *ἵππος*，拉丁语 equus；

古印欧语 *putlo-“儿子”> 古波斯语 puça-，阿维斯塔语 puϑra-，梵语 putrá-，欧斯甘语 puclo-；

古印欧语 *ph$_2$tḗr“父亲”> 古波斯语 pitā（pitar-），阿维斯塔语 ptā（ptar-），梵语 pitā（pitṛ–），古希腊语 *πατήρ*，拉丁语 pater；

古印欧语 *d^{h}ugh$_2$tér-“女儿”> 古波斯语 *duḫçī-（<*duk-trī），阿维斯塔语 dug^{ə}dar-，duγδar-，梵语 duhitā́-（duhitā́r-），古希腊语 *θυγάτηρ*。

说明：古印欧语喉头音 H 在雅利安语中，若处于辅音之间，通常变为 i，有时在伊朗语族消失或保留为 ə。喉头音部分内容参阅 §41。

§16. 若干古波斯语元音规则：

1）字首 a- 可以表示 ā-；

2）a 有时发音近于 e（特别是在 -y 前面的时候），如薛西斯 ḫšayāršā 在埃兰语版本中作 ik-še-ir-iš-ša，在阿卡德语版本中作 hi-ši-’-ar-ša，在古希腊语作 *Ξέρξης*；大流士 Dārayavauš（读作 Dāreyavōš），在古希腊语中作 *Δαρειαῖος*，*Δαρεῖος*，埃兰语版本作 ta-re-ya-ma-o-š，阿卡德语版本作 da-ri-ya-muš；

3）a 在 v 前可读作 u 或 o，如古波斯语塞种人的称谓 hauma-varga 在埃兰语版本作 omu-marka，在阿卡德语版本作 úmu-urga’，在古希腊语作 *Ἀμύργιοι*；

4）a 在 i 或 y 之前发音近于 e，在 u 或 w 之前，发音近于 o，如古波斯人名 Vahyazdāta-，在埃兰语版本中作 mi-iš-da-ad-da，在阿卡德语版本中作 u-mi-iz-da-a-tú；

5）a 在古希腊语中有时对应于 *αι*，如 ḫšaçapāvan-“总督”在古希腊语作 *ἐξατράπης*，但在爱奥尼亚方言中有 *εξαιθραπευειν*“总督般行事”的形式，古波斯人名 Ciça^{n}taḫma-，在古希腊语作 *Τριτανταίχμης*，Haḫāmaniš-“阿契美尼德”，在古希腊语作 *Ἀχαιμένης*。

6）古波斯语词尾的元音，若由辅音脱落而成，则保持不变，如 *-os> 古波斯语 -a（主格 martiya“男人”~ 古拉丁语 mortuos，古希腊语 *βροτός*“人 = 有死者”），若本身词尾即为元音，则需添加相应的’（-a’>-ā）、i̯（-ii̯>-iy）、u̯（uu̯>-uv），如：martiya 的呼格为 martiyā（拉丁语 mortue），astiy“（第三人称单数）是，存在”（< 古印欧语 *H$_1$esti~ 阿

维斯塔语 astī̆，梵语 ásti，古希腊语 *ἐστί*），中性名词主格 paruv“多”（古希腊语 *πολύ*）。

§ 17. 古印欧语的短复合元音在雅利安语中发生融合：印欧语 ai/ei/oi> 雅利安语 ai，印欧语 eu/ou/au> 雅利安语 au。进而，雅利安语 ai> 古波斯语 ai ，阿维斯塔语 aē/ōi，梵语 ē；雅利安语 au> 古波斯语 au ，阿维斯塔语 ao/əu，梵语 o。如：

古印欧语 *nei-“（否定词）不，不是”> 古波斯语 naiy，阿维斯塔语 naē-ciš“没有人”，阿维斯塔语 nōiṯ，中古波斯语 nē“不，不是”，梵语 nét（néd）“（完全）不”<ná- + ít (íd)；

古印欧语 *Hoi-u̯o-“一，唯一”> 古波斯语 aiva-，阿维斯塔语 aēva-“一”，古希腊语 *οἶος*（塞浦路斯语 *οἶϝος*）“独自”；

古印欧语 *leuk-“闪亮的，闪耀的”> 古波斯语 raucah-“日子”，阿维斯塔语 raocah-“光亮，光明”，梵语 rocíṣ-“光”，古希腊语 *λευκός*“白色的，明亮的”，拉丁语 lūx“光，光明”；

古印欧语 *d^{h}reug^h-os“欺骗，谎言”> 古波斯语 drauga“欺骗，谎言，出卖”，阿维斯塔语 draoga-“欺骗”，梵语 droha-“伤害，欺骗”；

古波斯语 hainā-“（敌方）军队”~ 阿维斯塔语 haēnā-，中古波斯语 hēn，梵语 sénā-“军队”；古波斯语 kunautiy“做，干”（第三人称单数现在式）~ 阿维斯塔语 kər^{ə}nao^{i}ti，梵语 kṛṇóti；古波斯语 kaufa-“城堡”~ 阿维斯塔语 kaofa-“山脊”；古波斯语 gauša-：耳朵 ~ 阿维斯塔语 gaoša-“耳朵”，阿维斯塔语 gaoš-“听，倾听”，梵语 ghóṣi“听”，ghóṣa-“噪音”。

但这一过程又被古波斯语中的单音节化倾向所影响，进而演化为雅利安语 ai> 古波斯语 ē，雅利安语 au> 古波斯语 ō。这种音变倾向在古波斯语楔形文字的写法中往往难以辨认，但可以通过某些多语对照文本的专名写法和词源学考证加以发现，如：

au = ō：古雅里安语 *asura-“主人”> 梵语 ásura-“阿修罗（与天神 deva- 相对立者）”，古伊朗语 *ahura- ，阿维斯塔语 ahura-“主人”> 古波斯语 aura-（见于 Auramazdā-“阿胡拉·马兹达”，埃兰语版本作 o-ra-maš-ta，阿卡德语版本作 ú-ri-mi-iz-da-'，古希腊语作 *Ὀρομάζης*，由此可推想 aura- 的发音为 ōra-，在此基础上演化为中古波斯语形态 Ohrmazd）；

ai = ē：古波斯语 *daini-“命令”，在埃兰语版本作 te-ni-[m]；阿卡德语 bēl“主人”出现于阿卡德语专名，在古波斯语的转写中常作 -baira，如巴比伦人名 Nadi^{n}tu-bēl 作 Nadi^{n}ta-baira；古波斯语 aḫšaina-，用于 kāsaka haya aḫšaina“绿松石”，其本意为“深色的，黑色的”<*a-xšai-na-“不明亮的，不发光的”~ 阿维斯塔语 axšaēna-“深色的，黑色的”，在古希腊语中演化为黑海之名 *Πόντος Ἄξεινος*。

§ 18. 古印欧语中的长元音 ā/ē/ō 在雅利安语中融合为 ā，进而以 ā 的形式保留于古波斯语中，如：

古印欧语 *māter-（<*meh$_2$-ter-）“母亲”> 古波斯语 mātar-（见于 hamātar 的形式），阿维斯塔语 mātar-，梵语 mātár-，古希腊语 *μήτηρ*（多利克方言 *μάτηρ*），拉丁语 māter；

古印欧语 *ǵnōsḱēti（<*ǵneh$_3$-sḱeh$_1$-ti）“他应知道”> 古波斯语 ḫšnāsātiy；

古印欧语 *b^{h}erō（<*b^{h}eroh$_2$-）“我拿”（现在式）> 古波斯语 barāmiy，阿维斯塔语 barā^{i}mi，梵语 bhárāmi，古希腊语 *φέρω*，拉丁语 ferō；

古印欧语中的 ī 与 ū 在雅利安语中被保留（正如在大多数其他古代印欧语系语言中），但古波斯语的文字写法使得这二者很难与 ĭ、ŭ 加以区分，多数情况下需借助词源学方法加以确认，如：

古印欧语 *g^{u}īu̯ó- (<*g^{u}ih$_3$-u̯ó-)“活着的”> 古波斯语 jīva-，阿维斯塔语 jva-，梵语 jīvá-，拉丁语 vīvus；

雅利安语 *bhūmi-“大地，土地”> 古波斯语 būmĭ-，阿维斯塔语 būmĭ-，梵语 bhū́mi-①。

*tū（+om）“你”> 古波斯语 tuvam，阿维斯塔语 tvam，梵语 t(u)vám，拉丁语 tū。

§ 19. 在雅利安语中，印欧语长复合元音 āi/ēi/ōi 融合为 āi，长复合元音 āu/ēu/ōu 融合为 āu，进而以 āi 和 āu 的形式保留在古波斯语中。如：

*e-ei-m̥–“我已过去”>*a-ay-m̥-> 古波斯语 -āyam，梵语 āyam，古希腊语（荷马史诗形式）*ἦα*；*a-ay-s“他已过去”> 古波斯语 -āiš；*a-

① 这一雅利安语词根或可回溯到印欧语 *b^{h}uh$_2$-“生长，变化，成为”~ 梵语 bhū́man-“大地，世界，存在”，古希腊语 *φῦμα*“生产；肿瘤”。

ay-n̥ti- “他们已过去”>-āya^{n}ā~ 阿维斯塔语 aē^{i}ti，梵语 éti，古希腊语 *εἶσι*（多利安方言 *εἶτι*）；

古波斯语 frāišayam “我已送出”~ 阿维斯塔语 fraēšye^{i}ti “（他）退却”；

古波斯语 uvāipašiya- “私产”~ 阿维斯塔语 x^{v}aē-pa^{i}ϑya- “自己的”；

印欧语 *nāu-（<*neh$_2$u-）“船”> 古波斯语 nāu-，梵语 náu-，古希腊语（荷马史诗形式）*νηῦς*，雅典方言 *ναῦς*，拉丁语 nāvis；

古波斯语月份名 þāigraci-，在埃兰语版本中作 sa-a-kur-ri-ṣi-iš，埃兰语中这种 a-a 的写法，较明显地指向长复合元音的存在。

长复合元音在古波斯语中，也可能是通过 *āsu>āhu>āuv 的音变过程而来，如 aniyāuvā “在其他者（复数）中”。

§ 20. 长复合元音中的第二部分可能在词尾脱落，这一过程很可能在印欧时代就已发生，在古波斯语中也有所体现：古波斯语 ubā “二者”<*ubhṓ<*ubhṓu~ 梵语 ubháu，ubhā́。

词尾 -ēr 在古波斯语中如同长复合元音般发生作用，进而发生相应的词尾脱落，如古印欧语 *ph$_2$tḗr “父亲”> 雅利安语 *pitā́> 古波斯语 pitā（pitar-），阿维斯塔语 ptā（ptar-），梵语 pitā（pitṛ–） ~ 古希腊语 *πατήρ*，拉丁语 pater。

§ 21. 印欧语、雅利安语、古波斯语元音体系：

古印欧语 > 古雅利安语	古雅里安语 > 古波斯语
a, ā	a, ā
e, ē　o, ō	e, ē　o, ō
H（h_1, h_2, h_3）	
ai, āi　au, āu	ai, āi　au, āu
ei, ēi　oi, ōi　eu, ēu　ou, ōu	
i　u	i　u

构成音节的鼻音与流音

§ 22. 古印欧语中带有音节的鼻音（m̥，n̥）在雅利安语中，

1）若处于辅音前，则变为元音 a，如：

古印欧语 *dk̑m̥tóm “一百”[①]> 古波斯语 *þata-（见于专名 þatagu-），

① 古希腊语 *ἑ-κατόν* 词首的 *ἑ-* 显示出某种早期喉头音的痕迹，呼应于原始印欧语中的 d-：*d-k̑m̥tó>*h$_1$-k̑m̥tó-。参阅 Meier-Brügger 2003，页 235。

阿维斯塔语 satəm，梵语 śatám，古希腊语 *ἑ-κατόν*，拉丁语 centum；

古印欧语 b^{h}n̥d^{h}tó- “被绑缚的”> 古波斯语 basta-，阿维斯塔语 basta-，梵语 baddhá-，德语 ge-bunden，英语 bound；

古印欧语 *g^{u}m̥i̯eh$_1$t “愿他到来”> 古波斯语 -jamiyā，阿维斯塔语 jamyāt̰，梵语 gamyā́t，拉丁语 veniet;

古印欧语否定功能前缀 *n̥-> 古波斯语 a-，阿维斯塔语 a-，梵语 a-，古希腊语 ἀ-，拉丁语 in-，日耳曼语 un-：古波斯语 aḫšata- “不受损害的，完好的”，梵语 ákṣata-；古波斯语 aḫšaina- “深色的，黑色的”<*a-xšai-na- “不明亮的，不发光的”，阿维斯塔语 axšaēna-；古波斯语 Anāmaka- “无名者之月”，梵语 anāmaka- “闰月”；

古印欧语 *ĝn̥h$_3$nāti “(第三人称单数现在式)认识，认知”> 古波斯语 *dānātiy，阿维斯塔语 ^{o}zānənti，梵语 jānā́ti；

2)若处于词尾，则变为元音 -a，在古波斯语中写作 -ā，如：

古印欧语 *septm̥> 古波斯语 *haftā①，阿维斯塔语 hapta，梵语 saptá，拉丁语 septem；

古印欧语 *h$_3$nh$_3$mn>*nōmn̥> 古波斯语 nāmā，阿维斯塔语 nāma，梵语 nā́ma，拉丁语 nōmen。

§ 23. 古印欧语中带有音节的流音（r̥,l̥）在雅利安语中合为 r̥，而在梵语中则保留了这种区分。古代波斯语中这种 r̥<ra> 往往出现在 a 元音之后，如 <ka-ra-ta-ma>=kartam 表 kr̥tam,<va-za-ra-ka>=vazarka 表 vazr̥ka。参阅 § 11。

r̥ 在词首，往往写作 ar-，如 <a-ra-ta>= arta（出现于 artāvan-）表 r̥ta~ 梵语 r̥ta- “正义，秩序，真理”,<a-ra-ša-ta-i>= aršti 表 r̥šti~ 阿维斯塔语 aršti-，梵语 r̥šti- “标枪，矛戈”。

r̥ 在 n 之前，变为 u，这一变化突出地保留在古波斯语 kunautiy “(第三人称单数现在式)做，干”这一形式中（<*kr̥nautiy = 阿维斯塔语 kər^{ə}nao^{i}ti，梵语 kr̥ṇóti），以及与之相关的形式，如第一人称单数过去式 akuvanam，第一人称单数虚拟式中动态 kunavānaiy，第三人称单数过去式中动态 akutā。

---

① 这一形式是由新波斯语 haft “七”结合词源学材料拟构而成，未收入本书的古波斯语词汇表中。

r̥ 在元音或半元音前，变为 ar，如古印欧语 *ǵ^{h}l̥eni̯o-“金子”> 古波斯语 daraniya-，阿维斯塔语 zaranya-，梵语 híraṇya-；古印欧语 é-k^{u}r̥ii̯onto“（第三人称复数过去式中动态）做，干”> 古波斯语 a-kariya^{n}tā，梵语 á-kriyanta。

§ 24. 鼻音 m̥ 与 n̥，与喉头音相连所产生的 m̥H 与 n̥H，可视作前者的长音形式，在雅利安语进而在古波斯语中变为 ā，如：

古印欧语 *g^{u}m̥H-to-“（去的）地方”> 古波斯语 gāþu-“王座，地方”，阿维斯塔语 gātu-“地方，场所”，梵语 gātú-“道路，路径”；

古印欧语 *é-ǵn̥H-nāt“（第三人称单数过去式）认识，知道”> 古波斯语 *a-dānā，梵语 á-jānāt。

流音 r̥ 与 l̥，和喉头音相连所产生的 r̥H 与 l̥H，在古波斯语中变为 ar，如：

古印欧语 *d(o)l̥Hg^{h}o-“长的，长久的”> 古波斯语 darga-，阿维斯塔语 dar^{ə}ga-，梵语 dīrghá-，古希腊语 *δολιχός*；

古印欧语 *pr̥Hu̯om（<*proH-）“早先，此前”> 古波斯语 paruvam，阿维斯塔语 pa^{u}rva-，梵语 pū́rvam。

半元音（Semivowels）①

§ 25. 古印欧语中的元音 i、u，出现于元音前则变成半元音 i̯、u̯，这种半元音在雅利安语中通常表现为摩擦音 y、v，如古印欧语 *Hi̯aǵ-“尊崇，敬奉”> 古波斯语 yad-，阿维斯塔语 yaz-，梵语 yaj-；古印欧语 *u̯ei̯-（<*u̯éi̯s）“我们”+óm（表强化功能的小品词）> 雅利安语 *vayám> 古波斯语 vayam，阿维斯塔语 vaēm（<*vayəm），梵语 vayám。

古波斯语中，若半元音 i̯、u̯ 在辅音之后，则变成 iy、uv，如：雅利安语 *ani̯os“其他的”> 古波斯语 aniya-，阿维斯塔语 anya-，梵语 anyá-（可对照拉丁语 alius“其他的”< 古印欧语 *$h_2$el-i̯o-）；古波斯语 haruva-“全部的”~ 梵语 sárva-“全部的”，拉丁语 salvus“安全的（完整无损的）”。

在半元音 i̯、u̯ 于雅利安语中变为摩擦音 y、v 后，它们在伊朗语系

① Brandenstein/Mayrhofer 1964 中在半元音部分的分析中，还涉及被称为 schwa indogermiancum 的 ə 的半元音化问题（页 34-35）。由于目前学界已经主要将之用喉头音（Laryngeals）理论加以解释，本书不再将之列入半元音的范畴讨论。

中，如同其他辅音一样，会使在其之前的清塞音具有某种擦音的性质（擦音化），进而造成如下变化：

古印欧语 *ti̯> 伊朗语 þy> 古波斯语 š(i)y，梅德语、阿维斯塔语 þ(i)y，如古印欧语 *$h_1$snti̯o-“存在的；真实的”> 古波斯语 hašiya-，阿维斯塔语 ha^{i}ϑya-，梵语 satyá-；古波斯语 ḫšayaþiya-“君主，国王”< 雅利安语 *kšāi̯ati̯a-，þiy- 的形式透露出这一词汇具有梅德语的来源；

古印欧语 *ki̯> 伊朗语 þy> 古波斯语 š(i)y，阿维斯塔语 š(i)y，如古印欧语 *ki̯éu̯e-“移动，行动”> 古波斯语 šiyav-，阿维斯塔语 šyav-，梵语 cyávate；

古印欧语 *tu̯> 伊朗语 þv> 古波斯语 þ(u)v，如古印欧语 *tu̯e-om “你”（宾格）> 古波斯语 þuvām，阿维斯塔语 ϑvąm，梵语 tvā́m，而古印欧语 *tuh_2-óm “你”（主格）> 古波斯语 tuvam，阿维斯塔语 tvə̄m，梵语 t(u)vám；

古印欧语 *ḱu̯> 伊朗语 sv> 古波斯语 s，梅德语、阿维斯塔语 sp，如古印欧语 *h_1eḱu-“马”> 古波斯语 asa，阿维斯塔语 aspa-，梵语 áśva-；

古印欧语 *ǵ^{h}u̯> 雅利安语 *źhu̯> 伊朗语 zv> 古波斯语 z，梅德语、阿维斯塔语 zb，如：古波斯语 patiyazbayam “我曾呼叫”< 梅德语 *zbayatiy “（第三人称单数现在式）呼叫”~ 阿维斯塔语 zbaye^{i}ti。

古印欧语 *su̯> 伊朗语 *hu̯> 古波斯语 u̯（写作 uv），梅德语 f，阿维斯塔语 x^{v}，如：古印欧语 *su̯el-no-“阳光”（*suHl-no<*s$h_2$ul-no-<*séh_2u-l “太阳”）> 古波斯语 farnah-“王家荣耀”（具有梅德语来源，见于专名如 Vi^{n}dafarnah-），阿维斯塔语 x^{u}ar^{ə}nah-“庄严，崇高；陛下”~ 梵语 svàr-“光辉，光明，太阳”；

古印欧语 *su̯os “自己的”> 古波斯语 uva-，阿维斯塔语 x^{v}a-，梵语 svá-。

辅音体系

流音（Liquids）与鼻音（Nasals）

§ 26. 古印欧语流音 l 与 r 在雅利安语中融合为 r，进而保留在古波斯语中，如：古印欧语 *dóru “木头”> 古波斯语 dāru-，阿维斯塔语 dā^{u}ru，梵语 dā́ru；*sol(H)u̯o-“完整的”> 古波斯语 haruva-，阿维斯塔

语 $ha^{u}rva$-，梵语 sárva-，古希腊语 *ὅλος*，拉丁语 salvus。

外族词汇或专名中的 l，在古波斯语的较早阶段，被替换为 r，如阿卡德语 Bāb-ilu“巴比伦（本义：神之门）”> 古波斯语 Bābiru，阿卡德语 pilu“象牙”> 古波斯语 piru-；在后期，则 l 也进入古波斯语中并被造出了相应的楔形符号，如 Lab(a)nāna-“黎巴嫩”。

出现在长元音后的词尾 -r，在雅利安语中脱落，如古印欧语 $*ph_2t\acute{\bar{e}}r$“父亲”> 雅利安语 *pitā́> 古波斯语 pitā，阿维斯塔语 ptā，梵语 pitā。参阅 § 20。

在伊朗语族中，r 会使在其之前的清塞音具有某种擦音的性质，进而造成如下变化：

古印欧语 *pr> 古伊朗语 fr> 古波斯语 fr，阿维斯塔语 fr，如古印欧语 *pro-“在……之前”> 古波斯语 fra-，阿维斯塔语 fra-；

古印欧语 *tr> 伊朗语 þr> 古波斯语 ç，梅德语 þr，阿维斯塔语 ϑr，如古印欧语 *putlo-“儿子”> 古波斯语 puça-，阿维斯塔语 puϑra-。

§ 27. 古印欧语鼻音（m，n）完整地在雅利安语进而在古波斯语中得到保存，如：

古印欧语否定词 $*meh_2$>*mā> 古波斯语 mā，阿维斯塔语 mā，梵语 mā́，古希腊语 *μή*；古印欧语 $*h_3neh_3$-mn-“名字”> 古波斯语 nāmā/nāma“名叫”，阿维斯塔语 nāman-“名字”，梵语 nā́man-；古印欧语 $*h_1e\acute{g}$-h_1om“我”> 古波斯语 adam，阿维斯塔语 azəm，梵语 ahám，古希腊语 *ἐγώ*，拉丁语 egō；

古印欧语 $*h_2nep$-ōt-“除儿子之外的男性后代”> 古波斯语 napāt-，阿维斯塔语 napāt-，梵语 nápāt-，拉丁语 nēpos“孙子；外孙；后嗣”；古印欧语 *neḱ-“消失，丢失”> 古波斯语 naþ-，阿维斯塔语 nas-，梵语 naś-；印欧语 $*g^{uh}en$-ti“（第三人称单数现在式）击打，击杀”> 古波斯语 $ja^{n}tiy$，阿维斯塔语 $ja^{i}nti$，梵语 hánti；

某些情况下，鼻音在古波斯语词汇中不被写出，有时发生于专名中，如：梅德地名 $Ka^{m}pa^{n}da$-，埃兰语版本作 qa-um-pan-taš；$Ka^{m}b\bar{u}jiya$-“冈比西斯”，埃兰语版本作 kan-bu-ṣi-i̯a，阿卡德语版本作 kam-bu-zi-i̯a，古希腊语记作 *Καμβύσης*；$Hi^{n}du\check{s}$“印度河，印度”，埃兰语版本作 hi-in-du-iš，梵语 Sindhu-，阿维斯塔语 Hindu-；人名 Sku^{n}ḫa-，埃兰语版本作 iš-ku-in-qa；有时出现于正常的词汇中，如：

a^{n}tar “在……之中”~ 阿维斯塔语 antar^{ə}，梵语 antár; aþa^{n}ga- “石头”~ 阿维斯塔语 asəŋga-, bandaka “扈从，封臣”~ 中古波斯语 bandak，新波斯语 banda “仆人”。

古波斯语中鼻音 n 不能出现于词尾，如：印欧语 *aḱ-meh$_{3}$n “石头，天空”>*akmōn> 古波斯语 asmā，阿维斯塔语 asman-，梵语 áśmā “石头，岩石；天空”，古希腊语 ἄκμων “陨石，雷电；（铁）砧”。

作为动词结尾的 -nt>-n 后同样不出现于词尾，如：古印欧语 *h$_{1}$e-b^{h}éu̯h$_{2}$-ont “（第三人称复数未完成式）变成，成为”>*eb^{h}eu̯ont>*abhavan> 古波斯语 abava，梵语 ábhavan；古印欧语 *h$_{1}$e-b^{h}er-ont “（第三人称复数未完成式）承担，带来”>*eb^{h}eront>*abharan> 古波斯语 abara,① 梵语 ábharan。

塞音（Occlusives）

§ 28. 古印欧语的塞音可以表述为如下的体系：

唇音：p, b, b^{h}；

齿音：t, d, d^{h}；

腭音：ḱ, ǵ, ǵ^{h}；

软鄂音：k, g, g^{h}；

唇软腭音：ku̯, gu̯, g^{uh}。

这个序列中缺少轻吐气音如 p^{h}, t^{h}, k^{h}, ḱ^{h}, k^{uh}。梵语（吠陀语）中的相关清吐气音如 ph、th、kh，曾被认为直接继承了原始印欧语 p^{h}、t^{h}、k^{h}，而现在伴随着喉头音理论（Laryngeal Theory）的发展，会更倾向于被解释为相关清塞音与喉头音的结合，如梵语 th<*t+h$_{2}$，如梵语 rátha- “车”< 印欧语 *Hroth$_{2}$- “转动的”。尽管在早期印欧语的拟构中，并未完全排除 t^{h} 与 k^{h} 的存在（如 *skenh$_{1}$t^{h}- “损害”> 古希腊语 *ἀ-σκηθής* “完好无损的”，哥特语 skaþis “伤害，不义”, *ḱonk^{h}o- “贝壳”> 古希腊语 *κόγχος*，梵语 śaṅkhá-），② 但在本书的讨论中，将不会把清吐气音列入古印欧语的辅音加以讨论。这对于解释古波斯语的各种语音变化不会带来任何不便。

---

① 在 XPh 17 中出现的 <a-ba-ra-na> 的写法应是 abaraha 的误写形式。参阅 Kent 1953, § 54. I。

② 相关问题，参阅 Meier-Brügger 2003, 页 124-126。

唇音（Labials）

§ 29. 古印欧语清唇音 p> 古波斯语 p，如古印欧语 *perh$_2$ “在……之外”> 古波斯语 para，阿维斯塔语 parə̄,parō，梵语 paráḥ；古印欧语 *h$_2$ep- “离开”> 古波斯语 apa-，阿维斯塔语 apa，梵语 ápa；

在 r 之前，古波斯语 p>f，在 r̥ 之前则不变：如古印欧语 *pro- “在……之前”> 古波斯语 fra-，阿维斯塔语 fra-，梵语 prá-；古印欧语 *preḱ- “问，询问”> 古波斯语 fraþ- “惩罚”，阿维斯塔语 fras- “问，询问”，梵语 praś-ná- “疑问，询问，问题”，但古印欧语 *pr̥ḱ-sḱe-> 古波斯 p(a)rsāmiy “我惩罚，我惩治”，阿维斯塔语 pər^{ə}sa^{i}te，梵语 pr̥ccháti “他问”[1]；

古印欧语浊齿音 b 与浊吐气齿音 b^h 在古伊朗语融合为 b，进而保留在古波斯语中，古波斯语的 b 通常对应于古印欧语 b^h [2]，如：古印欧语 *b^{h}éu̯h$_2$-e-ti “他成为”> 古波斯语 bavatiy，阿维斯塔语 bava^{i}ti，梵语 bhávati；印欧语 *b^{h}reh$_2$ter “兄弟”> 古波斯语 brātā，阿维斯塔语 brātar-，梵语 bhrā́tar，古希腊语 φϱάτηϱ，拉丁语 frāter；古印欧语 *h$_2$n(t)-b^{h}oH- “两个”> 古波斯语 ubha，阿维斯塔语 uba-，梵语 ubhá-，古希腊语 ἄμφω，拉丁语 ambō。

古波斯语 abiš “水”（复数工具格）<*ab-biš<*ap-b^{h}iš，是很稀少的 p 与 b 相互转化的例子。

唇音 p、b、f 也出现在大量非印欧语来源的古波斯语词汇与专名中，如 piru- “象牙”、si^{n}kabru- “一种宝石名”、naiba- “好的”、Pirāva- “尼罗河”、Bābiru- “巴比伦”、Arabāya- “阿拉伯” 等。

古印欧语	雅利安语	古波斯语	阿维斯塔语	梵语
p	p	p	p	p
	ph	f	f	ph
b	b	b	b	b
b^h	bh	b	b	bh

① Brandenstein/Mayrhofer 1964 页 34 认为 p>f 还发生于 p 在 t 之前的情况，但其例子基于 *septm̥ “七” > 古波斯语 *haftā，而 *haftā 一词的形式是基于新波斯语 haft 推断而成的，由阿维斯塔语 hapta 与梵语 saptá 无法证明这种变化在印度伊朗语系及伊朗语系内部具有普遍性。

② 虽然有一些证据表明，b 在古印欧语中存在，如 *bel- > 拉丁语 dē-bilis（-bil-< *-bel-）“无力的”，古希腊语 βελτίων “更好的（< 更强大的）”，梵语 bála- “力量”，但无疑，b 出现的频率远低于 b^h，这在古波斯语中有明显的体现。

齿音（Dentals）

§ 30. 古印欧语清齿音 t> 古波斯语 t，如：古印欧语 *tuh$_2$-óm “你”（主格）> 古波斯语 tuvam，阿维斯塔语 tvə̄m，梵语 t(u)vám；古印欧语 *terh$_1$/h$_3$- “穿越”> 古波斯语 tar-，阿维斯塔语 tar-，梵语 tar-；古印欧语 *ph$_2$tḗr “父亲”> 古波斯语 pitā，阿维斯塔语 ptā，梵语 pitā。

古印欧语 t + 喉头音 H> 雅利安语 th> 古波斯语 þ，如古印欧语 *Hrot-h$_2$- “转动的”> 古波斯语 raþa-，阿维斯塔语 raϑa-，梵语 rátha- “车”，拉丁语 rota “车轮”；古印欧语 *pn̥t-h$_1$- “通道，桥”> 古波斯语 paþĭm “道路”（单数宾格），阿维斯塔语 paϑō（单数属格），梵语 pathaḥ（单数属格）。参阅 § 41. 3 e。

古印欧语浊齿音 d 与浊吐气齿音 d^h 在古伊朗语融合为 d，进而保留在古波斯语中，如：古印欧语 *dóru “木头”> 古波斯语 dāru-，阿维斯塔语 dā^{u}ru，梵语 dā́ru，古希腊语 *δόρυ*；古印欧语 *h$_2$mord- “压碎，咬（碎）”> 古波斯语 vi-mard- “压榨”，阿维斯塔语 mōr^{ə}ndat̰ “败坏，损害”，梵语 ví mradā “变坏，变软！”，古希腊语 *ἀμέρδω* “剥夺”，拉丁语 mordeō “啃，咬”；古印欧语 *d^{h}eh$_1$- “安置；制造”> 古波斯语 dā- “创造，完成”，阿维斯塔语 dā-，daδā^{i}ti “放置，带来”，梵语 dádhāti “安置，安放”。

某些古波斯语中包含的齿音具有非印欧语的来源，如名词 dipi- “文字”（< 埃兰语 tippi-），专名 Katpatuka- “卡帕多奇亚”、Nabukudracara- “尼布甲尼撒”、Nabunaita- “那波尼德”、Tigrā- “底格里斯河”、Ufrātu- “幼发拉底河” 等。

古印欧语	雅利安语	古波斯语	阿维斯塔语	梵语
t	t	t	t	t
	th<t + H	þ	ϑ	th
d	d	d	d	d
d^h	dh	d	d	dh

§ 31. 1）古印欧语 *ti̯> 伊朗语 þy> 古波斯语 š(i)y，如古印欧语 *h$_1$snti̯o- “存在的；真实的”> 古波斯语 hašiya-，阿维斯塔语 ha^{i}ϑya-，梵语 satyá-；古印欧语 *tu̯> 伊朗语 þv> 古波斯语 þ(u)v，如古印欧

语 *tu̯e-om “你”（宾格）> 古波斯语 þuvām，阿维斯塔语 ϑvąm，梵语 tvā́m。参阅 § 25。

雅利安语 *tn> 古波斯语 šn，阿维斯塔语 ϑn，如雅利安语 *aratni-“肘尺”> 古波斯语 arašni-，阿维斯塔语 arəþna-，梵语 aratní-；

雅利安语 *tr> 古波斯语 ç，梅德语 þr，阿维斯塔语 ϑr，如雅利安语 *kšatra-“统治，王国”> 古波斯语 ḫšaça-，梅德语 *ḫšaþra-（见于专名 ḫšaþrita-），阿维斯塔语 xšaϑra-“统治，统治权”，梵语 kṣatrá-；古印欧语 *putlo-“儿子”> 雅利安语 *putro-> 古波斯语 puça-，阿维斯塔语 puϑra-，梵语 putrá-；古印欧语 *ph_2tr-és “父亲”（单数属格）> 雅利安语 *pitras> 古波斯语 piça，阿维斯塔语 piϑrō~ 古希腊语 *πατρός*；梵语 mitrá-“契约”进入古波斯语后，与前缀 ham-（或 ha<*sm̥）构成 hamiçiya-“参与密谋同盟的 > 反叛的”（梵语 vasu-mitra-“善友”~ 古波斯语人名 Va^{h}u-misa-）。

古波斯语中记载的梅德国王名字 Uvaḫštra-“乌瓦赫沙特拉”，在埃兰语版本作 ma-ak-iš-ta-ra，阿卡德语版本作 ú-ma-ku-iš-tar，古希腊语记作 *Κυαξάρης*，它表明梅德语中，如同阿维斯塔语中，雅利安语 tr 在摩擦音前有可能被保留。类似地，波斯帝国的东北部行省巴克特里亚，在古波斯语中有着非典型性的形式 Bāḫtri-，埃兰语版本作 ba-ik-tur-ri-iš，阿卡德语版本作 ba-aḫ-tar，古希腊语记作 *Βάκτρα*，其更纯正的古波斯语形式当为 *Bāḫçi-，保留于埃兰语版本中作 ba-ak-ši-iš。

2）古波斯语中不存在辅音重叠的现象，故而雅利安语 *uštra->*ušça->*ušša-> 古波斯语 uša-“骆驼”（出现于 ušabāri-“骑骆驼的”）~ 阿维斯塔语 uštra-“骆驼”，梵语 úṣṭra-“骆驼，水牛”。

古印欧语中通常不存在齿音重叠的现象，如果在某种形式中出现了这种重叠，则会在两个齿音间插入某种滑音，如 t^st, d^zd，这在伊朗语系体现为 st, zd，而在梵语中则保留为（或改造为）重叠的齿音，如：

古印欧语 *ped-ti-“步行者”> 古波斯语 pašti-“步兵”，梵语 pattí-“步行者，步兵”；

雅利安语 *adzdha-> 古波斯语 azdā “知道的，知晓的”，阿维斯塔语 azdā “知晓的，确定的”；梵语 addhā́ “确定的，确切的”。

古印欧语	雅利安语	古波斯语	阿维斯塔语	梵语
ti̯	þy	š(i)y	ϑy	ty
tu̯	þv	þ(u)v	ϑv	tv
tn	tn	šn	ϑn	tn
tl	tr	ç	ϑr	tr

鄂音（Palatals）

§ 32. 古印欧语的鄂音在 Centum 语族（包括大部分印欧语系的西部语族、安纳托利亚语族及吐火罗语）则与软腭音合一，而在 Satm 语族（主要包括印度－伊朗语族、波罗的海－斯拉夫语族）① 中发展为咝音。古波斯语是典型的 Satem 语族成员。

古印欧语 ḱ> 雅利安语 ś，古波斯语 þ，阿维斯塔语 s，梵语 ś，如：古印欧语 *neḱ- “消失，丢失”> 古波斯语 naþ- “灭亡”，阿维斯塔语 nas-，梵语 naś- “消失”；古印欧语 *u̯iḱ- “房屋”> 古波斯语 viþ- “宫殿”，阿维斯塔语 vīs- “庄园，宫室”，梵语 víś- “房子，住所”；印欧语 *dḱm̥tóm “百”> 古波斯语 þata-（见于专名 þata-gu-），阿维斯塔语 satəm，梵语 śatám，古希腊语 ἑ-κατόν，拉丁语 centum。

古印欧语 ǵ 与 ǵ^{h} 在古伊朗语中融合 > 古波斯语 d，阿维斯塔语 z，在梵语中则呈现为 j 与 h，如：古印欧语 *Hi̯aǵ- “崇敬，敬奉”> 古波斯语 yad-，阿维斯塔语 yaz-，梵语 yaj-，古希腊语 ἅζομαι；古印欧语 *h$_{2}$rǵ-nt-o- “银子”> 古波斯语 ardata-，阿维斯塔语 ər^{ə}zata，梵语 rajatá-，拉丁语 argentum；古印欧语 *h$_{1}$eǵ-Hom “我”> 古波斯语 adam，阿维斯塔语 azə̄m, azəm，梵语 ahám；古印欧语 *ǵ^{h}es-r- “手”> 古波斯语 dasta-，阿维斯塔语 zasta-，梵语 hásta-；古印欧语 *ǵ^{h}l̥-eni̯o- “黄金”> 古波斯语 daraniya-，阿维斯塔语 zaranya-，梵语 híraṇya-；古印欧语 *d^{h}eiǵ^{h}- “面团，形状，造型”> 古波斯语 didā- “城堡，要塞”，阿维斯塔语 uz-daēza “墙，城墙”, pa^{i}ri-daēza “围墙”，梵语 dehī́ “围墙，堡垒”。

古印欧语	雅利安语	古波斯语	阿维斯塔语	梵语
ḱ	s	þ	s	ś
ǵ	ź	d	z	j
ǵh	źh	d	z	h

① 阿尔巴尼亚语和亚美尼亚语，显示出某种 Satem 语的特征，但与典型的 Satem 语族成员又有较明显的差异，或可归入这一族群的边缘化存在。

§ 33. 若鄂音与半元音相连，则：

古印欧语 ḱi̯> 雅利安语 śi̯> 古波斯语 ši̯（写为 šiy）。这方面的例子很少，可能包括地名 Paišiyāuvādā-(<Paišiya- + uvādā-) 中的 paišiya- <*poiḱ-i̯o-“文字，写下的材料”；

古印欧语 ḱu̯> 雅利安语 śu̯> 古波斯语 s，阿维斯塔语（梅德语）sp，梵语 sv，如印欧语 *h$_1$eḱu-“马”> 古波斯语 asa，阿维斯塔语 aspa-，梵语 áśva-；印欧语 *u̯iku̯o-“全部的”> 古波斯语 visa-，阿维斯塔语 vīspa-，梵语 víśva-；

古印欧语 ǵ^{h}u̯> 雅利安语 źhu̯> 古波斯语 d，阿维斯塔语（梅德语）zb,zv，梵语 hv，如古印欧语 *dnǵ^{h}uh$_2$-“舌头”> 古波斯语 hizan-，阿维斯塔语 hizū-，梵语 jihvā́；梅德语来源的古波斯语形式 patiy-a-zbayam“我曾呼叫”~ 阿维斯塔语 zbaye^{i}ti，梵语 hváyati。

古印欧语	雅利安语	古波斯语	阿维斯塔语	梵语
ḱi̯	śi̯	ši̯（写为 šiy）		
ḱu̯	śu̯	s	sp	śv
ǵ^{h}u̯	źhu̯	d	zb,zv	hv

§ 34. 若鄂音与鼻音相连，则：

古印欧语 ḱm> 古波斯语 sm，阿维斯塔语 sm，梵语 śm，如：古印欧语 *aḱ-meh$_3$n“天空”> 古波斯语 asman-，阿维斯塔语 asman-，梵语 áśman-（但印欧语 *aḱ-“尖的，尖利的”> 古波斯语 aþa^{n}ga-，阿维斯塔语 asənga-“石头”，梵语 aśáni-“箭石，闪电熔岩”）；

古印欧语 ǵ^{h}m> 古波斯语 zm，阿维斯塔语 zm，梵语 jm，如古印欧语 *d^{h}ǵ^h-m-os“大地”（单数属格）> 古波斯语 uzma-（<*ud-zma-）“在大地之上”（见于 uzmayāpatiy kar-“定在桩上”），阿维斯塔语 zå，单数宾格 ząm，梵语 kṣā́ḥ，单数属格 jmás；

古印欧语 ḱn、ǵn、ǵ^{h}n 在古伊朗语融合后发展为古波斯语 šn（若在词首则为 h̯šn），在阿维斯塔语中则发展为 šn（若在词首则为 xšn）与 sn①，

① Kent 1953 § 96 与 Brandens tein/Mayrhofer 1964 § 37 均认为，古印欧语 ḱn、ǵn、ǵ^{h}n 在雅利安语中合并为 šn，进而在古波斯语和阿维斯塔语中保持为 šn（在词首分别为 h̯šn，xšn），但阿维斯塔语中的一些例子说明，在 šn 之外还有 sn 的可能，最典型的如古印欧语 *u̯eḱ-no-> 古波斯语 vašna-, 阿维斯塔语 vasna-，另如古印欧语 *ḱen-/ḱn-“上升”> 阿维斯塔语 sanat̰，*ḱn̥-néu̯/nu-> 阿维斯塔语 ā-sənao^{i}ti（参阅 LIV 页 324）。在此意义上，阿维斯塔语 sn 与梵语 śn 共同对应于古印欧语 *ḱn。

在梵语中则为 śn 与 jñ，如：古印欧语 *u̯eḱ-no-“愿望，想要”> 古波斯语 vašna-“为……的缘故”，阿维斯塔语 vasna-“价格，价值”，古北欧语 vegna，德语 wegen“为……的缘故”；古印欧语 *ǵneh$_3$-“认识，知道”> 古波斯语 ḫšnā-，阿维斯塔语 xšnā-，梵语 jñā-；印欧语 *b^{h}erǵ^{h}-(n)o-“山”> 古波斯语 baršnā，阿维斯塔语 bar^{ə}šna“在坑洞中”（单数位格）。

古印欧语	雅利安语	古波斯语	阿维斯塔语	梵语
ḱm	śm	sm	sm	śm
ǵ^{h}m	źm	zm	zm	jm
ḱn	（sn）		（sn）	śn
ǵn	šn	šn（ḫšn）	šn（xšn）	jñ
ǵ^{h}n				

§ 35. 腭音与 t 或 s 相连，则：

古印欧语 ḱt> 雅利安语 śt> 古波斯语 št，阿维斯塔语 št，梵语 ṣṭ，如：古印欧语 *preḱ-to-“被问”>u-frašta-“很好地被惩罚”；有时在古波斯语中 št 会与 st 交错使用，可能是受到了类似 basta-(<*b^{h}end^{h}-to-)、gasta-（<*gu̯ed-to-）这样齿音重叠形式的影响，如 u-frašta- 与 u-frasta- 并存，印欧语 *reǵ-to-“被拉伸的；直的”> 古波斯语 rāsta-，阿维斯塔语 rāšta-；

古印欧语 ḱs> 雅利安语 ćš> 古波斯语 šš>š，阿维斯塔语 š，梵语 kṣ，如：古印欧语 *e-pei̯k-sm̥-“雕刻，裁剪（不定过去式）”> 古波斯语 niy-apaištam“我曾写下”，阿维斯塔语 paēš-“装扮，染色”,pīš-“饰品，装饰”，梵语 piṁśáti“雕刻，塑造，装饰”，不定过去式 apikṣam；

古印欧语 sḱ> 雅利安语 sś> 古波斯语 ss>s，阿维斯塔语 s，梵语 cch，如：古印欧语 *ǵneh$_3$-sḱ-“认识，认知”> 古波斯语 ḫšnā-sa-，阿维斯塔语 xšnā-sa，古希腊语 *γι-γνώσκω*，拉丁语 gnōscō；古印欧语 *preḱ-sḱ-“询问”> 古波斯语 p(a)rsāmiy“我惩罚，我惩治”，阿维斯塔语 pər^{ə}sa^{i}te，梵语 pr̥cchái“他问”。

古印欧语	雅利安语	古波斯语	阿维斯塔语	梵语
ḱt	śt	št	št	ṣṭ
ḱs	ćš	š	š	kṣ
sḱ	šć	s	s	cch

软腭音与唇软腭音

§ 36. 古印欧语的软腭音（k,g,g^{h}）与唇软腭音（k$^{u̯}$,g$^{u̯}$,g$^{u̯h}$）在

Satem 分支进而在古波斯语中融合为软腭音，而在 Centum 分支，软腭音与鄂音融合，而唇软腭音则部分地保留下来（如拉丁语的 <qu>，迈锡尼语（古希腊语）中的 k^{w}<qu>，赫提语的 ku̯，哥特语的 <ƕ>）。

古印欧语 k/k$^{u̯}$> 雅利安语 k,kh> 古波斯语 k,ẖ，阿维斯塔语 k，x，梵语 k,kh，如：古印欧语 *kor(i)o- “战争；军队”> 古波斯语 kāra- “民族，军队”，古希腊语 *κοίρανος* “首领，指挥官”；古印欧语 *k$^{u̯}$r-ti “(第三人称单数现在式)剪，切；削，刻 > 制造，建立”> 古波斯语现在式 kunautiy（<*kr̥nautiy），阿维斯塔语 kər^{ə}nao^{i}ti，梵语 kr̥ṇóti；印欧语 *k$^{u̯}$os-k$^{u̯}$id “谁”> 古波斯语 kaš-ciy “某人”，阿维斯塔语 ka-，梵语 ká-，拉丁语 quis，哥特语 ƕa-s；印欧语 *sok$^{u̯}$h$_2$-oi- “同伴，朋友”> 古波斯语 haẖā（见于 Haẖāmaniš-，本义为“具有友好之意的”），阿维斯塔语 haxa，梵语 śákhā “伙伴，朋友”；

古印欧语 g/g$^{u̯}$> 雅利安语 g> 古波斯语 g，阿维斯塔语 g，梵语 g，如：古印欧语 *bhag- “分配”> 古波斯语 baga-，阿维斯塔语 baga- “神（< 分配者）”，梵语 bhága- “(神圣的)主人”，教会斯拉夫语 bogŭ “神”；古印欧语 *g$^{u̯}$em- “去，来”> 古波斯语 gam-，阿维斯塔语 gam-，梵语 gam-，古北欧语 koma；

古印欧语 g^{h}/g$^{u̯h}$> 雅利安语 gh> 古波斯语 g，阿维斯塔语 g，梵语 gh，如：印欧语 *d(o)l̥Hg^{h}o- “长的”> 古波斯语 dargam “长时间的”，阿维斯塔语 dar^{ə}ga-,dar^{ə}γa-，梵语 dīrghá- “长的（空间的与时间的）” 印欧语 *g$^{u̯h}$er-mo- “热”> 古波斯语 garma-（见于月名 Garmapada-，音译“伽玛帕达”，意为“炎热之所”），阿维斯塔语 gar^{ə}ma-，梵语 gharmá- “热，炎热”，拉丁语 formus，古希腊语 *θερμός*。

古印欧语	雅利安语	古波斯语	阿维斯塔语	梵语
k/k$^{u̯}$	k	k	k	k①
	kh	ẖ	x	kh
g/g$^{u̯}$	g	g	g	g
g^{h}/g$^{u̯h}$	gh	g	g	gh

§ 37. 雅利安语中的软腭音同时具有古印欧语软腭音与唇软腭音的来源，当其出现在元音 ĭ、ĕ 及半元音 i̯ 之前时，会发生鄂音化，这

① 少数情况下，梵语 kh 对应于古波斯语 k、阿维斯塔语 k，如：梵语 khánati，古波斯语 kan-，阿维斯塔语 kan- “挖，挖掘”；梵语 kharvá- “残疾的，跛足的，短小的”，阿维斯塔语 ka^{u}rva- “短的；秃的”。

一过程早在雅利安语族元音 e>a 转化之前就已发生：

古印欧语 k/k^{u}e> 雅利安语 ce> 古波斯语 ca，阿维斯塔语 ca，梵语 ca，如：古印欧语 *-k^{u}e- “和，而”> 古波斯语 -cā，阿维斯塔语 -cā̆，梵语 ca~ 古希腊语 *τε*，拉丁语 -que；

古印欧语 k/k^{u}i> 雅利安语 ci> 古波斯语 ci，阿维斯塔语 ci，梵语 ci，如：如古印欧语 *k̑^{u}id “某个”> 古波斯语 -ciy，阿维斯塔语 -ciṯ，梵语 -cit~ 古希腊语 *τι*，拉丁语 quid；

古印欧语 k/k^{u}i̯> 雅利安语 cy> 古波斯语 šiy，阿维斯塔语 šy，梵语 cy，如：古印欧语 *k^{u}ieh$_1$-ti- “平静，安宁”> 古波斯语 šiyāta- “幸福的”，阿维斯塔语 šyāta- “喜悦的”~ 拉丁语 quiētus “平静的”。

相应地，古印欧语 g/g^{u}e> 雅利安语 je> 古波斯语 ja，阿维斯塔语 ja，梵语 ja，如：古印欧语 g^{u}em- “去，来”> 古波斯语 gam-, jam-，阿维斯塔语 gam-, jam-；

古印欧语 g/g^{u}i> 雅利安语 ji> 古波斯语 ji，阿维斯塔语 ji，梵语 ji，如：*g^{u}ih$_3$-u̯e/o- “生活，活着”> 古波斯语 jiv-，阿维斯塔语 jva^{i}ti，java^{i}ti，梵语 jī́vati；

古印欧语 g/g^{u}i̯> 雅利安语 jy> 古波斯语 jiy，阿维斯塔语 jy，梵语 jy，如：古印欧语 *ku̯i-eh$_2$- “征服，强力”> 古波斯语 jiyamna- “结束，终结”，阿维斯塔语 a-jyamna-, a-fra-jyamna- “不减少的，不变弱的”，梵语 jyā́ “暴力”, jyā́nam “镇压”；

古印欧语 g^{h}/g^{uh} e> 雅利安语 je> 古波斯语 ja，阿维斯塔语 ja，梵语 ha（<jha），如古印欧语 *g^{uh}en-ti “（第三人称单数现在式）击打，击杀”> 古波斯语 ja^{n}tiy，阿维斯塔语 ja^{i}nti，梵语 hánti。

古印欧语	雅利安语	古波斯语	阿维斯塔语	梵语
k/ k^{u}e	ce	ca	Ca	ca
k/ k^{u}i	ci	ci	ci	ci
k/ k^{u}i̯	cy	šiy	šy	cy
g/ g^{u}e	je	ja	ja	ja
g/ g^{u}i	ji	ji	ji	ji
g/ g^{u}i̯	jy	jiy	jy	jy
gh/ g^{uh}e	je	ja	ja	ha（<jha）

§ 38. 古波斯语中, k 与 c、g 与 j 在不少情况下混用，如古印欧语 *leuk- “闪亮的，闪耀的”> 古波斯语 raucah- “日子”，阿维斯塔语 raocah- “光亮，光明”，梵语 rocíṣ- “光”~ 古希腊语 *λευκός* “白色的，明

亮的”，拉丁语 lūx“光，光明”；地名 Maka-：Maciya“Maka 人”，地名 Ākaufaka：Ākaufaciya-“Ākaufaka 人”，作为 kar- 的不定式形式的 car-tanaiy。古印欧语 *g^{u}em-“去，来”在古波斯语和阿维斯塔语中既有 jam- 的形式，也有保留了 gam- 的形式如古波斯语 ha^{n}-gm-ata“被结合，被聚集”，parā-gm-ata“前进，推进”，阿维斯塔语 $g^{ə}$mata-“到来的”，动词不定式 gat̰。

咝音（Sibilant）

§ 39. 古印欧语中只有清音的齿槽音 s，而没有对应的浊音 z，但当 s 位于浊辅音之前，会转为其音体变位形式 [z]，如古印欧语 *h_2ó-sd-o-[发音 ózdo]“树枝，分支”> 古希腊语 ὄζος（<ζ>=[zd]），哥特语 ast-s，亚美尼亚语 ost；拉丁语 sedēre“坐”：nīdus（<*ni-zd-os）“（鸟）巢”。

在古波斯语中，古印欧语 s 的演化如下：

1）通常情况下，古印欧语 s> 古伊朗语 h> 古波斯语 h，如古印欧语 *sem-/som-“共同的”> 古波斯语 ham-，阿维斯塔语 ham-，梵语 sam-；古印欧语 *sol(H)u̯o-“完整的”> 古波斯语 haruva-，阿维斯塔语 ha^{u}rva-，梵语 sárva-“全部的”；* 印欧语 *seno-“老的，古旧的”> 古波斯语 hanatayā-“老年”，阿维斯塔语 hana-，梵语 sána-“老的，古老的”；古印欧语单数属格结尾 *-osi̯o> 古波斯语 -ahyā，阿维斯塔语 -ahē，梵语 -asya；

2）在清辅音之前 >s，如古印欧语 *$h_1$és-ti“（第三人称单数现在式）是，存在”> 古波斯语 astiy，阿维斯塔语 asti，梵语 ásti；

在浊辅音之前 >z，如古波斯语人名 Vahyaz-dāta-，vahyaz- = 阿维斯塔语 vahyah-，梵语 vásyas-；古印欧语 *mens-d^{h}e-“放在意念中的”>*mn̥s- d^{h}e-> 古波斯 Aura-mazdā，阿维斯塔语 Ahura-mazdā“阿胡拉·马兹达”，梵语 medhā́“智慧，明智”；

3）Ruki 法则①在古波斯语中的运用：

a）在 i，u，r̥ 之后 >š，如古印欧语复数工具格 *-$b^{h}$is> 古波斯

① Ruki 法则最初是对梵语中 s 在 r、u、k、i 及源自 ai 的 e 和源自 au 的 o 之后变为 ṣ 这一现象的解释。这一规律事实上适用于整个印欧语系的 Satem 语支。

语 -biš，阿维斯塔语 -bīš，梵语 -bhiḥ；古印欧语 dus-“坏的”> 古波斯语 duš-，阿维斯塔语 duš-，duž-，梵语 duṣ-，dur-，duḥ-，古希腊语 *δυσ*-；古印欧语 *mh_2k̑-is-to-“最长的”> 古波斯语 maþišta-，阿维斯塔语 masišta-，古希腊语 *μήκιστος*“最大的”；古印欧语 *u̯ers-n-“男性，雄性”> 古波斯语 arša-（见于人名 Aršaka-），阿维斯塔语 aršan-“男人，英雄”，梵语 ṛṣa-bhá-“雄牛”，古希腊语 *ἄρσην*“男性的”；*ni-sēdei̯-oH_2“我坐下”> 古波斯语 ni-šādayāmi“我坐下”，阿维斯塔语 ni-šādayeⁱti，梵语 sādáyati“他坐下”；

b）古印欧语 k̑s> 古波斯语 š，如古印欧语 *e-pei̯k̑-s-“（不定过去式）刻下，写下”> 古波斯语 niy-apaištam“我曾写下”；另可参阅 § 35；

古印欧语 ks> 古波斯语 ḫš，如古印欧语 *h_2u̯eg-s-“增长，生长”> 古波斯语 vaḫš-（见于专名 Uvaḫštra-，原义“拥有好的生长者”），阿维斯塔语 vaxš-，梵语 vakṣáyati“使……生长”，古希腊语 *αὐξώ*“增长，扩大”，哥特语 wahsjan“增长，生长”。

【古波斯语中的 -št-、-zd-，可参阅 § 31. 2】

§ 40. 在下列情况，古印欧语 s /古伊朗语 h 在古波斯语中消失：

1）在 r、m、u 之前，如古印欧语 *sreu̯-“流动，奔流”> 古波斯语 rauta-，阿维斯塔语 ϑraotah-，raoδah-，梵语 srótas-“水流，河流”，古希腊语 *ῥύτις*（=*ῥύσις*）“河流”；古印欧语 *$h_1$és-mi“我是”> 古波斯语 amiy，阿维斯塔语 ahmi，梵语 ásmi；古印欧语前缀 *$h_1$sú-“好的”> 古波斯语 u-，阿维斯塔语 hu-，梵语 su-；

2）在词尾（除在 i 和 u 之后，那种情况下 s>š，参照 § 39 中 3a），如古印欧语 *-os> 古波斯语 -a，阿维斯塔语 -ō，梵语 -aḥ；

3）在 u̯ 之前，如古印欧语印欧语 *su̯o-“他（自己）的”> 古波斯语 uva-，阿维斯塔语 xᵛa-，梵语 svá-“自己的，自己”，古希腊语 *ὅς*“他的”。参阅 § 25。

喉头音（Larygneals）

§ 41. 目前学界一般认为，古印欧语中喉头音有三类：h_1，自然的喉头音，某种无标记的 [h] 音；h_2，倾向于 a 的喉头音，有标记的 [χ] 音；h_3，倾向于 o 的喉头音，有声的软腭音（或唇软腭音）擦音 [γ]

或 [γ^w][①]。单独的 H，表示无法具体区分是哪一类的喉头音。古印欧语喉头音只在赫提语中以 ḫ 的形式（对应于 h_2）直接存在，而在绝大多数印欧语中没有直接的对应，但留下了特定的痕迹：如 eh_1>ē，eh_2>ah_2>ā，eh_3>oh_3>ō；h_1e>e，h_2e>a，h_3e>o。

在印度伊朗语族，古印欧语的三种喉头音（h_1，h_2，h_3）融合为一（H），进而演化如下：

1）H 在词首，后为辅音 >Ø，如印欧语 *$h_2$nep-ōt-“除儿子之外的男性后代”> 古波斯语 napāt-，阿维斯塔语 napāt-，梵语 nápāt-，拉丁语 nēpos；古印欧语 *h_1s-énti“（第三人称复数现在式）是，存在”> 古波斯语 ha^{n}tiy，阿维斯塔语 hənti，梵语 sánti；

2）H 在词首，后为元音，则古印欧语 HV-> 雅利安语 V-> 印度伊朗语族相应的元音（参阅 §15-21），如古印欧语 *$h_1$és-mi“我是”> 古波斯语 amiy，阿维斯塔语 ahmi，梵语 ásmi；印欧语 *$h_1$enter“在……之间”> 古波斯语 a^{n}tar，阿维斯塔语 antar^ə，梵语 antár；*Hoi-u̯o-“一，唯一”> 古波斯语 aiva-，阿维斯塔语 aēva-；

3）H 处于词中或词尾，

a. 若在元音之前，则与 2）相同；

b. 若在元音之后，则导致之前的元音变为相应的长元音，VH>V̄，如古印欧语 *d^{h}eh_1-“安置；制造”> 古波斯语 dā-，阿维斯塔语 dā-，梵语 á-dhāt；*steh_2-“站立”> 古波斯语 stā-，阿维斯塔语 stā-（现在时 hišta-），梵语 sthā-；*deh_3-“给予”> 古波斯语 dadātuv，阿维斯塔语 daδāiti，梵语 dádāti；

c. 若在辅音之间，CHC 会生成某种介于喉头音 H 与辅音之间的弱元音 H^o，进而导致 H 的消失而只保留元音性的 ^{o}；

i）在印度伊朗语系往往 >i，如古印欧语 *ph_2tḗr“父亲”>*ph_2^{o}tḗr> 古波斯语 pitā，阿维斯塔语 ptā（但单数与格为 f^{ə}δrōi，piϑre），梵语 pitā，古希腊语 *πατήρ*，拉丁语 pater；

ii) 某些情况下在伊朗语族会消失或保留为 ə，如上面提到的阿维斯塔语 ptā，如古印欧语 *d^{h}ug$h_2$tér-“女儿”> 古波斯语 *duḫçī-（<*duk-

① 参阅 Mayrhofer 1986，页 121 注 101，页 122 注 103；Meier-Brügger 2003, 页 106-107；Clarkson 2007, 页 56-58。有关喉头音在印欧语系的系列证据，参阅 Winter 1965。

trī），阿维斯塔语 dugᵊdar-，duγδar-，梵语 duhitā́-（duhitā́r-），古希腊语 θυγάτηρ；

d. 若在元音之间，VHV>V̄V 形成长复合元音，而长复合元音又可能进一步分化为相应的元音 + 辅音结构，如古印欧语 *neh_2u- "船"> 古波斯语 nāu-（复数主格 nāv-a），梵语 náu- "船"，古希腊语 νηῦς，ναῦς，拉丁语 nāvis；

e. 若处于辅音与元音之间，会给之前的辅音带来送气的效果，CHV>C^hV，如古印欧语 *pont-eh_2-s "桥"> 阿维斯塔语 pantå，梵语 pánthāḥ，而 *pn̥t-h_2-ós "通道，桥"（单数属格）> 古波斯语 paþi̯-（单数宾格 paþi̯m），阿维斯塔语 paϑō，梵语 pathaḥ；*hrot-H_2- "转动的"> 古波斯语 raþa-，阿维斯塔语 raϑa-，梵语 rátha- "车"，拉丁语 rota "车轮"；另外，如古印欧语 *pl̥th_2ú- "宽广的"> 梵语 pr̥thú- "宽广的"，古希腊语 πλατα-μών "平的石板"；*méǵ-oh_2-，*méǵ-h_2- "大的"> 梵语 máhi "大的"，mahā-，古希腊语 μέγα- "（前缀）大的"；

f. 在印度伊朗语系中，鼻音 m̥ 与 n̥ + 喉头音演化为相应的长元音：m̥H 与 n̥H>V̄；流音 r̥ 与 l̥+ 喉头音演化为延长的流音：r̥H 与 l̥H>r̥̄>Vr【参阅 §24】。如：

古印欧语 *g^um̥H-to- "（去的）地方"> 古波斯语 gāþu- "王座，地方"，阿维斯塔语 gātu- "地方，场所"，梵语 gātú- "道路，路径"；古印欧语 *é-ǵn̥H-nāt "（第三人称单数过去式）认识，知道"> 古波斯语 *a-dānā，梵语 á-jānāt；

古印欧语 *d(o)l̥Hg^ho-> 古波斯语 darga-，阿维斯塔语 darᵊga-，梵语 dīrghá-，古希腊语 δολιχός；古印欧语 *pr̥Hu̯om（<*proH-）"早先，此前"> 古波斯语 paruvam，阿维斯塔语 pa^urva-，梵语 pū́rvam；

§42. 古印欧语喉头音 H 的存在，在古波斯语中虽无直接的例证，但在梵语和阿维斯塔语中均有相应的痕迹。

《梨俱吠陀》1. 40. 3 中，devī́ "女神" 一词在 devyètu (= deví etu) 的表述中其音节为 – ᴗ，这很可能意味着，devī́ 一词在当时尚被理解为一种包含着喉头音的形式 *deu̯íH（*íH<*-ih_2）[1]。

古印欧语 *eh_1- 在元音或带有音节的元素（m̥、n̥、r̥、l̥）之前，e 会

---

① 参阅 Meier-Brügger 2003, 页 123。

保留下来而 h_1 则会化为元音分读（hiatus），如古印欧语 *h_2u̯éh_1-n̥t-o-“风”> 印度伊朗语 *Hu̯áHata->*u̯á.ata-> 阿维斯塔语 vāta-“风”，这个词在 Yasna 44. 4 中可能被当作 va’ata 而记作三个音节，参照梵语 vā́-ta，拉丁语 ventus（-ent-<*-e$h_1$nt-），赫提语 ḫuu̯ant-（<*ḫu-ant<*h_2uh_1-ent-：在赫提语中，*h_1>a，h_2>ḫ）；古印欧语 *reh_1-“财产”> 印度伊朗语 *raHi->*ra.i> 吠陀语 rayí-“财产”，re-vánt“富裕的”（<*rai̯-vant<*ra.i-vant<raHi-u̯ant），而这一词根在辅音性质的 i̯ 之前的属格形式 *reh_1-i̯-és“拥有财富的”> 印度伊朗语 *raH-i̯as> 吠陀语 rāyáḥ，阿维斯塔语 rāyō“拥有财富的”。[①]

§ 43. 古波斯语辅音体系小结：

辅音	古波斯语	阿维斯塔语	梵语	雅利安语	古印欧语
鼻音	m	m	m	m	m
	n	n	n	n	n
流音	r	r	r/l	r/l	r/l
塞音	p	p	p	p	p
	b	b	b/bh	b/bh	b/b^h
	t	t	t	t	t
	d	d	d/dh	d/dh	d/d^h
		z	j	ź	ǵ
		z	h	źh	$ǵ^h$
		zb，zv	hv	źhu̯	$ǵ^h$u̯
	k	k	g/gh	k	$k/k^{u̯}$
塞擦音	g	g	c	g/gh	g/g^h，$g^h/g^{u̯h}$
	c	c	j/h	c	k/ku̯
	j	j	ph	j	$g/g^{u̯}$，$g^h/g^{u̯h}$
	f	f	ś	ph	p
	þ	s	th	s	ḱ
		ϑ	kh	th	t+H
咝音	ḫ	x	s	kh	k/ku̯
	s	s	cch	s	s
		s	śv	šć	sḱ
		sp	ṣ	śu̯	ḱu̯
	š	š	kṣ	š	s
		š	tr	ćš	ḱs
	ç	ϑr	s	tr	tl
	z	z	s	s	s
其他	h	h	s	s	s
	y	y	y	i̯	i̯
	v	v	v	u̯	u̯

说明：如 fr、ḫš、šn、š(i)y 之类的辅音组合，参看前面的章节。

§ 44. 古波斯语的尾音法则

古波斯语的词汇，只能以元音 a、半元音 y、v、鼻音 m、流音

① 参阅 Brandenstein/Mayrhofer 1964 § 31；EWAia II，页 438（vā́ta-），页 542（rayí-）；Meier-Brügger 2003，页 113。

r、咝音 š 结尾，其他的元音（复合元音）与辅音均会在词尾发生脱落，有些情况下是单独脱落，如古印欧语 *h_1eḱu̯-os “马”> 古波斯语 asa，阿维斯塔语 aspa，梵语 áśvaḥ，有些情况下几个音素共同脱落，如 -ns、-nt、-ts，古印欧语 *e-b^her-o-nt “他们拿着”> 古波斯语 abara，阿维斯塔语 barən，梵语 ábhran，*$h_2$nep-ōt-s “除儿子之外的男性后代”（单数主格）> 古波斯语 napā，阿维斯塔语 napāt-，梵语 nápāt，拉丁语 nēpos，有些情况下是按照音变规律转变，如依照 Ruki 法则 s>š【参阅 § 39.3】。

以本有的元音（而非由辅音脱落而成的元音）结尾的词汇，需添加相应的’（-a’>-ā）、i̯（-ii̯>-iy）、u̯（uu̯>-uv），如：martiya 的呼格为 martiyā（= mortiya’，拉丁语 mortue），astiy “（第三人称单数）是，存在”（< 古印欧语 *$h_1$esti~ 阿维斯塔语 astǐ，梵语 ásti，古希腊语 *ἐστί*），中性名词主格 paruv “多”（古希腊语 *πολύ*）【参阅 § 16. 6】。若与另一个词相连或处于复合词中，则可不发生上述变化，如 pariy “越过”~paridaida- “大花园”，paruv “多”~paruv-zanna-、paru-zana- “来自众多族群的”。

在古波斯语复合词中，某些古老的成分可以不受此尾音规则所限，如古印欧语 *ḱᵘ̯os-ḱᵘ̯id “某人”> 古波斯语 kaš-ciy（而非 ka- ciy），*ḱᵘ̯id-ḱᵘ̯id “某事”> 古波斯语 ciš-ciy（而非 ci-ciy）；古波斯语 aniyaš-ciy “其他的”~ 阿维斯塔语 anyå̊s- ciy（<*anyat̰- ciy）。

§ 45. 古波斯语没有直接表示发音与重音的符号，但可以通过某些信息对于其重音及重音位置的变化有所推断：最初古波斯语的发音可能是类似古希腊语式的带有音调的发音方式，出现在固定的音节位置上，后来逐渐演化为以音节的轻重为核心的发音方式，进而伴随音节轻重的变动出现了尾部音节的脱落，由于重读音节不会脱落，这为判断古波斯语重音位置提供了重要依据：如古波斯语 būmi- “大地” 在阿尔塔克西斯三世（Artaxerxes III）时已被写作 būm，从而成为中古波斯语 būm 的先声；而早在阿尔塔克西斯二世时，apa-dānam “宫室，大殿” 就已经写作 apa-dān（阿卡德语版本作 ap-pa-da-an），这也直接成为帕提亚语’pdn，’fdn 的来源。这种发音变化若与印度古代语言的重音变化对照，则会显得更为清晰：古印欧语 *ph_2tḗr “父亲”>* 雅利安语 pitā́> 古波斯语 pitā> 中古波斯语 pit,* 雅利安语 pitá́> 吠陀语 pitá́> 梵语 pítā。由中古波斯语 pit 可推断古波斯语的重音为 píta，而吠陀语向梵语的重音转化则表明，古波斯语与梵语在相对独立的情境下发展出了高度类似的重音迁移。

在大流士时期，类似 <du-u-ru-u-va-a>duruvā“坚固的，安全的”(= 埃兰语 tar-ma，对应于梵语 dhruvá-)这样的形式，留下了重音在尾音（ultimate）的证据或痕迹[①]。但后来古波斯语的规律则是，三音节以上的词汇，重音落到倒数第三个音节（antepenultimate），如古波斯语 ẖšayáþiya-“国王”>ẖšā́yaþya-> 中古波斯语 šāh(ẖš>š,-āya>ā,þ>h，三者都符合古波斯语到中古波斯语的一般演化规则)；而复合词中的每一组成部分，其重音演化会分别进行，如古波斯语 Ahura-mazdā(梅德语形式)> 中古波斯语 Ohr-mazd，古波斯语 fra-mānā“命令”> 新波斯语 fra-mā́n。

词法

名词、形容词、代词变位

§ 46. 古印欧语的名词有八种格（Casus），其命名源自拉丁语：主格（Nominativus），呼格（Vocativus），宾格（Accusativus），离格（Ablativus），与格（Dativus），工具格（Instrumentalis），位格(Locativus)；

有三种数（Numerus）：单数（Singualaris），复数（Pluarlis），双数（Dualis）；

三种性（Genus）：阴性（Femininum），阳性（Masclinum），中性（Neutralis）。

这一名词变位体系完整地保留在梵语和阿维斯塔语中，也大部分为古波斯语所继承，但古波斯语没有单独的与格，而是融入属格之中。

---

① 参阅 Schmitt 1989，页 66-67。

印欧语 ā- 词干变格①

§ 47. ā- 变格是典型的阴性名词变格。古波斯语中没有发现这一变格的双数形态。为了更好地展示古波斯语名词变位（Declension）的特性，本书将先呈现其词尾变化特征并与阿维斯塔语、梵语、古印欧语加以比较，进而以具体的词汇实例展现这种变化。

	古印欧语	古波斯语	阿维斯塔语	梵语	说明
单数主格	-eh$_2$>-ā	-ā	-ā, -a	-ā	
宾格	-eh$_2$-m>-ām	-ām	-ąm	-ām	ā- 变格中，主格不加词尾，呼格融入主格属格与离格形式相同 古印欧语 VH-V>V̄V【参阅 § 41.3d】
属格	-eh$_2$-es>-ās	-āyā	-ayå	-āyāḥ	
离格	与属格同	-āyā	-ayå	-āyāḥ	
与格	-eh$_2$-ei>āi̯a		-ayāi	-āyai	
工具格	-eh$_2$-eh$_1$>-ā	-āyā	-ā, -ayā	-ayā（吠陀语作 -ā）	
位格	-eh$_2$-i>-āi	-āyā	-aya	-āyām	
复数主格	-eh$_2$-es>-ās	-ā	-å	-āḥ	
宾格	-eh$_2$-ns>-ās	-ā	-å	-āḥ	ā- 变格单数属格与复数主格的形式一致性保留在拉丁语中；复数属格形式 -ānām 为印度 – 伊朗语系的创新
属格	-eh$_2$-om>-ōm	-ānām	-anąm	-ānām	
离格	-eh$_2$-m->-ām-		-ābyō	-ābhyaḥ	
与格	与离格同		-ābyō	-ābhyaḥ	
工具格	-eh$_2$-b^h(i̯)->-āb^h (i̯)-		-ābīš	-ābhiḥ	
位格	-eh$_2$-su>-āsu	-āuvā	-āhū	-āsu	

实例：古波斯语 aniya-“其他的”, Aþurā-“亚述”, framānā-“命令”, hainā-“（敌方）军队”, stūnā-“柱子”, taumā-“家族”, vispazana-“一切种类的”；阿维斯塔语 daēnā-“信仰，宗教”, gaēϑā-“畜群”, grīvā-“脖子”；梵语 jihvā́-“舌头”, sénā-“军队”；古希腊语 ϑεά“女神”；拉丁语 domina“女主人”, familia“家庭”, Rōma“罗马”；哥特语 giba“礼物”；教会斯拉夫语 žena“妇女，妻子”（由于古波斯语和阿维斯塔语的语言材料相对较少，需要多个在文献中出现的词汇才能展示一个相对完整的变位表。其他语言一栏中列举的，是与之前几栏中印度 – 伊朗语系的形态有一定对应性的形式）

① 由于印欧语 ā- 变格中的 -ā<-eh$_2$，事实上它最初遵循的是无构干元音（athematic）的名词变格，而后受到 o- 词根变格的影响而进行了相应的调整。参阅 Meier-Brügger 2003，F 310，F 312。

	古波斯语	阿维斯塔语	梵语	其他语言
单数主格	hainā	daēnā	sénā	θεά, domina
宾格	taumām	daēnąm	sénām	θεάν, dominam
属格	taumāyā	daēnayå	sénāyaḥ	θεάς, familias
离格	haināyā	daēnayå	sénāyaḥ	dominā
与格		daēnayāi	sénāyai	θεᾷ, dominae
工具格	framānāyā	daēnayā	sénayā	ženoją
		daēnā	jihvā	
位格	Aþurāyā	grīvaya	sénāyām	Rōmae (<Rōma-i), ženь
复数主格	stūnā	daēnå	sénāḥ	gibōs
宾格	aniyā	daēnå, daēnås	sénāḥ	θεάς, dominās, gibōs
属格	vispazānām	gaēθānąm	sénānām	θεῶν, dominārum, gibō
离格		daēnābyō	sénābhyaḥ	dominis
与格		daēnābyō	sénābhyaḥ	θεαῖς, dominis
工具格		daēnābīš	sénābhiḥ	
位格	aniyāuvā	gaēθāhū	senāsu	ženachь

印欧语 o-(印度－伊朗语 a-) 词干变格

§ 48. 印欧语的 o- 词干，伴随着规律性的 e/o 元音交替，主要施用于阳性名词。

	古印欧语	古波斯语	阿维斯塔语	梵语	说明
单数主格	-o-s	-a	-ō	-aḥ	
宾格	-o-m	-am	-əm, -ēm	-am	
属格	-o-si̯o	-ahyā	-ahyā, -əhe	-asya	
离格	(-o-et>) -ōt	-ā	-āt̰	-āt	
与格	(-o-ei̯>) -ōi̯		-āi	-āya	
工具格	(-eh$_1$>) -oh$_1$	-ā	-ā, a	-ena	
位格	-o-i/-e-i	-aiy, -ayā	-ōi, -e, -aya	-e	
呼格	-e	-ā	-ā, -a	-a	
双数主格	-ō(u)	-ā	-ā, -a	-ā, -au	双数 o- 变格无确定的古印欧语形式。印度伊朗语双数宾格、呼格形式与主格同，离格、与格与工具格同
属格		-āyā	-ayå	-ayoḥ	
工具格		-aibiyā	-aē^{i}bya, -ō^{i}byā	-ābhyām	
位格			-ayō, -ōyō	-ayoḥ	
复数主格	(-o-es>) -ōs/-oi̯	-ā, -āha	-ā, -åŋhō	-āḥ, -āsaḥ	
宾格	(-o-m-s>) -o-ns	-ā	-əng	-ān, -āṁś-ca	

	古印欧语	古波斯语	阿维斯塔语	梵语	说明
属格	(-o-om>) -ōm	-ānām	-anąm	-ānām	
离格	(-o-oi̯s>) -ōi̯s		-aē^{i}byō,- ō^{i}byō	-ebhyaḥ	
与格	与工具格相同		与离格同	-ebhyaḥ	
工具格	-o-mos/-o-bh(i̯)os	-aibiš	-āiš, -aē^{i}biš	-aiḥ, -ebhiḥ-	
位格	oi̯-su	-aišuva	-aēšu	eṣu	

实例：古波斯语 baga-“神”, dasta-“手”, gauša-“耳朵”, martiya-“男人”, Māda-“梅德人”, Pārsa-“波斯人”；阿维斯塔语 ahura-“(神性的)主人”, aspa-“马”, ąsa-“部分”, mar^{ə}ta-“凡人”, mašya-“男人，人”, rāna-“大腿”, spāda-“军队”, šyaoϑ(a)na-“行动，效果”, uba-“二者”, yasna-“祭祀”, zaoša-“口味，愉悦”, zasta-“手”；梵语 áśva-“马”, sána-“年老的”（单数工具格作副词 sánā“自古以来”）；古希腊语 *ἵππος*“马”；拉丁语 equus“马”；哥特语 dags“日子”；古教会斯拉夫语 gradъ“城市”。

	古波斯语	阿维斯塔语	梵语	其他语言
单数主格	Pārsa	ahurō	áśvaḥ	*ἵππος*, equus
宾格	Pārsam	ahurəm	áśvam	*ἵππον*, equum
属格	Pārsahyā	ahurahyā, ahurahe	áśvasya	*ἵππου*, ἵπποιο
离格	Pārsā	zaošāt̰	áśvāt	古拉丁语 poplicod （= 经典拉丁语 publicō）
与格		ahurāi	áśvāya	*ἵππῳ*, equō
工具格	Pārsā	ahurā	sánā, áśvena	gradomь
位格	Pārsaiy, dastayā	šyaoϑ^{a}nōi, šyaoϑne zastaya	áśve	*οἴκοι*, domi“在家”
呼格	martiyā	ahurā	áśva	*ἵππε*, eque
双数主格	gaušā	zastā	áśvau, áśvā	*ἵππω*, ambō“二者”
属格	gaušāyā	rānayå	áśvayoḥ	
工具格	dastaibiyā	aspaē^{i}bya, zastō^{i}byā	áśvābhyām	dagōs
位格		zastayō, ubōyo	áśvayoḥ	
复数主格	martiyā bagāha	mašyā ahurå̊ŋhō	áśvāḥ áśvāsaḥ	

	古波斯语	阿维斯塔语	梵语	其他语言
宾格	martiyā	mašyə̄ng	áśvān	equōs, dagans
		mašyąs-cā	áśvāṁś-ca	
属格	martiyānām	mašyānąm	áśvānām	ἱππών, equōrum
		mašyanąm		
离格		marᵊtaēⁱbyō, yasnōⁱbyō	áśvebhyaḥ	equis
		与离格同		
与格		mašyāiš	áśvebhyaḥ	equis
工具格	martiyaibiš		áśvaiḥ	ἵπποις
			áśvebhiḥ	
位格	Maidaišuvā	aspaēšu	áśveṣu	graděchь

§ 49. 遵循 o- 词根变形的中性名词，除宾格与主格形式总是保持一致，复数主格（宾格）词尾为集合名词后缀 -ā ① 之外，与阳性名词并无差别。

	古印欧语	古波斯语	阿维斯塔语	梵语
单数主格－宾格	-om	-am	-əm	-am
复数主格－宾格	$-eh_2$>-ā	-ā	-ā	-ā

实例：古波斯语 ḫšaça-“统治，王权”，āyadana-“圣所”；阿维斯塔语 xšaϑra-“统治，命令”；梵语 kṣatrá-“力量，权力，统治”；拉丁语 imperium“帝国，统治”。

	古波斯语	阿维斯塔语	梵语	拉丁语
单数主格－宾格	ḫšaçam	xšaϑrəm	kṣatrám	imperium
复数主格－宾格	āyadanā	xšaϑrā	kṣatrā́	imperia

§ 50. 古波斯语保持了古印欧语的形容词变格遵循名词的 o- 词干（阳性、中性）、ā- 词干（阴性）的传统，如古波斯语 karta-“做了的”：阳性单数 karta，阴性单数 kartā，中性单数 kartam~ 梵语 kṛtáḥ, kṛtā́, kṛtám。

① 这种集合名词性质的后缀 *-ā 也可以回溯到 $*-eh_2$。有可能构成阴性名词的 -ā，最初表达的是一种集合名词的意象，从而呼应原初印欧语中将名词分为有生命的（animate）和无生命的（inanimate）这样的世界想象（这种名词分类体系保存在赫提语中）：阴性名词借用集合名词的形式将自己从一般性的表达生命的名词中区分开来，并逐渐以有生命者这一范畴中的阴阳（男女，雌雄）区分取代原先的有生命者—无生命者的区分，进而在许多语言中将原本归入无生命者范畴的概念，赋予新体系下的阴阳属性。

i- 词根

a. 阳性－阴性合用的 i- 词根

§ 51. 在古波斯语中，以 -i 结尾的阴性名词（有别于 -ī 结尾的阴性名词）与阳性名词在变格上没有差别。

实例：古波斯语 skauþi-“贫穷的”（用于阳性对象），šiyāti-“幸运”（阴性名词）；阿维斯塔语 ga^{i}ri-“山”（阳性名词），aši-“（取得 >）报酬”（阴性名词）；梵语 girí-“山”（阴性名词），matí-“智慧”（阴性名词）；古希腊语 *βάσις*“步伐”（阴性名词）；拉丁语 ovis“山羊”（阳性名词）；哥特语 gasts“客人”（阳性名词），ansts“恩宠”（阴性名词）（只列出单数的这三个格，是因为古波斯语材料所限）。

	古波斯语	阿维斯塔语	梵语	其他语言
单数主格	skauþiš šiyātiš	ga^{i}riš ašiš	giríḥ matíḥ	ovis *βάσις*
宾格	skauþim	ašīm	girím, matím	*βάσιν*, ovim
属格	skauþaiš	ašoiš	giréḥ, matéḥ	gastis, anstáis

b. 以 -ī 结尾的阴性名词

§ 52. 印度－伊朗语中的 -ī 源自古印欧语 *-ih$_2$，因而带有一定的无词干（athematic）变形的特征。古波斯语中单数主格与宾格的词尾 -iš 与 -im，从其写法 <i-ša>、<i-ma>，无法判断其原初的长短。

实例：古波斯语 Harauvati-“波斯帝国行省名”，aþa^{n}gainī-“石头的”；阿维斯塔语 ašaonī-“真的”；梵语 devī́“女神”；哥特语 mawi“少女”。

	印欧语	古波斯语	阿维斯塔语	梵语	哥特语
单数主格	-ih$_2$>-ī	Harauvatiš	ašaonī	devī́	mawi
宾格	-ih$_2$m>-īm	Harauvatim	ašaonīm	devī́m	
属格 / 离格	-i̯eh$_2$-s>-i̯ās	Harauvatiyā	ašaonyå	devyā́ḥ	máujōs
位格	-ih$_2$-i>-ī	Harauvatiyā		devyā́m	
复数主格	-ih$_2$-es>-ii̯-es	aþa^{n}gainiya	Ašaonīš	devyáḥ	máujōs

u- 与 ū- 词根

§ 53. 古印欧语中的 u- 词根在古波斯语中出现较多，而 ū- 词根则仅见于 tanū-“身体”一词。故而接下来的讨论会将二者合在一起。

	古印欧语	古波斯语	阿维斯塔语	梵语	说明
单数主格	-eu̯-s>-us	-uš	-uš	-uḥ	
	-u-h$_2$-s>-ūs	-ūš	-uš	-ūḥ	
宾格	-eu̯-m>-um,	-um	-ūm	-um	
	-uu̯-m̥		-vəm	-uvam	
	-uh$_2$-m>-ūm	-ūm	-ūm	-ūm	
属格	-eu̯-es>-ous	-auš	-auš	-oḥ	
离格	与属格同	-auš，-auv	-aot̰	与属格同	
工具格	-eu̯-oh$_1$>-u̯ō	-uvā	-vā	-vā	
位格	-ēu̯/-eu̯	-auv，-avā	-āu，-ō，-ava	-au，-o	
复数属格	-u̯-om	-ūnām	-vąm，-unąm	-ūnām	
中性名词 单数主格－宾格	-u	-uv	-ū	-u	

实例：古波斯语 Bābiru-“巴比伦”，gāþu-“王座”，Kuru-“居鲁士”，paru-“许多的”，tanū-“身体”，Ufrātu-“幼发拉底河”；阿维斯塔语 aŋhu-“存在”，pasu-“畜群”，pərətu-“通道”，tanū-“身体”，vaŋhu-，vohu-“好的”，xratu-“力量”；梵语 krátu-“力量”，sā́nu-“表面”，sūnú-“儿子”，tanū-“身体”；古希腊语 *πολύ*“许多”；拉丁语 manus“手”，sūs“猪”；哥特语 sunus“儿子”。

	古波斯语	阿维斯塔语	梵语	其他语言
单数主格	Bābiruš	xratuš	sūnúḥ	manus，sunus
	tanūš	tanūš	tānū́ḥ	sūs
宾格	Bābirum	xratūm	sūnúm	manum
	tanūm	tanvam，tanūm	tanúvam，tānū́m	suem
属格	Kurauš	xratauš	sūnóḥ	manūs，sunáus
离格	Bābirauš， Bābirauv	xrataot̰	sūnóḥ	
工具格	Ufrātuvā	xratū，xraϑwā	krátva	
位格	Bābirauv gāþavā	vaŋhāu，pərətaō，aŋhava	sūnáu sā́no	noctū“在夜里”
复数属格	parūnām	pasvąm，vohunąm		manuum，suniwē
中性名词 单数主格－宾格	paruv	vohū	parú	πολύ

§ 54. 古波斯语中有少量带 -u- 的长复合元音词根，如，gāu-“牛”（只见于人名如 Gaubaruva-，þatagu） < 古印欧语 *g^{u}eh$_3$-u-，nāu-“船”（复数主格 nāva，DSuez c 11）< 古印欧语 *neh$_2$u-，均属于 VHV>V̄V 的类型【参阅 § 41. 3d】。

具有变格功能的词汇则只有 dahyu-“国土，区域”：单数主格 dahyāuš，宾格 dahyāum，dahyāvam，位格 dahyauvā；复数主格 dahyāva，属格 dahyūnām，位格 dahyušuvā。

大流士之名 Dārayavauš（宾格 Dārayavaum），其属格形式

Dārayavahauš，显示出意义源自古伊朗语 *dāraya-vahu-“保留善好者”。

辅音词干

§ 55. 辅音词干的名词变格，大体上与元音词干相同，事实上，ā- 变格就可以视作某种特殊的辅音词干（喉头音 H）变格。古波斯语中，使用辅音词干变格的名词，只见于单数主格、宾格、属格、位格和复数工具格。

塞音词干

§ 56. 塞音词干的变格情况如下：

	古印欧语	古波斯语	阿维斯塔语	梵语	说明
单数主格	-s	Ø	-s，-š	Ø	
宾格	-m/-m̥	-am	-əm	-am	
属格	-es/-os/-s	-a	-ō	-aḥ	
位格	-i	-iyā，-i-	-i	-i	
复数工具格	-b^h(i̯)-	-biš	-bī̆š	-bhiḥ	

实例：古波斯语 ap-“水”，ḫšap-“夜晚”，napāt-“孙子，外孙”，þard-“年”；阿维斯塔语 ap-“水”，zam-“大地”，maz-“大的，伟大的”；梵语 marút-“风”；拉丁语 vox“声音”。

	古波斯语	阿维斯塔语	梵语	其他语言
单数主格	napā	āfš	marút	vox<*vok-s
宾格	þardam	āpəm	marútam	vocem
属格	ḫšapa	apō	marutáḥ	vocis
位格	apiyā，api-šim	zəmi	marúti	voce（<voc-i）
复数工具格	Abiš（写作 ab-biš）	mazibīš	marudbhíḥ	

§ 57. –nt 词干是古印欧语中主动态现在分词最常用的构造方式，在古波斯语只保留了单数的主格、宾格、属格。

	古印欧语	古波斯语	阿维斯塔语	梵语	说明
单数主格	-nt-s	-ā	-ą̇s，-ō	-an	古波斯语中主格的 -ā 可能是基于 -n 词干构造的
宾格	-nt-m̥	-a^{n}tam	-antəm	-antam	
属格	-n̥t-és	-a^{n}tahyā	-atō	-ataḥ	

实例：古波斯语 tunuvant-“有力的”；阿维斯塔语 hant-“存在”，drəgvant-“（说谎的 >）邪恶的”；梵语 sánt-“存在的”；古希腊语

ἄγων“从事的”（<ἄγω“从事，进行”），哥特语 wisans“存在的”（<es-“存在”）

	古波斯语	阿维斯塔语	梵语	其他语言
单数主格	tunuvā	drəgvå hąs	sán	ἄγων wisans
宾格	tunuva^{n}tam	drəgvantəm	sántam	ἄγοντα
属格	tunuva^{n}tahyā	hatō, drəgvatō	satáḥ	ἄγοντος

n- 词干

§ 58. 印欧语中的 n- 词干，主格不加 -s，具有 -en/-on/-n 与 -ēn/-ōn（及相应连读变读形式 -ē/-ō）的不同序列。n- 词根的词汇，在古波斯语中只出现于单数主格、宾格、工具格。

实例：古波斯语 artāvan-“有福的”，asman-“天空”，baršnā“在洞（坑）中”（< 雅里安语 *bharźh-“深洞”结合 -n- 词干），nāman-“名字”（中性）；阿维斯塔语 asman-“天空”，bar^{ə}zan-，bar^{ə}šn-“深洞”，nāman-“名字”（中性），urvan-“灵魂”；梵语 áśman-“天空”，rā́jan-“国王”；古希腊语 ἄκμων“陨石，雷电；（铁）砧”。

	古波斯语	阿维斯塔语	梵语	其他语言
单数主格	artāvā, nāmā	urvā, urva	áśmā	ἄκμων
宾格	asmānam	asmanəm, nąma	áśmānam	ἄκμονα
工具格	baršnā	bar^{ə}šna	áśmanā, rā́jñā	

r- 词干

§ 59. 印欧语中的 r- 词干变格与 n- 词干相似，主格不加 -s，具有 -er/-or/-r 与 -ēr/-ōr（及相应的连读变音形式 -ē/-ō）的不同序列，如作为行动主体的 *-tor 与表示亲属关系的 *-ter。在古波斯语中，只保留了这一词干的单数主格、宾格、属格的形式。

实例：古波斯语 dauštar-“朋友”，framātar-“指挥官”，pitar-“父亲”；阿维斯塔语 dātar-“给予者，创造者”，p(a)tar-“父亲”；梵语 dātár-“给予者”，pitár-“父亲”；古希腊语 δώτωρ“给予者”，πατήρ“父亲”。

	古波斯语	阿维斯塔语	梵语	其他语言
单数主格	dauštā, pitā	dātā	dātā́, pitā́	δώτωρ, πατήρ
宾格	framātāram	dātārəm	dátā́ram	δώτορα

	古波斯语	阿维斯塔语	梵语	其他语言
		pataram	pitáram	
属格	piça	dāϑrō	dātúḥ, pitúḥ	piça<*pitr-as~πατρός

s- 词干

§ 60. s- 词干在古波斯语中有多种变体：

1）源自古印欧语 -es/-os 词干，在阳性－阴性单数主格为延长型 *-ēs，而在中性名词主格－宾格则为正常的 *-os，如古波斯语阳性专名 Aspacanah-（阿维斯塔语 miϑahvacah-“话语错误的”，梵语 sácanas-“带有善意的”，古希腊语 εὐμενής“善意的”），Vi^{n}dafarnah-（阿维斯塔语 Viδaṭ.x^{v}ar^{ə}nah-），中性名词 drayah-“大海”（阿维斯塔语 zrayah-“海”，梵语 jráyas-“运动，运行，运行轨道”），manah-“精神”（阿维斯塔语 manah-，梵语 mánas-“心意，精神”，古希腊语 μένος“力量，精神”），raucah-“光明”（阿维斯塔语 raocah-“光亮，光明”）；

2）源自雅利安语中的 -iš 词干（对应于印欧语 -is 或 -Hs），如古波斯语 hadiš-“王座”（阿维斯塔语 hadiš-“座位，居所”；梵语 kravíṣ-“生肉”），专名 Ardumaniš-，Haḫāmaniš-；

3）源自古印欧语 -s- 词根，如古波斯语 nāh-“鼻子”，māh-“月”（阿维斯塔语 māh-，梵语 mā́s-“月”）；

4）源自古波斯语中塞擦音，如古波斯语 viþ-“宫殿，房子”（阿维斯塔语 vǐs-“庄园，宫室”，梵语 víś-“房子，住所”）；

5）源自比较级形态，如古波斯语 tauvīyah-“更强的”（tav- 的比较级形态，阿维斯塔语 vahyah-“更好的”）。

	古波斯语	阿维斯塔语	梵语	说明
单数主格	Aspacanā	miϑahvacå	sácanāḥ	εὐμενής
阳性	tauvīyā	vahyå		
中性	manaš-cā	manō	mánaḥ	μένος
	hadiš	hadiš	kravíḥ	
宾格	nāham	mā̊ŋhəm	mā́sam	
工具格	manahā, viþā	manaŋhā	mánasā	
位格	drayahyā	manahi-cā	mánasi	

	古波斯语	阿维斯塔语	梵语	说明
	viþiya	vīsi, vīsya	māsí	
复数工具格	Raucabiš	manəbīš	mánobhiḥ	<*-az-bhi-
	viþbiš		viḍbhíḥ	<*viẓ-bhi-

形容词比较级与最高级

§ 61. 古印欧语的形容词，可以通过连接后缀 *-i̯os-（某些情况下 *-i̯es-, -is-）或 *-tero- 变为相应的比较级，相对而言，*-i̯os- 可能更为古老，因而比较语言学将 *-i̯os- 所构造的形式称为第一比较级（如拉丁语 magnus "大的"，比较级 maior, maius "更大的"），*-tero- 所构造的成为第二比较级（如梵语 priya- "喜爱的"，比较级 priyatara- "更喜爱的"）。

古波斯语中保存的比较级形态与 *-i̯os- 及其变体相关的：人名 Vahyazdāta-<vahya-,vahyah-, vau- "好" 的比较级形态 ~ 阿维斯塔语 vahyah-，梵语 vásyas- 本义或为 "拥有好的（更好的）法律者"（阿维斯塔语专名 Vahu.δāta-, Vohu.dāta-）；tauvīyah- "更强的，更有力的"<tav- "强大，能够"~ 梵语比较级 távīyas- "更强的"。

*-tero- 所对应的比较级形态，则保留在古波斯语 apa-taram "远离，在……之外"（古希腊语 *ἀπωτέρω* "更远的"）、fra-tara- "更前的"（阿维斯塔语 fratara-，梵语 pratarám "进而，在未来"，古希腊语 *πρότερος* "较前的，较早的"）这样与表达方位的前缀 apa-、fra- 结合的形式中。

§ 62. 各种印欧语中表示最高级的后缀，如 -to-, -th$_2$o-, -m̥h$_2$o-，都可以回溯到古印欧语中有关序数词的表达形式[1]，因而，可以视作是将序数词的概念移用于形容词（如最强的 = 第一强的，最大的 = 第一大的）。古波斯语中的最高级，可以回溯到将比较级的后缀 *-is- 与序数词后缀 -to- 的结合，如 maþišta- "最大的，最高的"（maþišta bagānām "诸神中最伟大者"）< 古印欧语 *mh$_2$k̑- "长的"+ -is-to- "最长的"~ 阿维斯塔语 masišta-，新波斯语 mahišt "最大的，最高的"，古希腊语 *μήκιστος* "最长的，最高的"。

---

① 参阅 Meier-Brügger 2003, F 325，F503。

古波斯语 fra-tama-“最出色的，最前方的”（阿维斯塔语 fratəma-，梵语 pra-thamá-“最前方的，最早的”）是仅有的保留了印度伊朗语系中最高级构词法 -tama- 的例子（~ 古希腊语 -τατος，拉丁语 -timus）。

副词

§ 63. 古波斯语中的副词：

或以特定的变格形式出现，如中性名词单数宾格 darsam“长时间地”,hakaram“一次”，单数位格 dūraiy“远远地”；

或带有特定的副词性后缀，如 ama-ta“从那里开始”< 代词 *ama“这个”加后缀 *-tas（梵语 tá-taḥ“从那里［来］，然后”），idā“这里”<i-+ *-dha（指称位置）（阿维斯塔语 iδa，梵语 ihá，巴利语 idha“这里”，古希腊语 ἰϑα-γενής“合法婚姻所生的；土生的；直接生成的”，拉丁语 ibi“那里”）；

或不带有明显的副词性后缀，如 naiy“不，不是”（< 古印欧语 *nei-“不，不是”~ 阿维斯塔语 naē-ciš“没有人”，拉丁语 nī“不，不是”；阿维斯塔语 nōit̰，梵语 nét,néd）;patiy“对着，朝着”（阿维斯塔语 pa^{i}ti，古希腊语 ποτί),upariy“上面”（阿维斯塔语 upa^{i}ri“上面”，梵语 upári，古希腊语 ὑπέϱ“在……上面”,ὕπεϱ“上面”，拉丁语 s-uper“在……上面”）；

或出现于复合词中，如 pasāva<pasā ava“在那之后”（现代德语 nachdem） pati-padam“在他（应得）的位置上”<pati-“对着，朝着”+ pada-“地方，位置”（ 阿维斯塔语 paδəm,padəm，梵语 padám“脚步，地方”，古希腊语 πέδον“地，土地”）。

数词

古波斯语中的数字，大多数情况下以带有计数性质的楔形符号加以标示，因而只留下少量可辨识的数词。

§ 64. 基数词：

1 为 aiva-“一，唯一”（< 古印欧语 *Hoi-u̯o-~ 阿维斯塔语 aēva-“一”，古希腊语 οἶος）；

2 为 uba-“两个，二者”(< 古印欧语 *h$_2$(e)n(t)-b^{h}oH-“两个”~ 阿维

斯塔语 uba-，梵语 ubhá-；古希腊语 *ἄμφω*，拉丁语 ambō)；

5 为 *panca，仅在其他语言材料中有体现，埃兰语 pan-su-ma-š“五分之一”（< 古印欧语 *pénk$^{u̯}$e“五”~ 阿维斯塔语 panca，梵语 páñca，古希腊语 *πέντε*，拉丁语 quīnque）；

10 为 *daþa，仅见于埃兰语的文本：*daþa-pati-“地方事务官（Decurio）”(< 古印欧语 *déḱm̥“十”~* 阿维斯塔语 dasa，梵语 dáśa，亚美尼亚语 tasn，古希腊语 *δέκα*，拉丁语 decem)；

100 为 *þata，只见于 þata-gu- 波斯帝国行省名，以及其他语言的记载如埃兰语 *þata-pati“百夫长”（< 古印欧语 *dḱm̥tóm~ 阿维斯塔语 satəm，梵语 śatám，古希腊语 *ἑ-κατόν*，拉丁语 centum）；

1000 为 *hazāra-，见于 *hazārapati-“千总”（< 古印欧语 *ǵ^{h}es-lo-“一千”~ 阿维斯塔语 hazaŋra-，新波斯语 hazār，梵语 sahásra-，古希腊语 *χίλιοι*，拉丁语 mille）。

§ 65. 序数词：

1.fratara-“第一”；

2.duvitī̆ya-“第二”,duvitī̆yam“第二次”（阿维斯塔语 daibitya-，bitya-，梵语 dvitī́ya-“第二”）；

3.çitī̆ya-“第三”,çitī̆yam“第三次”（阿维斯塔语 ϑrit(i)ya-，拉丁语 tertius，哥特语 þridja；梵语 tṇtī́ya-“第三”,tṇtī́yam“第三次”< 印欧语 *tri-“三”）

9.navama-“第九”（阿维斯塔语 naoma-，梵语 navamá-“第九”< 古印欧语 *$h_1$neu̯n̥-th_2o-）；

10.*daþama-“第十”?

§ 66. 分数词：

3.*çišuva-：三分之一（阿维斯塔语 ϑrišva-“三分之一”）；

4.*caçušuva-“四分之一”（阿维斯塔语 caϑrušva-“四分之一”，caϑwārō“四”，梵语 catvā́raḥ，拉丁语 quattuor“四”）；

5.*pancauva-“五分之一”[①]，埃兰语 pan-su-ma-š；

8.*aštauva-“八分之一”，埃兰语 aš-tu-maš（= 阿维斯塔语 aštahva-“八分之一”< 印欧语 *oḱt-“八”~ 阿维斯塔语 ašta“八”，梵语 aṣṭā́，

---

① *pančauva-<*panča-sva-，这一读法基于 Hoffmann 1965 的思路。

aṣṭau，古希腊语 *ὀκτώ*，拉丁语 octo）；

9. navauva-“九分之一”，古埃兰语 nu-ma-u-maš，新埃兰语 ni-ma-o-maš。

§ 67. 次数词在古波斯语中仅保留一例，hakaram“一次”，hakaram-ciy“每一次，总是”（阿维斯塔语 hakərət̰，梵语 sakṛ́t“一次”，sa-(ha-)< 印欧语 *sm̥-“一起，共同”~ 古希腊语 *ἅ-παξ*，拉丁语 sem-el“一次”）。

代词

人称代词

§ 68. 人称代词在古印欧语中，最初表达某种言说所涉及的不同对象：第一人称是对话的主体（“我”），第二人称是对话的参与者（“你”），第三人称则是对话所涉及的对象（“他“/“它”）。因而，第一人称与第二人称具有“主体”的特征，有各自专门的称谓，而第三人称则具有“客体”的特征，常用指示代词（“那个”）来加以表达。这种因言说关系而形成的人称表述，又伴随着相应方位和亲疏关系，这种特殊的方位在古希腊语中被称作 *δεῖξις*(deixis)，它在各种古代印欧语的指示代词体系中发挥着重要的作用，如拉丁语 hic/haec/hoc“这个（在眼前的）”（与说话者直接相关的，第一 deixis 或近位），iste/ista/istud“这个”（与对话者相关的，第二 deixis 或中位），ille/illa/illud“那个（在远处的）”（与言说对象有关，第三 deixis 或远位）。

§ 69. 古印欧语的第一与第二人称代词均不分性别（以闪米特语对照，则仅有第一人称不分性别）。这也体现于印度 - 伊朗语系中。

1）第一人称单数：

我	古波斯语	阿维斯塔语	梵语	古印欧语	其他印欧语
主格	adam	azēm	ahám	eǵ-óh$_2$	*ἐγώ*, egō
宾格	mām	mąm	mā́m	mḗ	mē
附属形	-mā	mā	mā	me	*ἐμέ, μέ*
属格	manā	mana	máma	méne	古教会斯拉夫语 mene
附属形	-maiy	mōi, mē	me	moi̯	*μοι*
离格	-ma	mat̰?	mát	mōt	古拉丁 med

说明：古波斯语中，第一人称的单数属格和与格形式一致，而古印欧语中二者仅附属形一致，而各有重读形式，其与格重读形式为 *me-ǵ^{h}ei̯, *me-ǵ^{h}i̯-om，对应于阿维斯塔语 ma^{i}byā, ma^{i}byō, māvōya，梵

语 máhyam)。

2）第一人称复数：

我们	古波斯语	阿维斯塔语	梵语	古印欧语	其他印欧语
主格	vayam	vaēm	vayám	u̯éi̯s	哥特语 weis
属格	amāḫam	ahmākəm	asmā́kam		

说明：古波斯语没有保留古印欧语中的第一人称复数宾格 *n̥s-mé 与附属形 *nos，它们对应于阿维斯塔语 ə̄hmā, ahmā, nå, nō，梵语 asmā́n, naḥ，拉丁语 nos。

§ 70. 第二人称单数：

你	古波斯语	阿维斯塔语	梵语	古印欧语	其他印欧语
主格	tuvam	tvam, tūm	tuvám	$túh_2$	拉丁语 tū
宾格	þuvam	ϑwąm	tvā́m	tḗ	拉丁语 tē
附属形		ϑwā	tvā	te, tu̯e	
属格		tavā, tava	tava	téu̯e	
附属形	-taiy	tōi, tē, te	te	toi̯	τοι

说明：第二人称复数（"你们"）在古波斯语中没有留下记载，其古印欧语主格为 *i̯úHs（阿维斯塔语 yūžəm，梵语 yū́vam），宾格为 *us-mé（梵语 yuṣmā́n），宾格附属形为 *u̯os（阿维斯塔语 vå, vō，梵语 vaḥ）。

§ 70. 第三人称在古波斯语中有两组以附属形呈现的词根，分别为：

1.ša-/ši-：单数属格－与格 -šaiy，宾格 -šim；复数属格－与格 -šām，宾格 -šiš；

2.di-：单数宾格 -dim（阿维斯塔语 -dim），复数宾格 -diš（阿维斯塔语 dī̆š, dit̰）。

说明：古波斯语具有反身代词性质的 uva-"自己的"（阿维斯塔语 xᵛa-，梵语 svá-，拉丁语 suus），只出现于复合词中，如 uvaipašiya-"自己的，自身的", uvāipašiya-"私产"。

指示代词

古印欧语中的指示代词分为 *to-（*so-）与 *i-（*-ei̯）两个序列[1]，

① 参阅 Meier-Brügger 2003, F 405，406。

这二者在古波斯语中均有体现，二者均对应于特定的 deixis【参阅 § 68】:

§ 71. 表达近位的指示代词 iyam-“这个”，是古印欧语指示代词 *i-（拉丁语 is, id）与后缀 -am 结合的产物，又融合了词根 ima- 和由 a-“这个”派生出的阳性单数工具格 a-nā 与阴性单数位格 a-hyāyā，形成了某种典型的杂糅变位：

	阳性	阴性	中性	说明
单数主格	iyam	iyam	ima	阳性：阿维斯塔语 iməm，梵语 imám
宾格	imam	imām	ima	阴性：阿维斯塔语 īm，梵语 iyám;
工具格	anā			中性：ima<*ima-d~阿维斯塔语 imat̰
位格		ahyāyā		
复数主格	imaiy	imā		阳性：阿维斯塔语 ime，梵语 imé;
宾格	imaiy	imā	imā	阴性：阿维斯塔语 imå，梵语 imāḥ;
属格	imaišām			中性：阿维斯塔语 imā，梵语 imā́
工具格			imaibiš	

说明：在印欧语系中，杂糅变位并不罕见（如拉丁语 ferō“带来，承载”，其完成式为 tūlī，其过去完成式被动分词为 latus），反映了若干意义相似或相近的词根在语言演化的过程中融合为一又各自留下相应的痕迹。

§ 72. 表达远位指示代词“那个”的是 hauv 与 ava 二者的融合体，其中 hauv< 古印欧语 *so + -u-, ava-~ 阿维斯塔语 ava，教会斯拉夫语 овъ“那，那个”：

	阳性	阴性	中性	说明
单数主格	hauv, hauv-am	hauv	ava, avaš-ciy	中性主格～阿维斯塔语 avat̰；宾格～阿维斯塔语 aom（阳性），avąm（阴性）；
宾格	avam	avām	ava, avaš-ciy	阳性属格～梵语 avahe
属格	avahyā			
离格	avanā		avanā	
工具格			avanā	
复数主格	avaiy			主格～阿维斯塔语 ave（阳性），avå（阴性）；
宾格	avaiy	[a]va		属格～阿维斯塔语 avaēšąm
属格	avaišām			

说明：iyam 与 hauv 这两组指示代词的变位法均能与第三人称代词相连使用，除了 imaišām 与 avaišām 外，还有如 hau-dim, hau-šaiy 的复合形式。

形容词性质的指示代词

§ 73. 形容词性质的指示代词 aniya-“其他的”（< 古印欧语 *(h_2)an-i̯o-“其他的”~ 阿维斯塔语 anya-，梵语 anyá-“其他的，另一者”），haruva-“全部的”(< 古印欧语 *sol(H)u̯o-“完整的”~ 阿维斯塔语 ha^{u}rva-，梵语 sárva-，古希腊语 ὅλος，οὖλος“全部，整个”，拉丁语 salvus“健康的，完好的”)，hama-“同样的”（< 古印欧语 *som-h_2-o-“相同的”~ 阿维斯塔语 hama-，梵语 samá-“同样的”，古希腊语 ὁμός“同样的，相似的”）：

	阳性	阴性	中性	说明
单数主格	aniya, haruva	aniyā	aniyaš-ciy	中性 <*anya-d~ 阿维斯塔语 a^{i}n-yaṯ，梵语 anyát
宾格	aniyam	aniyām	aniya	
属格	aniyahyā	hamahyāyā		
离格	aniyanā			
位格		haruvahyāyā		
复数主格		aniyā		
宾格	aniyai-ciy, aniyāha	aniyā		
位格		aniyāuvā		

关系代词

§ 74. 关系代词是关系从句的引导词。关系从句所包含的内在语义关联，在古印欧语中大体分为两类：定语性的与同位语性的。定语性的关系从句，通过代词 *k^{u}i-/*k^{u}o- 引导，同位语性的关系从句，则通过 *Hi̯o-①。

古波斯语的关系代词源自 *Hi̯o-，在其变位体系中，结合了以 h-(<s-)开头的词干（较古老的 h^{a}ya~ 梵语 syá-“那个”，较新的 haya~ 阿维斯塔语 hō yō，梵语 sá yáḥ“这个”）与以 t- 开头的词干（较古老的 t^{a}ya-~ 梵语 tyá-“那个”，较新的 taya-~ 梵语 tád yád“这个”），呈现出一种杂糅变格的特征。表格中选择较古老的形式 h^{a}ya-、t^{a}ya-：

	阳性	阴性	中性	说明
单数主格	h^{a}ya	h^{a}yā	t^{a}ya	梵语 yáḥ, yā́, yát
宾格	t^{a}yam	t^{a}yām	t^{a}ya	yám, yā́m, yát
工具格			t^{a}yanā	对比 anā (iyam)
双数主格	t^{a}yā			梵语 yā́, yáu

① 参阅 Meier-Brügger 2003, S 205；Lehmann 1979。

	阳性	阴性	中性	说明
复数主格	t^{a}yaiy	t^{a}yā	t^{a}yā	梵语 yé, yā́ḥ, yā́
宾格		t^{a}yā	t^{a}yā	
属格	t^{a}yaiy	t^{a}yaišām		梵语 yéṣām，拉丁语 istārum

古印欧语 *Hi̯o- 所代表的同位语功能，使得古波斯语 h^{a}ya-/t^{a}ya-不但能作为关系代词引导从句，也能在某些情况下充当后置的定冠词。

不定代词

§ 75. 古印欧语中的疑问代词 *k$^{u̯}$i-（变音 *k$^{u̯}$ei̯-） /*k$^{u̯}$o-（变音 *k$^{u̯}$e-）（拉丁语 quid, quod），也可以作为不定代词使用（拉丁语 quis-quis, quidquid）。

古印欧语的疑问代词在古波斯语中只保留下了如同副词般被使用的带有不定代词意味的形式：kā, -kaiy; ciyakaram, citā, -ciy（aniyaš-ciy, avaš-ciy, aciy, yaciy）。作为后缀，-ciy 还可以添加到疑问代词上，构成 kaš-ciy "某人"< 古印欧语 *k̑$^{u̯}$os-k̑$^{u̯}$id~ 阿维斯塔语 kascḭ̆t，梵语 káś cit; ciš-ciy< 古印欧语 *k̑$^{u̯}$id-k̑$^{u̯}$id~ 拉丁语 quidquid, quicquid "无论"。

动词

§ 76. 古波斯语的动词体系可分为：

时（态）：现在时，不定过去时（Aorist），未完成时，完成时；

式：直陈式，虚拟式（Subjunctive），祈愿式（Optative），禁命式（Injunctive）①，命令式（Imperative）；

态：主动，中动 – 被动 ②；

---

① Injunctive 是一种在吠陀语中具有大量呈现的语式，它表达动作 – 行动的某种确定性或固化效果，常与否定词 mā́ 联用，以表达某种禁止性的意味（prohibitive），既包含防止主动地做某事（preventive），如《梨俱吠陀》3. 53. 2 mā́ párā gāḥ "不要离开"，也包含禁止被动地参与某事（inhibitive），如《阿达婆吠陀》10. 1. 26 mā́ tiṣṭhaḥ "不要停留"。这一语言现象可以回溯到原始印欧语时代，可以被定义为一种带有次生变位词尾（secondary endings）而没有前缀增音（Augment）的语言形式，在各种印欧语中不同程度地有所保留，在印度 – 伊朗语系保留得较为充分。参阅 Meier-Brügger 2003, S 210；Beekes 2011, 18.8.2。对于这一语言现象的深度研究及相关问题的讨论，参阅 Hoffmann 1967。

② 原始印欧语没有在后来的各种印欧语中很常见的被动态，被动态的功能由中动态（以自身为目的或关涉于自身）所生的反身功能加以体现。古波斯语中，被动态与中动态在语法形式上往往是同一的。

人称：第一（我），第二（你），第三（他 / 她 / 它）；

数：单数，双数，复数；

不定式：现在不定式；

分词：主动态现在时，中动态现在时，被动态完成时，被动态将来时。

§ 77. 每个印欧语的动词都可以分解为动词词干与动词词尾。动词词干依据是否需要向词根添加构干元音（thematic vowel），而分为有构干元音的（thematic，通常为 -e-/-o-，如梵语 bhár-a-ti“他带”，古希腊语 *φέρ-ο-μεν*“我们带”）和无构干元音的（athamtic，如梵语 hán-ti，赫提语 kuen-zi“[他] 杀”）两大类。古印欧语的动词词干就时态而言，分为现在时、不定过去式和完成三种。古波斯语均有所继承。

1. 现在时动词词干

§ 78. 古波斯语的有构干元音的现在时动词分为：

a. 带有后缀 -e- 的 e- 变格词根（LIV 1n），如古波斯语 ā-baratiy“他带来”（< 古印欧语 *b^{h}er-e-ti“他带来”~ 阿维斯塔语 bara^{i}ti，梵语 bhárati）；

b. 带有后缀 -i̯e- 的 e- 变格词根（LIV 1r），如古波斯语 jad-iyāmiy“我请求，我祈求”（< 古印欧语 *g$^{u̯h}$ed^{h}-“请求”~ 阿维斯塔语 ja^{i}δyemi“我请求”）；古波斯语 g(a)rb-ā-ya-“抓住”也属这一类型（*-i̯e->*-ya->-ā-）；

c. 带有后缀 -éi̯e- 的 o- 变格使动态词根（LIV 4a），如古波斯语 dārayāmiy“我占有”（< 古印欧语 *d^{h}er-“持有”~ 阿维斯塔语 vī-δāraye^{i}ti“支撑，支持”，梵语 dhāráyati“持有，拥有，带着”），naþ-“灭亡”的使动态 nāþ-aya-“毁灭，摧毁”（< 古印欧语 *noḱ-éi̯e-~ 梵语 nāśáyati“毁灭”）；

d. 带有后缀 -sḱ-（表渐进意味）的词根（LIV 1p），如古波斯语 ḫšnā-sā-tiy“他知道”（< 古印欧语 *ǵneh$_{3}$-sḱ-/ǵnh$_{3}$-sḱ-~ 阿维斯塔语 xšnā-sa，古希腊语 *γι-γνώσκω*，拉丁语 gnōscō；古波斯语 p(a)rsāmiy“我惩罚”（< 古印欧语 *pr̥ḱ-sḱe/o-“问，询问”~ 阿维斯塔语 pər^{ə}sa^{i}te，梵语 pr̥ccháti“他问”，拉丁语 poscere“要求，渴望”<*porcscere）；

§ 79. 古波斯语中无构干元音的动词分为

a. 词根动词（LIV 1a，梵语第二类动词）：古波斯语 astiy "他是"（< 古印欧语 *$h_1$és-ti~ 阿维斯塔语 asti，梵语 ásti，古希腊语 ἐστί，拉丁语 est），aitiy "他离开"（< 古印欧语 *$h_1$ei-/h_1i-ti~ 阿维斯塔语 aē^{i}ti，梵语 éti，古希腊语 εἶσι，拉丁语 it），古波斯语 þātiy "他说" 可能也属这一类型；

b. 含音节重叠的动词（LIV 1g，梵语第三类动词）：

1. 含 -a- 元音（< 古印欧语 -e-）的重叠：古波斯语 dadātuv "给！"（< 古印欧语 *deh$_3$- "给予"~ 阿维斯塔语 daδā^{i}ti，梵语 dádāti "他给"，古希腊语 δίδωμι "我给"），adadā "他已创造，他已完成"（< 古印欧语 *d^{h}eh$_1$- "安置；制造"~ 阿维斯塔语 daδā^{i}ti "放置，带来"，梵语 dádhāti "安置，安放"，古希腊语 τίθημι "放置，安置；做"）；

2. 含 -i- 元音的重叠：a-^{h}i-štatā "他已建立，他已站立"（< 古印欧语 *steh$_2$- "站立"~ 阿维斯塔语 hišta-，梵语 tíṣṭhati，古希腊语 ἵστημι "站，立"，拉丁语 sistō "置，放"）；dī-diy "看！"；

c. 带有 -n- 中缀的动词（LIV 1k，包含梵语第 5、6、8、9 类动词），包括：

1. 插入 -n-：古波斯语 vi-n-da-（见于人名 Vi^{n}dafarnah-~ 梵语 vindáti "找到，到达"）；

2. 插入 -nau-/-nu-：古波斯语 a-darš-nau-š "他已敢于"（梵语 dhṛṣ-ṇó-ti "敢于，勇于"），ku-nau-tiy "他做"（<*kr̥nautiy~ 阿维斯塔语 kər^{ə}nao^{i}ti，梵语 kr̥ṇóti）；

3. 插入 -nā-：古波斯语 a-dā-nā "他已知道"（< 古印欧语 *ǵn̥H-nā- "认识"~ 阿维斯塔语 °zānənti，梵语 jānā́ti），a-dī-nā "他已抢夺"【阿维斯塔语 zyāni-，梵语 jinā́ti "抢夺，掠夺"）。

2. 非现在时动词词干

§ 80. 古波斯语中，不定过去时的词干有两种构成方式：

a. 由动词词根直接构成（LIV 2a），如 a-ku-mā "我们已做成"（~ 现在时 ku-nau-tiy "他做"），a-dā "他已创造"（~ 现在时 da-dā-，梵语 á-dhā-t，古希腊语 ἔ-στη）；

b. 由词根加后缀 -s- 构成（LIV 2b），如 dar- 的不定过去时中动态 a-dar-š-iy“我已占有”（~ 现在时 dārayāmiy“我占有”，梵语 á-dik-ṣi，古希腊语 ἔδειξα“我已指出”）；

说明：古印欧语中还有一种通过音节重叠构成不定过去时形式，如 *u̯ekᵘ̯- “说话”，不定过去时 *é-u̯e-u̯ekᵘ̯-et“他已说话”> 古希腊语 εἶπε。这一形式在古波斯语中尚未找到对应。

§ 81. 如同古印欧语，古波斯语的完成时词干一般通过音节重叠构成，如 kar- 的完成时祈愿式 ca-ẖr-iyā“愿他已做成”（<*ca-kr-+祈愿式后缀 -yā~ 梵语 ca-kara，cakāra“我已做”：kar-，古希腊语 πε-ποίηκα“我已做”：ποιέω）。

3. 式的特征

§ 82. 虚拟式。古印欧语的虚拟式，特征为带构干元音的变位与原生词尾（primary ending，动词现在时的常用词尾）。因而，无构干元音的动词，其虚拟式将插入构干元音，而带构干元音的动词，其虚拟式则伴有构干元音的延长。

这种特征在古波斯语中有所保留：

a. 无构干元音动词插入构干元音，如古波斯语 ah-a-tiy“他可能是”（梵语 ás-a-ti“他应是”，拉丁语 er-i-t“他将是”[①]）~ 古波斯语 as-tiy“他是”（阿维斯塔语 as-ti，梵语 ás-ti，拉丁语 es-t）；

b. 有构干元音动词伴有元音延长，如古波斯语 bav-ā-tiy“他可能变成”（梵语 bháv-ā-ti）~ 古波斯语 bav-a-tiy“他变成”（阿维斯塔语 bav-a^{i}-ti，梵语 bháv-a-ti）。

有构干元音动词虚拟式的元音延长现象，有些情况下会被作为某种虚拟式的标志，而作用于无构干元音动词，如古波斯语 kunav-ā-hy“你可以做”~ 古波斯语 ku-nau-tiy“他做”【参阅 § 79 C2】。

§ 83. 祈愿式。古印欧语的祈愿式，特征为带有 -ieh$_1$-/-ih$_1$- 的后缀与次生词尾（secondayr ending，动词未完成时的常用词尾），带构干元音的动词则有 *-o-ih$_1$->-oi-。

---

① 拉丁语中 esse“存在”的将来时形态（erō，eris，erit 等）源自虚拟式（“将是”<“可能是”）。

古波斯语的祈愿式形态：

a. 无构干元音动词，-ieh$_1$->iyā，如 ā-jam-iyā “愿他到来”，avā-jan-iyā “愿他杀死”，biyā “愿他成为（存在）”（<*bū-yā< 古印欧语 *b^{h}u̯h$_2$-ieh$_1$-t~ 梵语 bhū-yā́-t），ca-ḫr-iyā “愿他已做成”【参阅 § 81】；

b. 有构干元音动词，*-o-ih$_1$->*-oi->-ai-，如 yad-ai-šā “愿你敬奉”（< 古印欧语 *Hi̯aǵ-oih$_1$-s，梵语 bhár-e-ḥ “愿你带着”，古希腊语 *φέρ-οι-ς*，哥特语 baír-ai-s< 古印欧语 *b^{h}ér-oih$_1$-s）。

§ 84. 禁命式（Injunctive），是一种带有次生变位词尾（secondary endings）而没有前缀增音（Augment）的语言形式，表达某种超越于时态（或与时态没有直接关联）的意图或效果，在梵语中往往与否定词 mā́ 共用。古波斯语中保留的这一形式，也都伴随着否定词 mā，如 mā t(a)rsam “（我）不要怕”，mā apagaudaya “（你）不要躲藏”，mā avarada “（你）不要离开”，mā stabava “（你）不要反抗”，mā þadaya “（他）不要出现”。

4. 词尾变化

古印欧语的动词形态，是前缀－词根－构干元音－后缀－词尾的统一体。我们上面所讨论的（§ 78-84）各种带有区分功能的形态变化，无不需要依托特定的词尾加以实现：

现在时词干＋原生词尾，表直陈式的现在时；

前缀＋现在时词干＋次生词尾，表直陈式的未完成时；

前缀＋不定过去时词干＋次生词尾，表直陈式的不定过去时；

虚拟式带原生词尾；

祈愿式带次生词尾；

禁命式带有次生词尾而无前缀增音；

命令式则带有特有的命令式词尾。

通过动词词尾，可以区分动词的人称（第 1、第 2、第 3）、数（单、双、复）、态（主、中－被）。

a. 主动态词尾

§ 85. 原生词尾

	古印欧语	古波斯语	阿维斯塔语	梵语	古希腊语
单数 1	-mi	-miy	-mī̆	-mi	-mi
	-oH	-āmiy	-ā, -āmi	-āmi	-ō
2	-si	-hy	-hī̆	-si	-si
3	-ti	-tiy	-tī̆	-ti	-ti
复数 1	-mes/-mos	-mahy	-mahī̆	-masi	-men/s
2	-th$_1$e		-ϑa	-tha	-te
3	-n̥ti-/-enti	-^{n}tiy	-ntī̆	-anti	-nti

§ 86. 次生词尾

	古印欧语	古波斯语	阿维斯塔语	梵语	古希腊语
单数 1	-m	-m	-m	-m	-n
2	-s	-（*as>-ă）	*-h-, s, -š	-ḥ	-s
3	-t	-（*at>-ă）;-š;-s	-t̰, -t	-t	-
双数 3	-teh$_2$m？	-tam	-təm	-tām	-tēn
复数 1	-me	-mā	-mā̆	-ma	-men/s
2	-te		-tā̆	-ta	-te
3	-n̥t-/-ent	-（*-ant>-ă）, -ha, -ša	-n, -at̰,-ārə,-ārəš	-n	-n

§ 87. 命令式词尾

	古印欧语	古波斯语	阿维斯塔语	梵语	古希腊语
单数 2	-e	-ā	-ā̆	-a	-e
	-d^{h}i-	-diy	-dī̆	-(d)hi	-thi
3	-tu	-tuv	-tū̆	-tu	-tō
复数 2	-te	-tā	-tā̆	-ta	-te
3	-ntu	-^{n}tuv	-ṇtū̆	-ntu	-ntōn

b. 中动态词尾

§ 88. 原生词尾

	古印欧语	古波斯语	阿维斯塔语	梵语	古希腊语
单数 1	-ai̯	-aiy	-ĕ, -ōi	-e	-mai
		-naiy	-ne		
2	-soi̯	-haiy	-hĕ,-ŋhĕ,-šĕ	-se	-sai
3	-toi̯	-taiy	-tĕ, -ĕ	-te	-tai, -toi
复数 1	-me(s)d^{h}H$_2$		-maidĕ,-maiδe	-mahe	-metha
2	-(s)d^{h}u̯e		-duyē,-δβe,-ϑβe	-dhve	-sthe
3	-ntoi̯		-ṇtĕ, -aitĕ	-nte	-ntai
	-ro		-re, -āire	-re	

说明：古波斯语文献没有留下中动态原生词尾的复数形式，不过阿维斯塔语和梵语的材料足以说明，这一形式很好地保留在印度－伊朗语系。

§ 89. 次生词尾

	古印欧语	古波斯语	阿维斯塔语	梵语	古希腊语
单数 1	-h$_2$e	-iy	-ē̆, -ōi	-i	-mēn
2	-so	-šā	-ne	-thaḥ	-so
3	-to	-tā	-tā̆, -Ì	-ta	-to
复数 1	-med^{h}h$_2$		-maidī̆	-mahi	-metha
2	-d^{h}u̯e		-dūm, -*ðβ*əm	-dhvam	-sthe
3	-nto	-^{n}tā	-n̥tā̆, -atā̆	-nta, -ata	-nto
	-ro		-rəm	-ra(n/m)	

§ 90. 命令式词尾

	古印欧语	古波斯语	阿维斯塔语	梵语	古希腊语
单数 2	-su̯e	-uvā,-suvā	-hvā,-ŋha,-švā̆	-sva,-ṣva	-(s)o
3	-to	-tām	-tąm, -ąm	-tām	-sthō
复数 2	-d^{h}u̯e		-dūm, -*ðβ*əm	-dhva(m)	-sthe
3	-nto		-n̥tąm	-ntām	-sthō(n)

5. 动词变位

(1)有构干元音动词

主动态

直陈式现在时

§ 91. 直陈式现在时由现在时动词词干 + 原生词尾构成。实例：古波斯语 bar-"带来，承载"(带前缀 pari-, ā-), þa^{n}h-"称呼"；阿维斯塔语 bar-"承载"；梵语 bhar-"承载"；古希腊语 *φέρω*"带来"；拉丁语 ferō"带来"；哥特语 baíran"带来"。

	古波斯语	阿维斯塔语	梵语	其他语言
单数 1	pari-barāmiy	barāmi	bhárāmi	*φέρω*, ferō
3	ā-baratiy	bara^{i}ti	bhárati	fert, báiriþ
复数 1	þahyāmahy	barāmahi	bhárāmasi	ferimus
3	bara^{n}tiy	barənti	bháranti	ferunt, baírand

直陈式未完成时与禁命式

§ 92. 古波斯语直陈式未完成时由前缀增音 a-(= 古希腊语 *ἐ*-< 古印欧语 *h$_1$e-)- + 现在时动词词干 + 次生词尾构成；若去掉前缀增音，则为禁命式的形态。实例：古波斯语 bar-"带来", gaud-"隐藏"(带前缀 apa-), tar-"穿越，穿过"；阿维斯塔语 bar-"带来", bav-"成为", jasa-"到来"(词根 gam-)；梵语 bhar-"带来"；古希腊语 *φέρω*"带来"。

	古波斯语	阿维斯塔语	梵语	古希腊语
单数 1	abaram	barəm	ábharam	ἔφερον
2	apa-gaudaya	jasō	ábharaḥ	ἔφερες
3	abara	jasaṯ	ábharat	ἔφερε
双数 3	ajīvatam	jasatəm	ábharatām	
复数 1	viy-a-tarayāmā	bavāma	ábharāma	ἐφέρομεν
3	abara, abaraha	barən	ábharan	ἔφερον

说明：没有前缀增音的直陈式未完成时形态，与禁命式（Injunctive）相同。因而，阿维斯塔语中的直陈式未完成时与禁命式在形式上无法区分，往往被并称为 imperfect-injunctive。这张表格中的古波斯语 apagaudaya，为禁命式【参阅 § 84】。

命令式

§ 93. 命令式由现在时动词词干 + 命令式词尾构成。实例：古波斯语 bar-“带来，承载”（带前缀 pari-）；阿维斯塔语 bar-“承载”；梵语 bhar-“承载”；古希腊语 *φέρω*“带来”；赫提语 uu̯ate“带来”。

	古波斯语	阿维斯塔语	梵语	其他语言
单数 2	pari-barā	bara	bhára	φέρε
3	baratuv	baratu	bháratu	uu̯ateddu

说明：古波斯语的命令式复数形式只见于无构干元音动词【参阅 § 104】。

虚拟式

§ 94. 虚拟式由现在时词干 + 长化的构干元音 + 原生词尾构成【参阅 § 82】。实例：古波斯语 bar-“带来，承载”（带前缀 pari-），bav-“成为”；阿维斯塔语 bar-“承载”,jasa-“到来”（词根 gam-）；梵语 bhar-“承载”；古希腊语 *φέρω*“带来”。

	古波斯语	阿维斯塔语	梵语	古希腊语
单数 2	pari-barāhy	barāhi	bhárāsi	φέρῃς (-ēis)
3	bavātiy	jasāiti	bhárāti	φέρῃ (-ēi)

祈愿式

§ 95. 带构干元音的祈愿式，由现在时动词词干 + 后缀 -ai-（<*oi<*-oh_1-）+ 次生词尾构成【参阅 § 83 b】。实例：naþ-“灭亡”（带

前缀 vi-), yad- “敬奉”，阿维斯塔语 bar- “带来”；梵语 bhar- “带来”。

	古波斯语	阿维斯塔语	梵语	古希腊语
单数 2	vināþayaiš	barōit̰	bháret	φέϱοι
复数 3	yadiyaiša	barayən	bháreyur	φέϱοιεν

说明：yadiyaiša “愿他们被敬奉”（主动态词尾，表被动含义）。

中动态

直陈式现在时

§ 96. 直陈式现在时由现在时词干 + 原生词尾构成。实例：古波斯语 man- “思考，想”, yad- “敬奉”；阿维斯塔语 yaz- “敬奉”；梵语 yaj- “敬奉”；古希腊语 ἄζομαι “尊崇，献祭”。

	古波斯语	阿维斯塔语	梵语	古希腊语
单数 1	maniyaiy	yaze	yáje	ἅζομαι
3	yadataiy	yaza^{i}tē	yájate	ἅζεται

说明：古波斯语中带有原生词尾的第二人称中动态形式，只见于虚拟式【参阅 § 99】。

未完成时

§ 97. 未完成时由前缀增音 a -+ 现在时动词词干 + 次生词尾构成。实例：古波斯语 gaub- “自称”, yad- “敬奉”；阿维斯塔语 bar- “承载”, yaz- “敬奉”；梵语 bhara- “承载”；古希腊语 φέϱω “带来”。

	古波斯语	阿维斯塔语	梵语	古希腊语
单数 1	ayadaiy	ba^{i}re	ábhare	ἐφεϱόμην
3	agaubatā	yazata	ábharata	ἐφέϱετο
复数 3	agauba^{n}tā	yazənta	ábharanta	ἐφέϱοντο

命令式

§ 98. 命令式由现在时动词词干 + 命令式词尾构成。实例：古波斯语 pā- “保护”（带前缀 pati-), var-，中动态 v(a)r-nav-a- “被相信，被信以为真；选择”；阿维斯塔语 gaoš- “听到”, varz- “工作”；梵语 bhar- “承载”。

	古波斯语	阿维斯塔语	梵语
单数 2	patipayauvā	gūšahvā	bhárasva
3	v(a)rnavatām	vərᵊzyatąm	bháratām

虚拟式

§ 99. 虚拟式由现在时词干 + 长化的构干元音 + 原生词尾构成【参阅 § 82】。实例：古波斯语 man-“思考，想”，yad-“敬奉”；阿维斯塔语 fras-，pərᵊsa-“询问”，yaz-“敬奉”；梵语 bhav-“成为”；古希腊语 *φέρω*“带来”。

	古波斯语	阿维斯塔语	梵语	古希腊语
单数 2	maniyāhaiy	pərᵊså̊ŋhe	bhávāse	*φέρῃ* (<-*η*-*σαι*)
3	yadātaiy	yazāⁱte	bhávāte	*φέρηται*

祈愿式

§ 100. 带构干元音的祈愿式，由现在时动词词干 + 后缀 -ai-（<*oi<*-oH_1-）+ 次生词尾构成【参阅 § 83 b】。古波斯语只保留了第二人称单数的形式。实例：古波斯语 yad-“敬奉”；阿维斯塔语 yaz-“敬奉”；古希腊语 *φέρω*“带来”。

	古波斯语	阿维斯塔语	古希腊语
单数 2	yadaišā	yazaēša	*φέροιο*

（2）无构干元音动词

主动态

直陈式现在时

§ 101. 无构干元音现在时词干 + 原生词尾。实例：古波斯语 ah-“是，存在”；阿维斯塔语 ah-“是，存在”；梵语 as-“是，存在”；古希腊语 *εἰμί*“是，存在”；拉丁语 sum“是，存在”。

	古波斯语	阿维斯塔语	梵语	其他语言
单数 1	amiy	ahmi	ásmi	*εἰμί*, sum
2	ahy?	ahi	ási	*εἶ*（<ei-si）, es
3	astiy	asti	ásti	*ἐστί*, est
复数 1	amahy	mahi	smási	*ἐσμέν*, sumus
2		stā	stha	*ἐστέ*, estis
3	haⁿtiy	hənti	sánti	*εἰσί*, sunt

直陈式未完成时

§ 102. 前缀增音 a- + 现在时动词词干 + 次生词尾。实例：古波斯语 ah-“是，存在”, jan-“打，击打”, kar-“做，干”；阿维斯塔语 dadā-/dad-“给予”（<dā-）, mrav-/mrū-“说”；梵语 as-“是，存在”, kar-“做，干”；古希腊语 *εἰμί*“是，存在”。

	古波斯语	阿维斯塔语	梵语	古希腊语
单数 1	āham, akunavam	daδąm, marom	ā́sam, ákṛnavam	*ἦα* (<ēs-m̥)
3	āha, akunauš	daδāṯ, mraoṯ	ā́sit, ákṛnot	*ἤστην*
复数 1	akumā		ā́sma, ákarma	*ἤμην*
3	āha, akunava^{n} akunavaša	daδən	ā́san, ákṛṇvan	*ἦσαν*

说明：akumā 也可以理解为不定过去时形式。

直陈式不定过去时

§ 103. 前缀增音 a- + 不定过去时词干 + 次生词尾。实例：古波斯语 dā-“创造，完成”, kar-“做，干”；阿维斯塔语 dā-“给予”；梵语 dā-“给予”；古希腊语 *βαίνω*“行走”

	古波斯语	阿维斯塔语	梵语	古希腊语
单数 3	adā	dāṯ	adāt	*ἔβη*
复数 1	akumā	dāmā	adāma	*ἔβημεν*

说明：akumā 若解读为不定过去时形式（<aku^{n}mā 或 aku^{m}mā），可对比梵语 akṛnma。

命令式

§ 104. 现在时词干 + 命令式词尾。实例：古波斯语 jan-“打，击打”, pā-“保护”；阿维斯塔语 ah-“是，存在”, dadā-/dad-“给予”（<dā-）, jan-“打，击打”；梵语 as-“是，存在”；古希腊语 *εἰμί*“是，存在”；赫提语 ēš-“是，存在”。

	古波斯语	阿维斯塔语	梵语	其他语言
单数 2	jadiy, pādiy	jaiδi, dazdi	édhi	*ἴσθι*, ēš
3	pātuv, dadā, *astuv	astu, dadātū	ástu	*ἔστω*, ēšdu, ēštu
复数 2	jatā	dasta	stá	*ἔστε*, ēšten
3	pā^{n}tuv	həṇtu	sántu	*ἔστων*, ašandu, ašantu

说明：*astuv 的形式见于其他语言的文献。

虚拟式

§ 105. 无构干元音词干 + 构干元音 + 原生词尾，或参照构干元音动词的虚拟式形式，+ 长化的构干元音 + 原生词尾。实例：古波斯语 ah-“是，存在”，kar-“做，干”；阿维斯塔语 ah-“是，存在”；梵语 as-“是，存在”；古希腊语 *εἰμί*“是，存在”；拉丁语 sum “是，存在”。

	古波斯语	阿维斯塔语	梵语	其他语言
单数 1	ahaniy	aŋhā	ásāni	*ὦ*（<ē-ō）, erō
2	ā̆hy（*ahahiy） kunavāhy	aŋhō	ásasi	*ᾖς*（<ē-is）, eris
3	ahatiy	aŋhaiti	áhati	*ᾖ*（<ē-i）, erit

说明：拉丁语的将来时形态 erō/eris/erit “（我 / 你 / 他）将是” 源自虚拟式。

祈愿式

§ 106. 无构干元音词根 + 祈愿式后缀 -yā- + 次生词尾【参阅 § 83 a】。实例：古波斯语 bav-“成为”，gam-“行，走”；阿维斯塔语 bav-“成为”，gam-“行，走”；梵语 bhav-“成为”，gam-“行，走”；拉丁语 sum “是，存在”（古拉丁语 siēm）。

	古波斯语	阿维斯塔语	梵语	古拉丁语
单数 2	[biy]ā	buyå	bhūyā́ḥ	siēs
3	biyā, ājamiyā	buyāṯ, jamyāṯ	bhūyā́t, gamyā́t	siēt

中动态

直陈式未完成时

§ 107. 前缀增音 a- + 现在时动词词干 + 次生词尾。实例：ay-“走”，kar-“做，干”；阿维斯塔语 aoj-“说”；梵语 dviṣ-“仇恨”；古希腊语 *ἵημι*“运送”。

	古波斯语	阿维斯塔语	梵语	古希腊语
单数 3	akutā	aoxte	adviṣṭa	*ἵετο*
复数 3	āya^{n}tā	aoja^{i}te	adviṣaṭa	*ἵεντο*

说明：akutā 也可解释为不定过去时形式。

直陈式不定过去时

§ 108. 前缀增音 a- + 不定过去时词干 + 次生词尾。实例：古波斯语 darš-“敢于”；阿维斯塔语 man-“思考，认为”；梵语 yuj-“给……套轭具；连接”；古希腊语 *τίθημι*“放置”。

	古波斯语	阿维斯塔语	梵语	古希腊语
单数 1	adaršiy	mə̄ṇghī	áyukṣi	*ἐθέμην*
3	akutā	maṇtā	áyukta	*ἔθετο*

说明：古波斯语中比较确定的中动态不定过去时形式只有 adaršiy“我敢于”。akutā 可解释为不定过去时形式（<aku^{n}tā<*akṛta：kunau-<*kṛnau-）。

命令式

§ 109. 古波斯语中保留下来的中动态命令式形式只有第二人称单数 kušuvā（<*kṛ-+ 命令式词尾 -sva）“做，干！”（= 阿维斯塔语 kər^{ə}švā，梵语 kṛṣvá）。

虚拟式

§ 110. 古波斯语中无构干元音的中动态虚拟式，只保留下来与动词 kar-“做，干”相关的单数形式：

kunavānaiy“我将做”（无构干元音词干 + 构干元音 + 虚拟式词尾 -ā-nai~ 阿维斯塔语 kər^{ə}navāne），但这一形式也可以被释读为主动态 kunavāniy；

kunavātaiy“他将做”（无构干元音词干 + 延长的构干元音 + 原生词尾 ~ 阿维斯塔语 ər^{ə}nav-a-taē(cā)“将被分配”，梵语 kṇáv-a-te）。

6. 动名词

§ 111. 古波斯语的动词不定式，只出现在主动态现在时中，其标志是词尾 -tanaiy：如 car-tanaiy（：kar-“做，干”），kan-tanaiy（：kan-“挖，挖掘”），þa^{n}s-tanaiy（：þa^{n}h-“说出，宣布”）。这种不定式形态可能源自词干 -tan- 的与格形式（古印欧语 *-ōi，印度 – 伊朗语 *-āi，阿维斯塔语 -āi，梵语 -āya），-tan 作为不定式的标志在后来的伊朗语中也有所体现：如中古波斯语 kar-tan，新波斯语 kar-dan“（去）做，干”。

阿维斯塔语的不定式词尾 -ai，与古波斯语类似①。梵语不定式词尾 -tum，源自词干 -tu- 的单数宾格形式（~ 拉丁语中的目的式 -tum，如 da-tum“去给”），在吠陀语中，表达不定式的尚有由 -tu- 构成的 -toḥ, -tave, -tavai。

§ 112. 古印欧语的主动态现在时分词的标志为后缀 -nt-（阳性），-nt-ih$_2$-（阴性）。二者在古波斯语中均有对应：tunuvant-“强大的”（：tav-“强大，能够”）【参阅 § 57】, yau[da^{n}tīm]“叛乱的（土地）”（：yaud-“动乱，反叛”）。

大流士之名 Dārayavau-（< 古伊朗语 *dāraya-vahu-“保留善好者”）体现了类似古希腊语 *φερέοικος*“带着屋子（走）的”的较古老复合词类型，复合词的前段保留了动词的词根，而阿维斯塔语 dārayat̰.raϑa-，梵语 dhārayát-kṣiti-“拥有财富的”则体现了这种复合词类型的发展，在那里，复合词形态的前段变作了动词的分词形态。

§ 113. 古印欧语的中动态现在时分词的标志为后缀 -mXno-（X 可以是元音 V 或喉头音 H，或喉头音加元音 HV），如古希腊语 *-μένο-*，梵语 -māna-。这一形式在古波斯语中体现在 -mna-（阿维斯塔语 -mna-，拉丁语 -mnu-）：如 ẖšayamna-“支配性的”（：ẖšay-“统治，支配”~ 拉丁语 ălumnus“婴儿；养子”：ālo“养育，喂养”），jiyamna-“结束，终结”（< 印欧语 *ku̯ei-“征服，强力”~ 阿维斯塔语 a-jyamna-, a-fra-jyamna-“不减少的，不变弱的”<jyā-“削弱，减少”）。

§ 114. 古波斯语的被动态过去完成时分词形态（PPP）的标志为后缀 -ta-，源自古印欧语中的动形词（verbal adjective）后缀 -tó-，在许多印欧语中，它（及功能相似的 -ló-、-nó-）成为构造被动态或不及物动词过去完成时分析的主要标志：如古波斯语 ava-ja-ta-“被打死的”（: jan-“打，击打”~ 阿维斯塔语 jata，梵语 hatá，古希腊语 *-φατός* < 古印欧语 *g^{uh}n-tó-“被杀死的”）, k(a)r-ta-“被完成的”（: kar-“做，干”~ 阿维斯塔语 kər^{ə}ta-，梵语 kṛtá-）, pā-ta-“被保护的”（: pā-“保护，守卫”~ 阿维斯塔语 hu-pāta-“被很好保护的”）。名词 dāta-“法律”也

① 除此之外，阿维斯塔语尚有下列词尾可构成不定式：-dyāi（表中动态，如 srūidyāi：sru-“听”），-he（如 vaocaŋhē：vac-“说”），-tōi/-te（如 mrūite：mru-“说”，stōi：ah“是，存在”），-vanōi/-vănĕ（如 vidvanōi：vid-“发现，知道”~ 古希腊语不定式词尾 -ϝenai，如 *εἰδέναι*“知道”），-vōi/-ve（如 dāvōi：dā-“给予”）。

可视作源自分词形式“被创造者，被安立者”（:dā-“创造，完成”<古印欧语 *d^{h}eh$_{1}$-“安置；制造”~ 古希腊语 *ϑέσις*“位置，形势；习俗”<*d^{h}h$_{1}$-ti-, ϑεσρ̥ός“法律，习惯，风俗”<*d^{h}h$_{1}$-smo-）。

在巴特洛梅法则（Bartholomae’s Law）作用下，印度 – 伊朗语 *dh-t-> 梵语 -ddh-，伊朗语 -zd-; *gh-t->-gd(h)。这一规律在古波斯语有清晰的体现：如 bas-ta-“被绑住的”（< 古印欧语 *b^{h}n̥d^{h}-tó-~ 梵语 baddhá-“被绑住的”), duruẖ-ta-“被欺骗的”（< 古印欧语 *d^{h}r(e)ug^{h}-tó-~ 梵语 drugdhá-“被欺骗的”）。

§ 115. 后缀 -ata-，在古波斯语中可以构成被动态过去完成时分词形态形式，如 þak-ata-“流逝的，过去的”, (ha^{m}-)gm-ata-“（共同）到来的”, (parā-)gm-ata“（向前）行进的”（阿维斯塔语 gm-ata-, *γ*^{ə}mata-“走过的”，梵语 pac-atá-“被烧熟的”）。在伊朗语系之外，这一后缀往往作发挥动形词结构（gerundive construction）的作用（梵语 darś-átá-“可见的”，古希腊语 *δυσ-δέϱκ-ετος*“[视力差] 难以去看”）。

句法

I 名词格的作用

相关的名词变位参阅 § 47-60。

§ 116. 主格。主格可作为主语、名词性谓语、谓语的补足语。如 adam **Dārayavauš ẖšāyaþiya vazarka…Haẖāmanišiya Pārsa…Ariya Ariya-ciça**“我是大流士，伟大的王……一个阿契美尼德人，一个波斯人……一个雅利安人，具有雅利安来源者”（DNa 8-15）。

在表达专名时，古波斯语的程式如下：专名主格 + nāma（阳性名词）/nāmā（阴性名词）+ 表达“人，城市，地方”的词汇主格，如 **Dādaršiš nāma Arminiya** manā **ba^{n}daka** avam adam frāišayam Arminam“我把我的一个名叫达达尔希施的亚美尼亚族封臣派往亚美尼亚（直译：一个名叫达达尔希施的亚美尼亚人，我的封臣，我把他派往亚美尼亚）”（DB 2. 29-30), **Kāpišakāniš nāmā didā** avadā hamaranam akunava“他们在一座名叫卡皮萨卡尼的城堡进行了战斗（直译：有一座名叫卡皮萨卡尼的城堡，在那里他们进行了战斗）”

（DB 3. 60-61）。

§ 117. 宾格。宾格用于及物动词的直接对象（宾语），如 Sakā tayaiy **ḫaudām tigrām** baratiy“斯基泰人戴着尖顶的帽子”（DB 5. 22），或与动词相关的方向，如 pasāva adam **bābirum** ašiyavam“接着我前往巴比伦”（DB 1. 83-84）。

有些动词，如表达“让……作为……”，“请求”，“夺取，剥夺”，“对……施加……”者，可同时支配多个宾语，如 Auramazdā **mām Dārayavaum ḫšāyaþiyam** akunauš“阿胡拉马兹达神让我，大流士，作了王”，**aita** adam **yānam** jadiyāmiy **Auramazdām**“我向阿胡拉马兹达神请求这作为恩赐”，adam **avam Gaumātam ḫšaçam** adīnam“我从那个（术士）高墨达那里夺取了权力”，aniya **aniyam miþa** akunauš“他们互相伤害（互相施加不义）”。

某些介词或副词支配宾格，如 a^{n}tar“在……之中”、paišiyā“在……之前”、para“超过”、pariy“关于”、pasā“在……之后”、patiš“反对”、tara“通过”、upa“在……（当政）之时”、upariy“在……之上”。

古波斯语系动词 ah-“是，存在”，可形成某种特殊的宾格用法（accusativus Graecus）①，如 yaþā **mām** kāma āha“我希望（直译：一种愿望降临于我）”（DB 4. 35-36），Auramazdā **þuvām** dauštā biyā“愿阿胡拉马兹达神是你的朋友（直译：愿阿胡拉马兹达神作为朋友降临于你）”（DB 4. 55-56）。

§ 118. 属格－与格。古波斯语中没有独一的与格，而总是与属格合一，对应于古印欧语及印度－伊朗语中的属格和与格。

1）属格用于表达名词的特殊属性，较为典型性的有：

a. 所有／归属（possessive）与来源关系，如 adam Dārayavauš ḫšāyaþiya vazraka …**Vištāspahyā** puça **Aršāmahyā** napā Haḫāmanišiya… “我是大流士，伟大的王……维斯塔斯帕之子，阿尔沙美之孙，阿契美尼德人”（DB 1. 1-3）；

b. 分有（partitive）关系，表达与所修饰的对象的同在关系，如 adam Dārayavauš ḫšāyaþiya vazraka ḫšāyaþiya **ḫšāyaþiyānām** ḫšāyaþiya Pārsiya ḫšāyaþiya **dahyūnām**“我是大流士，伟大的王，王中之王，波

---

① 有关 accusativus Graucus 这一语言现象，参阅 O. Skutsch 1977。

斯之王，众域之王”（DB 1. 1-3），VIII **manā taumayā** tayaiy paruvam ḫšāyaþiya āha adam navama “八（位国王）出自我的家族，他们过去是王，我是第九个”（DB 1. 8-10）；也可表达在特定的时间之内，如 ima taya adam akunavam vašnā Auramazdāha **hamahayāyā þarda** “这是我所做的，借助阿胡拉马兹达神的意志（恩眷），在同一年中”。

c. 某些动词，特别是表达支配、统治涵义的动词（ḫšay-），支配属格，如 þātiy Dārayavauš ḫšāyaþiya vašnā Auramazdāha imā dahyāva tayā adam agarbāyam…adam**šām** patiyaḫšayaiy “大流士王说：借助阿胡拉马兹达神的意志（恩眷），我占有了那些土地……我统治了它们”；

d. 某些介词或副词支配属格，如 anuv “根据，按照”，nipadiy “在后面”，pasā “在……之后”（也可支配宾格），rādiy “由于，出于”，vašnā “借……的恩宠”。

2）与格主要用于表达动词的间接宾语，如 Auramazdamaiy upastam abara “阿胡拉马兹达神给我带来帮助”，iyam dahyauš Pārsa tayam **manā** Auramazdā frābara “阿胡拉马兹达神给我带来波斯这块土地”（Dpd 6-7）。古印欧语中用于表达受益或不利关系的与格（dativus commodi/incommode）在古波斯语中也有体现，如 imā dahyāva tayā manā *patiyāiša “这块土地归属于我（直译：向我而来）”（DB 1. 13）。

§ 119. 离格－工具格。古波斯语中离格与工具格的形式相同，但各有其相对明确的功能。

1）离格。离格的主要功能在于表达从某一位置 / 状态离开的运动。古波斯语中的离格通常伴随着前置介词 hacā “从……而来，离……而去”（阿维斯塔语）。如：pasāva adam nijāyam **hacā Bābirauš** ašiyavam Mādam “随后我离开巴比伦，前往梅德”（DB 2. 64-65）。在 hacāma aþahya “由我宣布” 的用法中，可以看到 hacā + 离格在此扮演着引出被动态动词的主语作用（类似古希腊语 *ὑπό* + 属格）。

离格在古波斯语中（如同在阿维斯塔语、梵语和拉丁语中）可表达比较之义，如 **fratara** maniyaiy **afuvāyā** “我认为自己能驾驭恐惧（直译：我认为自己比恐惧更重要，我认为自己高于恐惧）”（DNb 38）。

某些介词或副词支配离格，如 anuv “沿着，靠着”（anuv + 属格

“按照，根据”),hacā“从……而来”,patiy“穿过”(见 viþāpatiy“穿过房子”),(hacā...)yātā 与 yātā ā“(从……)直到”。

hacā + 离格可与动词 pā-“保护，守卫”、tarsa-“恐惧，害怕”、hamiçiya- bava“发生叛乱”连用，如 imām dahyāum Auramazdā **pātuv hacā haināyā hacā dušiyārā hacā drauga**“愿阿胡拉马兹达神护佑这块土地免于敌军、饥馑、谎言”(DPd 17-18),iyam dahyāuš Pārsa... **hacā aniyanā** naiy **tarsatiy**“波斯这土地……不惧怕他人”(DPd 5-12),pasāva kāra haruva **hamiçiya abava hacā Ka^{m}būjiyā**“于是全体民众与冈比西斯一起反叛”(DB 1. 40-41)。

2)工具格。工具格用于表达实现某一目的所使用的方法－手段(英语 with)，如：**artā**cā“依照真理(秩序)”(<artā^{h}acā~ 阿维斯塔语 aṣāṯ hacā“依照真理”),**baršnā**“在洞坑中 >(具有)深度 / 高度为”,**vašnā** Auramazdāha“借助阿胡拉马兹达神的意志(恩眷)”,imā dahyāva **tayanā manā dātā** apariyāya“这些地区遵从我的法律行事”。

介词 hadā“与……一起”支配工具格，如 þātiy Dārayavauš ẖšāyaþiya manā Auramazdā upastām baratuv hadā **visaibiš bagaibiš**“大流士王说：愿阿胡拉马兹达神与一切诸神带给我帮助”(DPd 12-15)。

3)离格－工具格用于有关日期记载的程式中。除某个月的首日其程式为：这个月的名字(属格) + māhyā + I rauca(主格) þakatam āha“在某月的第一日(直译：某月的第一日过去后)”，其他日子均记作：月名(属格)+ māhyā + 数字 X+ **raucabiš** þakatā āha“在某月的第 X 天(直译：某月的第 X 天过去了)”。

(viþbiš 这一形式出现于 DB 1. 64-66：adam niyaçārayam kārahyā abicarīš gaiþāmcā māniyamcā **viþbiš**cā tayādiš Gaumāta haya maguš adīnā“我还给人民牧场、畜群、眷属[奴隶]、家庭，那些术士高墨达所夺去的”，由于 abicarīš、gaiþām、māniyam 均为宾格形式，作为与之并列的概念,viþbiš 这一离格－工具格形式在意义上也当作为宾格理解。这一位格错配现象的原因，尚无定论。)

§ 120. 位格。位格主要用于表达所处的空间(时间)情况，回应“在哪里”或“置身于何者之中”的问题，如 ima taya manā kartam **Mādaiy**“这就是我在梅德所做的”(DB 2. 91-92),haya **Mādaišuvā** maþišta āha hauv adakaiy naiy avadā āha“当时那个梅德人中最强大者不

在那里”（DB 2. 23-24）。

与位格相关的动词用法有：**dastayā** kar-“送到手中（直译：作用于手上）”；**uzmayāpatiy** kar-“定到桩上”（uzmaya-<*ud-zma-“在地面上的”< 古印欧语 *d^{h}ǵ^h-om-“大地”）。

§ 121. 呼格。呼格用于表达对特定对象的呼告或直接称谓。在古波斯语中，呼格常与带有命令性质的表述连用，如 **martiyā** dargam jīvā“人啊，万岁！”，**marikā** daršam azd[ā] kušu[va]“年轻人，好好注意！”（DNb 50-51）。

II 动词形态句法

时态

§ 122. 现在时。现在时用于表达当下发生的或带有经常性、规律性、习惯性、真理性的动作或状态，如 vašnā Auramzdāha adam ḫšāyaþiya **amiy**“借助阿胡拉马兹达神的意志（恩眷），我是王”（DB 1. 11-12）。某种发生于过去但带有持续特征的行为或状态也可以使用现在时，如 avahyarādiy vayam Haḫāmanišiyā **þahyāmahy** hacā paruviyata āmātā **amahy**“因此我们（一直）被叫作阿契美尼德人，自古以来我们便是高贵的”（DB 1. 7-8 = DBa 10-12）。

§ 123. 未完成时。古波斯语的未完成时对应于印度 – 伊朗语的未完成时与不定过去时，英语中的未完成时和过去完成时，用于表达各种发生于过去的无特殊标记的行为或事件：通常具有一定的持续性（如同未完成时的名称所标示的那样），但也可表达单纯的过去发生或先于某事发生的状态。如 hacā paruviyata hayā amāḫam taumā ḫšāyaþiya **āha**“自古以来，国王（的位置）总是属于我们家族”（DB 1. 8），yaþā paruvamciy avaþā adam **akunavam** āyadanā tayā Gaumāta haya maguš **viyaka**“如同过去那样，我修建了那个术士高墨达曾毁去的神庙”（DB 1. 63-64）。

§ 124. 不定过去时。不定过去时在古印度 – 伊朗语中表达发生于过去的行为或事件（无论其是否已完成），较完整地保留于阿维斯塔语和吠陀语中。在古波斯语中，不定过去时的功能已基本由未完成时承担（在经典梵语中，不定过去时功能上与未完成时和完成时已无差别），但仍保留了一些痕迹，如 baga vazarka Auramazdā haya imām būmim **adā** haya avam asmānam **adā** haya martiyam **adā** haya šiyātim **adā** martiyahyā haya Dārayavaum ẖšāyaþiyam akunauš aivam parūnām ẖšāyaþiyam aivam parūnām framātāram"伟大的神阿胡拉马兹达，他创造了大地，他创造了天空，他创造了人（类），他为人（类）创造了幸福，他让大流士作了王，众人中的唯一之王，众人中的唯一首领"（DE 1-11）（注意：这里的不定过去时形式 adā 与未完成时形式 akunauš 并列使用，显示出二者在古波斯语中功能的一致性）；imam Pārsam kāram **pādiy**"保护那波斯人民！"（Dpe 21-22）。

§ 125. 完成时。古印欧语通过音节重叠构成的完成时，在古波斯语中唯一保留下来的形式，是祈愿式完成时 caẖriyā，见于 naiy āha martiya naiy Pārsa naiy Māda naiy amaẖam taumāyā kašciy haya avam Gaumatam tayam magum ẖšaçam dītam **caẖriyā**"没有人，没有一个波斯人，没有一个梅德人，没有一个我们家族的人，他本可以从那个术士高墨达那里获取权力"（DB 1.48-50）。

古波斯语中形成了一种新的迂说式（periphrastic）完成时，由带词尾 -ta- 的被动态过去分词 + 系动词 ah-"是，存在"（可省略）构成。【可对比梵语的迂说式完成时：由动词（特别是其使役形式）+ 后缀 -ām + 动词 as-"是，存在"/kṛ-"做，干"/bhū-"成为"的完成时形式构成，如 ās-"坐"：āsām-āsa，āsāṁ-cakre，āsāṁ-babhūva；cint-"思考"：cintayām-āsa；tuṣ-，使动态 toṣaya-"令人满意"：toṣayām-āsa】

这种迂说式完成时用来表达某种发生于过去、其结果显现于当下的行为或事件，常出现于主句采用未完成时的从句中：如 kāsaka haya kapautaka utā sikabruš idā **karta** hauv hacā Sugudā abariya"在这里被使用的宝石（直译蓝色的玻璃）和青金石，它们是从粟特带来的"（DSf 37-39），ẖšaçam taya hacā amaẖam taumāyā **parābartam**（**parābr̥tam**）**āha**"那已经从我们的家族被夺走的权力"（DB 1. 71），þātiy Dārayavauš ẖšāyaþiya vašnā Auramazdāha utāmaiy aniyašciy **astiy kartam** ava ahyāyā dipiyā naiy **nipištam**"大流士王说：'借助阿胡拉马兹达神与我自己的意愿，还有（许多）其他的事被完成了，那些尚未被写在此铭文中'"（DB 4. 45-47）。

迂说式完成时与虚拟式连用，表示行为的结果显现于未来，如 yadiy kāra Pārsa **pāta ahatiy**“假如波斯人民能被保护”（Dpe 22）。

程式 **manā kartam astiy**（进而属格 + kartam + ah-）“（它是）由我（某人）已做的”，是一种带有所有格性质的构造，类似 **VIII manā taumayā** tayaiy paruvam ẖšāyaþiya āha“我的家族有八个王（直译：八个王属于我的家族），他们过去是王”（DB 1. 9） ~ 拉丁语 mihi est liber“我有一本书（直译：在我这里有本书）”，古爱尔兰语 boí cú occo“他有一条狗（直译：在他那里有条狗）”，可以用主动态“我（某人）已做了（它）”进行翻译。

式

上面对于时态的讨论，主要基于直陈式。直陈式是对于现实状态或被认为是现实之状态的表达。以下讨论主要集中于其他类型的式。

§ 126. 虚拟式。虚拟式对应于非现实的状态，在古印欧语中，具有两种主要的功能：1. 表达预期 - 潜在的可能，展现未来会出现的事物或情态；2. 表达言说者的主观意志与想象。古波斯语中的虚拟式，主要体现了第一种功能（预期 - 潜能），常由连词（如 yadiy“当……之时；假如”~ 阿维斯塔语 yezi）引出，如 yadiy avaþā **maniyāhay** hacā aniyanā mā tarsam imam Pārsam kāram pādiy“假如你（这样）想：‘让我不要畏惧他人！’（那就）保护好波斯人民！”（Dpe 20-22），yadiy kāra Pārsa **pāta ahatiy** hayā duvaiš[t]am šiyātiš aẖšātā hauvciy aurā **nirasātiy** abiy imām viþam“假如波斯人民能被保护，（那么）幸福，那不被破坏者（那完整者），便会极长久地降临于这房子”（Dpe 22-24），haya Auramazdām **yadātaiy** yānam avahyā **ahatiy** utā jīvahyā utā martahyā“（若）那人敬奉阿胡拉马兹达神，他将获得恩赐（直译：恩赐将会对他存在），无论活着还是死去”（DB 5. 18-20 =33-36）。

虚拟式也可用于目的状语从句中（只保留了带有否定性的从句 mātaya“除非，为了……不……”），如 þātiy Dārayavauš ẖšāyaþiya vašnā Auramazdāha utāmaiy aniyašciy astiy kartam ava ahyāyā dipiyā naiy nipištam avahyarādiy naiy nipištam **mātaya** haya aparam imām dipim patiparsātiy avahyā paruv **þadayātiy** taya manā kartam naišim ima **varnavātaiy** duruẖtam **maniyātaiy**“大流士王说：‘借助阿胡拉马兹达

神与我自己的意愿，还有（许多）其他的事被完成了。那些没有被写在这个铭文中，以免某人在未来读到这个铭文，显得（内容）太多而不相信我做了这些,(乃至)认为这是个谎言’”（DB 4. 45-50）。

针对第一人称的劝告、勉励、鼓舞，也可使用虚拟式，如 šiyāta **ahaniy** jīva utā marta artāvā **ahaniy**“愿我生时幸福，死后极乐”（XPh 47-48）。

§ 127. 祈愿式。古印欧语的祈愿式用于表达：1. 超越现实的意愿 – 渴望；2. 某种可能性。古波斯语的祈愿式，也部分地继承了这种功能区分：它可以表达愿望 – 意图（否定词 naiy），也可以表达劝勉、命令、祈祷或禁止（否定词 mā）。而与可能性相关的祈愿式，可分为有实现可能的（祈愿式现在时）与不可能实现的 – 不现实的（祈愿式完成时）。

1）表意愿，如 naima kāma taya martiya **vināþayaiš** naipatimā ava kāma yadiy **vināþayaiš naiy fraþiyaiš** martiya“这不是我的愿望：一个人会造成伤害。这同样不是我的愿望：一个人造成了伤害而不被惩罚”（DNb 19-21）；

2）表劝勉或禁止：

a. 有实现可能的，如 Auramazdām **yadaišā** artācā brazmaniy“愿你虔诚地敬奉阿胡拉马兹达神（或：愿你敬奉阿胡拉马兹达神，遵照那在上的宇宙秩序）”（XPh 50-51）, Auramazdāta[i]y jatā **biyā** utātaiy taumā **ma biyā**“愿阿胡拉马兹达神打击你（直译：愿阿胡拉马兹达神是你的打击者），愿你没有家庭”（DB 4. 59）, patiyazbayam daivā **mā yadiyaiša**“我宣布：‘邪神不应被敬奉！’”（XPh 38-39）；

b. 无实现可能的 – 不现实的，如 naiy āha martiya naiy Pārsa naiy Māda naiy amaẖam taumāyā kašciy haya avam Gaumatam tayam magum ẖšaçam dītam **caẖriyā**“没有人，没有一个波斯人，没有一个梅德人，没有一个我们家族的人，他本可以从那个术士高墨达那里获取权力（但事实上却没有）”（DB 1. 49）。

3）祈愿式过去时，即带有前缀增音的祈愿式，用来表达发生于过去的具经常性、规律性、习惯性、真理性的行动 – 事件，如 [taya] šām hacāma aþahya ẖšapavā raucapativā ava **akunavayatā**“我所说的一切，对于它们，在白天或晚上，是它们持续要做的事”（DB 1. 20）， kāram vasiy **avājaniyā** haya paranam Bardiyam adānā avahyarādiy kāram **avājaniyā** mātaya mām h̯šnāsātiy taya adam naiy Bardiya amiy haya Kurauš puça“他（持续地）杀了很多民众，他们之前认识巴迪亚，因而他杀死了（那些）民众。(他想：这样)他们就不会认出我,(从而知道)我不是居鲁士之子巴迪亚”（DB 1. 50-53）【mātaya + 虚拟式：参阅 § 125】。

§ 128. 禁命式。禁命式在古波斯语中总是与否定词 mā 连用，施用于第一、第二人称，表达带有禁止性质的提醒、告诫、劝说。如 hacā aniyanā **mā tarsam** “让我不惧怕他人！”（DPe 20-21）, martiyā hayā Auramazdāhā framānā hauvtaiy gastā **mā þadaya** paþim tayām rāstam **mā avarda mā stabava** “人啊！不要让阿胡拉马兹达神的指令对你显得是不祥的！不要离开正路！不要叛逆（不要变得过分固执）！”（DNa 56-60）。

§ 129. 命令式。命令式（特别是第二人称的）之于动词，正如呼格之于名词，都直接针对言说的听众而发。古波斯语的命令式只用于带有肯定意味的句态，常与呼格连用，而带有否定意味的指令、提醒、告诫，则由 mā + 禁命式或祈愿式加以表达。如 martiyā dargam **jīvā** “人啊！万岁！”, manā Auramazdā upastām **baratuv**...utā imām dahyāum Auramazdā **patuv**...aitamaiy yānam Auramazdā **dadātuv** “愿阿胡拉马兹达神带给我帮助……并愿阿胡拉马兹达神护佑这块土地……愿阿胡拉马兹达神给我带来这恩赐”（DPd 12-16，20-24）。

§ 130. 古波斯语时态－式的语法小结（对比阿维斯塔语）：

<table>
<tr><th></th><th>古波斯语</th><th>阿维斯塔语</th></tr>
<tr><td></td><td colspan="2">当下</td></tr>
<tr><td>现实的</td><td colspan="2">直陈式现在时</td></tr>
<tr><td>可能的</td><td colspan="2">虚拟式现在时</td></tr>
<tr><td>意愿－想象的</td><td colspan="2">祈愿式现在时</td></tr>
<tr><td></td><td colspan="2">过去</td></tr>
<tr><td>现实的</td><td>未完成时</td><td>禁命式现在时</td></tr>
<tr><td>经常性－可重复的</td><td colspan="2">祈愿式过去时（带有前缀增音的祈愿式）</td></tr>
<tr><td>不现实的</td><td colspan="2">祈愿式完成时</td></tr>
<tr><td></td><td colspan="2">结果</td></tr>
<tr><td>现实的</td><td>–</td><td>直陈式完成时</td></tr>
</table>

	古波斯语	阿维斯塔语
可能的	–	虚拟式完成时
	指令	
约定 – 惯例	命令式现在时	命令式 / 祈愿式现在时
恳请 – 提醒	祈愿式不定过去时	祈愿式现在时 / 不定过去时
禁止（被动参与）	mā + 禁命式现在时	
防止（主动参与）	mā + 禁命式现在时	mā+ 命令式现在时 / 祈愿式现在时
矫正 – 补救	mā + 祈愿式现在时	?

态

§ 131. 古印欧语拥有三种动词的态：主动态，中动态，静态（stative）。主动态与中动态可以通过其词尾形式加以区分，但将行动的主体归于主动态而将其承受者归于主动态的区分，并不总是准确的：动词语义上的主体或承受，与其语法形式上的主动或中动并非总是保持一致，典型的例子是表主动涵义而具非主动形式的异态动词（verbum deponens），如古希腊语 *ἕπεται*，拉丁语 sequitur "（他）跟随"，吐火罗语 B wiketär "（他）消失"。中动态因其所具有的反身性，在具体的语言运用中往往与被动态合一。而静态动词（如表达存在、拥有、身心感受），往往在完成时词干基础上构成，与中动态在表达事物存在状态上具有相通性：反身性本身便是一种对于特定"存在状态"的反映与表达。异态动词可能最初便是中动态与静态动词融合的产物。

古波斯语，如同古伊朗语，拥有主动与中动两种动词态。但某些动词只拥有主动或中动的形式（如大部分不及物动词），因而，主动与中动的区分只存在于同时拥有这两种形式的及物动词。

§ 132. 古波斯语的中动态及物动词，既可表示被动义，也可以表达反身义（即与自身相关或以自身为目的），表被动义，如 ima frašam taya **vainataiy** "这杰作被看到了"；表反身义，如 avaþā ẖšaçam **agarbāyatā** "于是他获取了王权"（DB 1. 42-43），可对照 imā dahyāva tayā adam agarbāyam "那些我所获取（主动态）的区域"（DNa 16-17），二者选择不同的态，ẖšaçam agarbāyatā 是为突出"他为其自己的缘故而获取王权"，而 dahyāva...agarbāyam 则只是表达了获取 – 占有这样的行为。

某些动词只有中动态形式而表主动涵义，如 man-“想，思考”，yad-“敬奉”，*vardiya-“宣告，发誓”（见于 Auramazdāha [ra^{n}]gam [va]rdiyaiy DB 4. 44）。

§ 133. 古波斯语中，表达被动态，除了采用中动态形式外，还可以通过词干 + 后缀 -ya- 的方式，如动词 kariya-（：kar-“做，干”），þa^{n}hya-（：þa^{n}h-“说”）。在一句话中，表达被动涵义可以同时使用被动态与中动态形式，如 Fravartiš agarbiya（被动态） ānayatā（中动态） abiy mām“弗拉瓦提斯被抓住（并）被带到我这里”（DB 2. 74）。

在被动态句子中引出行动的主语，可以采用：

1. 前置介词 hacā + 离格，如 [taya]šām **hacāma aþa^{n}hya**“由我说出的（一切），对于它们”（DB 1. 19-20）【参阅 § 118. 1】；

2. 后置介词 rādiy + 属格，如 skauþiš **tunuvatahyā rādiy** miþa **akariya**“弱者被强者施以不义”（DNb 8-9）；

3. 使用人称代词附属形，如 utā**šā[m]** Auramazdā nai[y] **[aya]d[i]ya**（DB 5. 15-16）= utā naiy Auramazdā[**šām**(?) **aya]diya**（DB 5. 31-32）“阿胡拉马兹达神不被他们所敬奉”。

III 动名词

§ 134. 不定式。古波斯语的不定式常出现于表达能力（tav-）、勇气（darš-）、指令（ništā-）之类的动词之后，如 [i]mā uvnarā tayā Auramazdā [upa]r[iy mā]m niyasaya utādiš **atāvayam barta[nai]y**“这些技能是阿胡拉马兹达神降于我的，而我能将其承担”（DNb 45-47），kašciy naiy **adaršnauš** cišciy **þastanaiy** pariy Gaumātam tayam magum“没有任何一个人敢说任何一点关于那术士高墨达的事”（DB 1. 53-54），iyam patikara aþa^{n}gaina tayam Dārayavauš ẖšāyaþiya **niyaštāya cartanaiy** Mudrāyaiy“这石头的雕像是大流士王下令在埃及做的”（DSab 1-2）。

用于表达目的之不定式，只出现于 hamaranam cartaniy“进行战斗”的表述中，常伴以表达前进之义的动词（如 āiš，frāišaya，paraitā），如 avadā [hauv N]adi^{n}tabaira haya Nabukudaracara agaubatā āiš hadā kārā patiš [mām] [hamarana]m cartanaiy“在那里，那个自称是尼布甲尼撒的那迪塔拜拉带着军队前来，要与我交战”（DB 1. 92-94）。

§ 135. 分词。分词作为由动词构成的形容词－名词，大体可以分为两类：

1）现在时分词

a. 古波斯语中常用的主动态现在时分词是 tunuvant-“强大的”，如 na[imā] kāma taya skauþiš **tunuva^{n}tahyā** rādiy miþa kariyaiš naimā ava kāma taya **t[u]nuvā** skauþaiš rādiy miþa kariyaiš “这不是我的愿望：弱者被强者施以不义；这也不是我的愿望：强者被弱者施以不义”（DNb 8-11）；

b. 中动态现在分词有 ḫšayamna-“支配性的”（+ ah-“是，存在”），和作为中性名词的 jiyamnam “结束，终结”，见于 daršam dārayāmiy manahā uvaipašiyahyā darša[m] **ḫšayamna** a[m]iy “我很强大地控制着自己的（思想），对于自身，我是具有强大支配力的（即：我是有强大自制力的）”（DNb 14-15），þūravāharahyā māhyā **jiyamnam** patiy “在苏拉瓦哈剌月的最后一天”（DB 2. 62）。

2）过去时分词

古波斯语中的过去时分词均为被动态，可以作为形容词或名词使用：形容词如 aḫšatā “不受损害的，完好无损的”（DPe 23），basta “被绑住的”（DB 2. 75），dītam “被抢走”（DB 1. 50），duruḫtam “被欺骗的”（DB 4. 44），ḫšnū̆ta “感到满意的，感到愉悦的”（DNb 26），marta “死去的”（XPh 48），paraitā “进发的”（DB 2. 32）；名词如 gastā “不幸，灾祸”（DNa 52），katam “开挖”（DSf 25），rāstam “正直，正当”（DNb 11），vinastahyā “过错，冒犯”（DNb 18）；

也可出现于迂说式完成时，如 karta-“被做好，被完成”、parābarta-“被夺走”、pāta-“被保护”【参阅 § 124】。

过去分词 þakata-“流逝的，过去的”广泛地出现在与日期记载相关的程式中，某个月的首日记作：这个月的名字（属格）+ māhyā I rauca **þakatam** āha “在某月的第一日（直译：某月的第一日过去后）”，其他日子记作：月名（属格）+ māhyā + 数字 X+ raucabiš **þakatā** āha “在某月的第 X 天（直译：某月的第 X 天过去了）”【参阅 § 119. 3】。

IV 副词与连词

§ 136. 古波斯语的名词宾格和位格可以充当副词使用【参阅 § 63】，在阿维斯塔语中，这种现象还可以出现于属格、与格、离格与工具格。

古波斯语中，若要以副词来修饰或补充动词，只能通过名词性构造与动词使用同一词根（figura etymologica）的方法，如 taya duš**kartam** (duš**kṵtam**) **akariya**“它被做坏了（直译：它被做成一个做坏的东西）”（XPh 42）, avam u**bartam** (u**bṛtam**) **abaram**“我善待他（直译：我给他带来好的被带来者）”（DB 4.66）。

§ 137. 古波斯语中的副词与连词的界限，某些情况下并不分明，如 yaþā 既有副词性的“如此，正如”之义，也作为连词“当……之时；此后”出现。

某些情况下，代词形式可构成连词，如 yadiy（阿维斯塔语 yezi）“当……；假如”（< 反身代词 ya-“谁，那个”< 印欧语 *h_1i-o-“那个”）。代词 ya- 也可与附属形小品词 -ciy 构成连词 yaciy“无论，总是”，如 **yaciy** vaināmiy hamiçiyam **yaciy** naiy vaināmiy“无论我是否看到一个反叛者（直译：无论我看到一个反叛者或没有看到）”（DNb 35–37）。

§ 138. 古波斯语中表并列关系的连词有 utā、-cā“和”、-vā“或”。utā 与小品词 -cā（接近汉语中的“以及”），均用于连接带有同类特征的概念，不少情况下具有可替换性，如 **utā** Pārsaiy **utā** Mādaiy **utā** aniyāuvā dahyušuvā“在波斯与梅德，以及别的诸地区”（DB 1. 34-35）, adam kāram gāþavā avāstāyam Pārsam**cā** Mādam**cā** **utā** aniyā dahyāva“我把民众放回原来的位置，波斯，梅德，以及其他地区”（DB 1. 66-67）。

某些情况下，-cā 所连接的概念并非完全同类，如 abicarīš gaiþyām**cā** māniyam**cā** viþbišcā“牧场，畜群，家谱与房屋（abicarīš gaiþyām māniyam 为宾 ra 格，viþbiš 为复数工具格）”（DB 1. 64-65）【参阅 § 119. 3】。

-vā 的使用与 -cā 相似，表并列的选择关系，如 h̯šapavā raucapativā“在黑夜或在白天”（DB 1. 20）。

utā 有时可与附属形代词连用引出下文，也可以单独出现于句首引出相关内容，如 **utā**šā[m] Auramazdā nai[y] [aya]d[i]ya（DB 5. 15-16）

= **utā** naiy Auramazdā[**šām**(?) **aya**]**diya**（DB 5. 31-32）“阿胡拉马兹达神不被他们所敬奉”。

V 短语和从句

1. 平行关系与主从关系

§ 139. 古波斯语中，逻辑上带有主从关系的表述，不少情况下会以一组平行短句的形态呈现。特别是与命令或意愿相关的动词，形成了一种“命令 / 要求某人,(那人)去做”的结构（~ 中古波斯语与关系代词 kē 连用的 framūd kē“命令某人，那人去做”），这与在古希腊语、拉丁语中常出现的特定动词（如看，听，想）引导 AcI（Accusativus cum Infinitivo）“宾格加不定式”结构的用法，代表着两种不同的路向。

典型的例子：vašnā Auramazdāha utāmaiy aniyašciy **astiy kartam** ava ahyāyā dipiyā naiy **nipištam** avahyarādiy naiy **nipištam** mātaya “借助阿胡拉马兹达神与我自己的意愿，还有（许多）其他的事被完成了。那些没有被写在这个铭文中，出于如下的原因没有被写下，以免……”（DB 4. 46-48）, Auramazdām avaþā **kāma āha** Dārayavaum haya manā pitā avam ẖšāyaþiyam **akunauš** ahyāyā būmīyā “这是阿胡拉马兹达神的意愿（直译：一种意愿降临于阿胡拉马兹达神）。他让大流士，我的父亲，做了这大地的王”。可能，这种平行结构的表述是原本表达主从关系的关系代词被省略的结果，进而发展为一种特定的风格。

带有日期的程式也主要使用这种平行结构进行叙事【参阅 § 119. 3】，如 Garmapadahyā māhyā IX raucabiš þaktā āhaavaþa ẖšaçam agarbāyatā “在伽玛帕达月的第 9 天，他这样（为自己）抓取了权力”（DB 1. 42-43），只在 DB 1. 38 出现了由 yadiy 引出的主从结构：Viyẖanahyā māhyā XIV raucabiš þaktā āha yadiy udapatatā “在威赫哈那月的第 14 天，那时他反叛了”。

2. 关系代词 – 关系从句

§ 140. 古印欧语中定语性的关系代词 $*k^{u}i$-/$*k^{u}o$- 很可能由疑问代

词 $*k^{u}i$-/$*k^{u}o$- 演化而来，而古波斯语的关系代词 haya/hayā/taya 则源自古印欧语中同位语性的关系代词 *Hi̯o-【参阅 §74，75】。古波斯语关系代词的这种同位语性质来源，在其语言运用中也留下了明显的痕迹：如果关系从句的动词为系词 ah-“是”，它常会被省略，由关系代词独立引导从句，如“我的军队”在古波斯语中被经常性地表述为 kāra **haya manā**（= kāra haya manā astiy/āha）“（直译：）军队，那（是）属于我的”；术士高墨达对民众说：adam Bardiya amiy **haya** Kurauš puça Ka^{m}būjiyahyā brātā “我是巴迪亚，（那是）居鲁士之子，冈比西斯之兄弟”（DB 1. 39-40），可对照大流士自己的陈述：adam Dārayavauš ẖšāyaþiya vazraka ẖšāyaþiya ẖšāyaþiyānām ẖšāyaþiya Pārsiya ẖšāyaþiya dahyūnām Vištāspahyā puça Aršāmahyā napā Haẖāmanišiya “我是居鲁士，伟大的王，王中之王，波斯之王，诸域之王，维斯塔斯帕之子，阿尔沙美之孙，阿契美尼德人”（DB 1. 1-3）。

§ 141. 就关系从句所使用的语式与时态而言：

a. 关系从句在多数情况下，采用与主句相同的直陈式形态（现在时 / 未完成时 / 不定过去时），只是在 DB 2. 84 与 DB 3. 86 中，其基本句式均为 paraitā avam kāram haya manā naiy gaubātaiy jatā “前进！打击那不归顺于我的军队（直译：打击那军队，它不把自己称作是属于我的）！”，关系从句中预期中的直陈式现在时（gaubataiy）被替换为虚拟式（gaubātaiy）；[①]

b. 若表达某种带有普遍性的、超越具体时间所限的信息，对应于主句的现在时态，关系从句采用直陈式现在时或虚拟式现在时，如 martiya **taya** pariy martiyam **þātiy** ava mām naiy varnavataiy（vr̥navataiy）“一个人对（另一个）人说的话，我不会相信它（直译：那不能让我相信）”（DNb 21-23），**haya** Auramazdām **yadātaiy** *yānam [avahyā] ahatiy utā jīvahyā utā martahyā “谁若敬奉阿胡拉马兹达神，他会获得恩赐（直译：恩赐会对他存在），无论活着还是死去（直译：对于活着的他和死去的他）”（DB 5. 18-20 = 5. 34-36）；

c. 若表达某种与未来相关的信息，关系从句采用的形式往往是

① 这种语式替换的原因不详。或许是为了突出某种意愿 / 意志（“它不情愿把自己叫作是属于我的”），或许是楔形文字书写过程中的某种失误或技术性考虑（<ga-u-ba-ta-i-ya> 写作 <ga-u-ba-ta-a-i-ya>）。在语境几乎与之无差别的 DB 2. 21, 31, 51, 3. 15, 59，出现的都是 gaubataiy。

与表达命令或祈祷相应的虚拟式形态[1]，如 tuvam kā ḫšāyaþiya **haya** aparam **āhy** “你，无论是谁，那个你将是未来的王，好好保护自己免于谎言”（DB 4. 37，68，87），martiya **haya** draujana **ahatiy** “一个人，若他是骗子”（DB 4. 38，69，接下来均表达“你要好好惩罚他”），utā **taya kunavāhy** avaraiy Auramazdā ucāram kunautuv “你所要做的事，阿胡拉马兹达神会令其卓有成效”（DB 4. 75-76，对应于后来者好好看护大流士留下的碑铭；DB 4. 79-80 几乎与之一致，只是最后为 Auramazdā nikatuv “阿胡拉马兹达神令其不成”，对应于不好好看护碑铭的后果）；

d. 古波斯语从句出现祈愿式仅有一处，naiy āha martiya naiy Pārsa naiy Māda naiy amaḫam taumāyā kašciy **haya** avam Gaumatam tayam magum ḫšaçam dītam **caḫriyā** “没有人，没有一个波斯人，没有一个梅德人，没有一个我们家族的人，他本可以从那个术士高墨达那里获取权力”（DB 1. 48-50）【参阅 § 127. 2b】。

§ 142. 关系从句中，关系代词与其所对应的主句词汇所采用的格，可以发生双向的同化作用，即关系代词的格可以同化为主句前件的格，如 kāra **haya manā** avam **kāram tayam hamiçiyam** aja vasiy “我的军队狠狠打击了叛军”（DB 2. 25-26）【kāram tayam hamiçiyam<kāram taya hamiçiya abava “叛军（直译：军队，它已反叛了”）】；主句前件的格也可以同化为关系代词的格，如 **martiya** haya draujana ahatiy **avam** ufraštam parsā “一个人，若他是骗子，（你）要好好惩罚他”（DB 4. 38）【若不发生同化效果，这一表达应为 martiyam haya draujana ahatiy avam ufraštam parsā】。

某些情况下，主句中的前件会在形式上转为关系从句的一部分，或说，其位置将会出现于关系代词之后，仿佛是由其引导的，如 hacā paruviyata **hayā amāḫam taumā** ḫšāyaþiya āha “自古以来，国王（的位置）总是我们家族的”（DB 1. 8）【正常表达应是 taumā hayā amāḫam ḫšāyaþiya āha】，imā dahyāva **tayanā manā dātā** apariyāya “那些地方，它们已遵行我的法律”（DB 1. 23）【正常表达应是 imā dahyāva dātā tayā/tayanā manā apariyāya】。

---

[1] 参阅 Kent 1953, § 278 II a。

这种形式上吸纳主句前件的关系从句，是新波斯语中 ezāfe 结构的前身（ezāfe 一词源自阿拉伯语，意为“添加”），这一结构以不带重音的小品词 -e/-ye 连接两个词或词组（名词 + ezāfe + 形容词 / 名词属格），是一种带有语法规定性的可预期的表达方式，用来表达形容词 / 名词属格修饰名词的作用，如 barādar-e bozorg（兄弟 + ezāfe + 大）“大兄 > 哥哥”, barādar-e Maryam（兄弟 + ezāfe +［人名］玛丽亚姆）“玛丽亚姆的兄弟”。古波斯语中，这种现象并不具有语法的强制性和普遍意义。

3. 词序

§ 143. 古波斯语句子的词序，具有很大的自由度，但总体而言，属于主－宾－谓（SOV）结构。

在这一框架下，通常，副词性表述位于句首，代词与属格性表述出现在名词之前，形容词在名词之后，表语、直接宾语、间接宾语可以出现于主语和动词之间。典型的例子如：Auramazdāmaiy ima ḫšaçam frābara Auramazdāmaiy upastām abara yātā ima ḫšaçam hamadārayaiy vašnā Auramzdāha ima ḫšaçam dārayāmiy “阿胡拉马兹达神带给我王权。阿胡拉马兹达神带给我帮助。于是我全面掌握王权。借助阿胡拉马兹达神的恩眷，我掌握了王权”（DB 1. 24-26）。

§ 144. 出现于各种铭文句首的表述程式 þātiy + 人名，如 þātiy Dārayavauš ḫšāyaþiya “大流士王说”，是相对这种 SOV 结构最明显的例外。这种程式可能是为了造成特定的突出－强调效果，也可能受到了以 VSO 结构为主的闪米特语（如作为波斯帝国通用语的阿拉美语）的影响①。

为了达到特定的表达效果（突出－强调或弱化－忽略或二者兼而有之），特定的句子成分可以从其通常所处的位置前移或后移。除了 þātiy + 人名的表述外，前移在古波斯语中突出地体现为直接宾语（及与之相关的关系从句）可置于主语之前，如 **ḫšaçam** hauv agarbāyatā “他（为自己）抓取了权力”（DB 1. 41-42）, pasāva **avam Naditabairam** adam

① 在作为闪米特语的阿卡德语版本中，古波斯语 þātiy Dārayavauš ḫšāyaþiya 这一 VS 程式恰恰被再现为 SV 结构 Dariyamuš šarru kīam iqabbi “大流士王如是说”。埃兰语属于典型的 SOV 结构，这一程式在埃兰语版本中为 Dariyamauš sunki nanri “大流士王（在）说”。

Bābirauv avājanam“然后我在巴比伦杀死了那个那迪塔拜拉”（DB 2. 4-5），ḫšaçam **taya** hacā amaḫam taumāyā parābartam（parābr̥tam）āha ava adam patipadam akunavam“那已经从我们的家族被夺走的权力，我重新把它放回原有的（应得的）位置”（DB 1. 61-62）。

§ 145. 后移在古波斯语中，主要表现为句子的某些成分出现于动词之后，包括：

a. 副词性表述，如 kāra haya manā avam kāram tayam hamiçiyam aja **vasiy**“我的军队狠狠打击了叛军”（DB 2. 25-26）~ 可对比 DB 1. 51 kāram vasiy avājaniyā haya paranam Bardiyam adānā“他（持续地）杀了很多民众，他们之前认识巴迪亚”；

b. 介词短语方向性的表述，如 pasāva adam nijāyam **hacā Bābirauš** ašiyavam **Mādam**“然后我从巴比伦出发，前往梅德”（DB 2. 64-65），hauv Āçina basta ānayatā abiy mām~ 可对比 DB 1. 91 pasāva adam Bābirum ašiyavam“然后我前往巴比伦”，DB 1. 40-41 pasāva kāra haruva hamiçiya abava hacā Ka^{m}būjiyā abiy avam ašiyava“然后全体民众都从冈比西斯那里背叛，投向那人（高墨达）”；

c. 宾语及补语，如 pasāva adam frāišayam **Dādaršiš nāma Pārsa manā ba^{n}daka Bāḫtrīya ḫšaçapāvā abiy avam**“然后我派遣了一个名叫 Dādarši 的波斯人，我的封臣，巴克特里亚的总督，去对付他”（DB 2. 29-30） ~ 可对比 DB 2. 19-20 pasāva adam kāram frāišayam Vidarna nāma Pārsa manā ba^{n}daka avamšām maþištam akunavam“然后我派遣了梅德的军队。我任命一个名叫韦达纳的波斯人作为他们的首领（直译：我让名叫韦达纳的波斯人作了他们中最大的）”；

d. 列举的成分（通常不那么重要的成分会被后移），如 avaþā adam hadā kamnaibiš martiyaibiš avam Gaumatam tayam magum avājanam utā tayaišaiy fratamā martiyā anušiyā ahata“于是我带着少量的人杀死了那个术士高墨达和那些追随他的地位最高的人（直译：和那些人，他们是他的地位最高的追随者）”（DB 1. 56-58） ~可对照 DB 3. 50-52 pasāva adam avam Vahyazdātam utā martiyā tayaišaiy fratamā anušiyā ahata Uvādaicaya nāma vardanam Pārsaiy avadašiš uzmayāpatiy akunavam“然后我在波斯的一个名叫乌瓦带伽亚（Uvādaicaya）的城镇，把瓦赫亚兹达塔（Vahyazdāta）和那些追随他的地位最高的人钉在桩上”；

e. 关系从句，如 paraidiy avam kāram jadiy **haya manā naiy gaubataiy**“前进！打击那不归顺于我的军队（直译：打击那军队，它不把自己称作是属于我的)！”（DB 3. 14-15）~ 可对比 DB 2. 30-31 = 2. 50-51 paraidiy kāra haya hamiçiya manā naiy gaubataiy avam jadiy“前进！打击那不归顺于我的叛军（直译：那反叛的、不把自己称作是我的军队，打击它！）”。

VI 特殊表述

§ 146. 在阿尔塔克西斯（Artaxerxes）时代记述王室谱系的铭文中，出现了“A,(为) B 之子 ,B(属格),(为) C 之子,C(属格),(为) D 之子……(是)阿契美尼德人”这样的程式，其中表达儿子的 puça 一词始终为主格形式（而非属格）。如 Artaḫšaça...Dārayavaušahyā ḪŠhyā puça Dārayavaušahyā Artaḫšaçahyā ḪŠhyā puça Artaḫšaçahyā Ḫšayārcahyā ḪŠhyā puça Ḫšayārcahyā Dārayavaušahyā ḪŠhyā puça D[āra]yavaušahyā Vištāspahyā puça Haḫāmanišiya“阿尔塔克西斯……大流士（二世)王之子，大流士（二世)，阿尔塔克西斯（一世)王之子，阿尔塔克西斯（一世)，薛西斯王之子，薛西斯，大流士（一世)王之子，大流士（一世)，维斯塔斯帕王之子，是阿契美尼德人”（A^2Sa 1-3）。

在这一时代的铭文中，还出现了 Dārayavauš ḪŠyā puça（A^2Sb），Dārayavauš ḪŠāhyā puça（A^2Sd），Dārayavauš ḪŠ puça（A^2Hb）“大流士王之子”，Ariyāramna ḫšayaþiyahyā puça（AsH）“雅利安拉姆那王之子”这样的表达形式，人名采用主格，而紧随其后的表达国王涵义的词汇采用属格。

§ 147. 交错配列法（Chiasmus），通过词序的变换形成 ab-ba 式的表达效果。如 **haya manā pitā** Vištāspa utā Aršāma **haya manā [ni]yāka**“我的父亲维斯塔斯帕王，我的祖父阿尔沙美”（DSf 12-13），šiyāta **ahaniy jīva** utā **marta** artāvā **ahaniy**“愿我生时快乐，死时幸福”（XPh 47-48）。

§ 148. 平行结构。如 **utā** avam Vahyazdātam **agarbāya utā** martiyā tayašaiy fratamā anušiyā āhatā **agarbāya**“他们既抓住了瓦赫亚兹达

塔，也抓住了他那些最重要的追随者”（DB 3. 47-49）, yaþā **naiy** arīka **āham naiy** draujana **āham naiy** zūrakara **āham**“因为我并非不忠诚，也不是骗子，也未做任何恶行（直译：也不是作弯曲行为的人）”（DB 4. 63-64）。

§ 149. 押韵。古波斯语中不存在严格意义上的韵部，但可以通过相关词汇尾部音节的匹配（不必具有相同的语法功能），来表达意义上的呼应。如 ḫšapa**vā** raucapati**vā**“在夜晚或在白天”（DB 1. 20），tayaiy **uškahyā** utā tayaiy **drayahyā**“那些属于大陆的和在海边的”（DPe 13-14）, utātaiy taumā vasiy **biyā** utā dargam **jīvā**“愿你家庭兴旺（直译：变得很多），愿你活得久长”（DB 4. 56 = 4. 75）。

古波斯铭文列表

目前发现的古波斯语文本几乎全为波斯王室铭文，主要为大流士与薛西斯时代的作品。学界一般以波斯君主名字的字母缩写与铭文所在的地点名称缩写搭配来指称相关的铭文。因君主名号有可能相同，为区分可在其后加数字（如 D^2 指大流士二世）。可能发生如一地存在多个铭文的情况，为区分在其后标以字母。[] 中是旧时错误地加以归类的铭文，=> 所示是其真实的归属。铭文有使用单一语言的，也有双语对照或三语对照（古波斯语、阿卡德语、埃兰语）的。

相关铭文包括①：

人物	地点	铭文缩写	语言情况
雅利安拉姆（Ariyāramna）	Hamadan	AmHa	古波斯语
阿尔沙美（Aršāma）	Hamadan	AsHa	古波斯语
居鲁士一世（Cyrus I）	Babylon	CB^2a	阿卡德语
	Murghab	CMa	三语对照
		CMb	古波斯语
		CMc	三语对照
	Ur	CUa	阿卡德语
	Warka	CW	阿卡德语
大流士一世（Darius I）	Behistun	DB	三语对照
		DBa	古波斯语 / 埃兰语
		DBb-j	三语对照
		DBk	古波斯语 / 埃兰语
		DBl	埃兰语
	Elvend	DEa	三语对照
	Gherla	DGa	古波斯语
	Hamadan	DHa	三语对照
	El-Khargeh	DKa	古波斯语

① 更详细的信息参阅 Schmitt 2009，页 7-32。

人物	地点	铭文缩写	语言情况
	Murghab	DMa	三语对照
		DMb	古波斯语 / 埃兰语
	Naqshi-i Rustam	DNa	三语对照
		DNb	三语对照
		DNc	三语对照
		DNd	三语对照
		DNe	三语对照
	Persepolis	DPa	三语对照
		DPb	古波斯语
		DPc	三语对照
		DPd	古波斯语
		DPe	古波斯语
		DPf	埃兰语
		DPg	阿卡德语
		DPh	三语对照
		Dpi	三语对照
		DPj	三语对照
	Susa	DSa	古波斯语
大流士一世（Darius I）		DSb	古波斯语
		DSc	三语对照
		DSd	三语对照，存古波斯语 / 埃兰语
		DSe	三语对照
		DSf	三语对照
		DSg	三语对照，存古波斯语 / 阿卡德语
		[DSh]=>D²Sc	
		DSi	三语对照，存古波斯语 / 埃兰语
		DSj	三语对照
		DSk	古波斯语
		DSl	古波斯语
		[DSm]=>DSe/DSf	
		DSn	三语对照
		DSo	三语对照，存古波斯语 / 阿卡德语
		DSp	古波斯语
		[DSq]=>A²Sa	
		[DSr]=>A²Sd	

人物	地点	铭文缩写	语言情况
		DSs	古波斯语
		DSt	古波斯语
		DSu	埃兰语
		DSv	阿卡德语
		DSw	阿卡德语
		[DSx]=>DSe	埃兰语部分
		DSy	三语对照
		DSz	埃兰语
		DSaa	阿卡德语
大流士一世（Darius I）		DSab	三语对照
		DSac	三语对照，存古波斯语 / 埃兰语
		DSad	古波斯语
	Suez	DZa	古波斯语
		DZb	三语对照
		DZc	三语对照
		DZd	古波斯语
		DZe	三语对照
		DZf	三语对照，存阿卡德语
	Elvend	XEa	三语对照
	Faqous	XFa	古波斯语
	Incerto loco①	XIa	古波斯语
	Persepolis	XPa	三语对照
		XPb	三语对照
		XPc	三语对照
		XPd	三语对照
		XPe	三语对照
薛西斯（Xerxes I）		XPf	三语对照，存古波斯语 / 阿卡德语
		XPg	三语对照
		XPh	三语对照
		XPi	三语对照，存古波斯语 / 埃兰语
		XPj	三语对照
		XPk	三语对照，存古波斯语 / 埃兰语
		XPl	古波斯语

① “不确定的地点”。

人物	地点	铭文缩写	语言情况
		XPm	三语对照
		XPn	三语对照
		XPo	古波斯语
		XPp	三语对照
		XPq	三语对照
		XPr	三语对照
薛西斯（Xerxes I）		XPs	三语对照
	Susa	XSa	三语对照
		XSb	阿卡德语
		XSc	古波斯语
		XSd	三语对照
		XSe	阿卡德语
	Van	XVa	三语对照
阿尔塔克西斯一世（Artaxerxes I）	Persepolis	A^1Pa	三语对照
		A^1Pb	阿卡德语
大流士二世（Darius II）	Hamadan	D^2Ha	古波斯语
		[D^2Hb] ①	古波斯语
	Susa	D^2Sa	古波斯语
		D^2Sb	三语对照，存古波斯语 / 阿卡德语
		D^2Sc	古波斯语
		[D^2Sd]=>DSo	
		A^2B^2a	埃兰语
阿尔塔克西斯二世（Artaxerxes II）	Babylon	A^2B^2b	埃兰语
		A^2B^2c	埃兰语
		A^2B^2d	古波斯语
		A^2B^2e	古波斯语
	Hamadan	A^2Ha	三语对照
		A^2Hb	古波斯语
		A^2Hc	古波斯语
		A^2Hd	古波斯语
阿尔塔克西斯三世（Artaxerxes III）	Persepolis	[A^2Pa]=> A^3Pb	
	Susa	A^2Sa	三语对照
		A^2Sb	三语对照
		A^2Sc	古波斯语
		A^2Sd	三语对照

① 系当代伪造。

人物	地点	铭文缩写	语言情况
		A^2Se	埃兰语
阿尔塔克西斯三世（Artaxerxes III）	Persepolis	A^3Pa	古波斯语
		A^3Pb	三语对照
	Susa	A^3Sa	阿卡德语

除上述形诸柱石的铭文外，还有一些刻在器物上（以及印章、度量衡）的铭文。相关情况，参阅 Schmitt 2009，页 27-32。

文本示例：贝希斯敦铭文

文本示例 A

为方便进行学习与释读，在这一部分，文本将被分为五个层次（行）加以分析：第一行是楔形文字形式，第二行是对于第一行内容的转写（transliteration）形式，第三行是其转录（transcription）形式，第四行是语法与词义分析，第五行是汉语翻译。

语法分析的部分，使用缩写形式。如阳性名词单数主格 = 阳单主，形容词复数属格 = 形复属，阴性名词复数主格关系代词 = 阴复主关代。动词主动态陈述式是默认的形式，如第三人称复数中动态未完成时陈述式 =3 复中未完，第三人称单数主动态完成时祈愿式 =3 单完祈。

[] 表文字残缺，里面的形式是由学者补上的。这一部分的文本与体例主要参考 Schmitt 2009。

Column I

§ 1 (DB 1. 1-3)

A 𐎠𐎭𐎶𐏐𐎭𐎠𐎼𐎹𐎺𐎢𐏁𐏐

a-da-ma da-a-ra-ya-va-u-ša

adam Dārayavauš

（单主）我　（单主）大流士

我（是）大流士，

B 𐎧𐏁𐎠𐎹𐎰𐎡𐎹𐏐𐎺𐏀𐎼𐎣𐏐

ḫa-ša-a-ya-þa-i-ya va-za-ra-ka

ḫšāyaþiya vazarka（vazr̥ka）

（阳单主）国王　（阳形单主）强大的

伟大的王，

C 𐎧𐏁𐎠𐎹𐎰[𐎡𐎹𐏐𐎧𐏁𐎠𐎹]𐎰𐎡𐎹𐎠𐎴𐎠𐎶𐏐

ḫa-ša-a-ya-þa[-i-ya ḫa-ša-a-ya-]þa-i-ya-a-na-a-ma

ḫšāyaþiya ḫšāyaþiyānām

（阳单主）国王　（阳复属）国王

王中之王，

D 𐎧𐏁𐎠𐎹𐎰𐎡𐎹[𐏐]𐎱𐎠𐎼𐎿𐎡𐎹𐏐

ḫa-ša-a-ya-þa-i-ya [] pa-a-ra-sa-i-ya

ḫšāyaþiya Pārsiya

（阳单主）国王　（阳形单）波斯的

波斯的王，

E 𐎧𐏁𐎠𐎹𐎰[𐎡𐎹𐏐 𐎭𐏃[𐎹𐎢𐎴𐎠𐎶𐏐]

ḫa-ša-a-ya-þa-i-ya da-ha[-ya-u-na-a-ma]

ḫšāyaþiya dahyūnām

（阳单主）国王　（阴复属）区域

各区域的王，

F 𐎻𐏁𐎫𐎠𐎿𐎱𐏃𐎹𐎠𐏐 𐎱𐎢𐏂𐏐

vi-ša-ta-a-sa-pa-ha-ya-a pa-u-ça

Vištāspahyā puça

（阳单属）维斯塔斯帕　（阳单属）儿子

维斯塔斯帕之子，

G 𐎠𐎼𐏁𐎠𐎶𐏃𐎹𐎠𐏐 𐎴𐎱𐎠𐏐

a-ra-ša-a-ma-ha-ya-a na-pa-a

Aršāmahyā napā

（阳单属）阿尔沙美　（阳单属）孙子

阿尔沙美之孙，

H 𐏃𐎧𐎠𐎶𐎴𐎡𐏁[𐎡𐎹]

ha-ḫa-a-ma-na-i-ša[-i-ya]

Haḫāmanišiya

（阳形单主）阿契美尼德的（子孙）

阿契美尼德人。

§ 2 (DB 1. 3-7)

A [𐎰]𐎠𐎫𐎡𐎹𐏐 𐎭𐎠𐎼𐎹𐎺𐎢𐏁𐏐 𐎧𐏁𐎠𐎹𐎰[𐎡𐎹𐏐]

[þa]-a-ta-i-ya da-a-ra-ya-va-u-ša ḫa-ša-a-ya-þa-i-ya

þātiy Dārayavauš ḫšāyaþiya

（3 单现）说 （单主）大流士 （阳单主）国王

大流士王说：

B 𐎶𐎴𐎠𐏐 𐎱𐎡𐎫𐎠𐏐 𐎻𐏁𐎫𐎠𐎿𐎱𐏐

ma-na-a pa-i-ta-a vi-ša-ta-a-sa-pa

manā pitā Vištāspa

（阳单属）我 （阳单主）父亲 （阳单主）维斯塔斯帕

我的父亲是维斯塔斯帕，

C 𐎻𐏁𐎫𐎠𐎿𐎱[𐏃𐎹𐎠𐏐 𐎱𐎡𐎫]𐎠𐏐 𐎠𐎼𐏁𐎠𐎶

vi-ša-ta-a-sa-pa-[ha-ya-a pa-i-ta]-a a-ra-ša-a-ma

Vištāspa[hyā pit]aAršāma

（阳单属）维斯塔斯帕 （阳单主）父亲 （阳单主）阿尔沙美

维斯塔斯帕的父亲是阿尔沙美，

D 𐎠𐎼𐏁𐎠𐎶𐏃𐎹𐎠𐏐 𐎱𐎡𐎫𐎠𐏐 𐎠𐎼𐎡𐎹𐎠𐎼𐎶𐎴𐏐

a-ra-ša-a-ma-ha-ya-a pa-i-ta-a a-ra-i-ya-a-ra-ma-na

Aršāmahyā pitā Ariyāramna

（阳单属）阿尔沙美 （阳单主）父亲 （阳单主）雅利安拉姆那

阿尔沙美的父亲是雅利安拉姆那，

E 𐎠𐎼𐎡𐎹𐎠𐎼𐎶𐎴𐏃𐎹𐎠𐏐 𐎱𐎡𐎫[𐎠𐏐 𐎨𐎡𐏁𐎱𐎡𐏁𐏐]

a-ra-i-ya-a-ra-ma-na-ha-ya-a pa-i-ta[-a ca-i-ša-pa-i-ša]

Ariyāramnahyā pitā Cišpiš

（阳单属）雅利安拉姆那 （阳单主）父亲 （阳单主）齐斯匹斯

雅利安拉姆那的父亲是齐斯匹斯，

F 𐎨𐎡𐏁𐎱𐎠𐎡𐏁𐏐 𐎱𐎡𐎫𐎠𐏐 𐏃𐎧𐎠𐎶𐎴𐎡𐏁

ca-i-ša-pa-a-i-ša pa-i-ta-a ha-ḫa-a-ma-na-i-ša

Cišpaiš pitā Haḫāmaniša

（阳单属）齐斯匹斯 （阳单主）父亲 （阳单主）阿契美尼德

奇斯匹斯的父亲是阿契美尼德。

§ 3 (DB 1. 7-8)

A 𐎰𐎠𐎫𐎡𐎹𐏐𐎭𐎠𐎼𐎹𐎺𐎢𐏁𐏐𐎧𐏁𐎠𐎹[𐎰𐎡𐎹𐏐]

þa-a-ta-i-ya da-a-ra-ya-va-u-ša ẖa-ša-a-ya[-þa-i-ya]

þātiy Dārayavauš ẖšāyaþiya

（3单现）说 （单主）大流士 （阳单主）国王

大流士王说：

B [𐎠𐎺]𐏃𐎹𐎼𐎠𐎮𐎡𐎹𐏐𐎺𐎹𐎶𐏐𐏃𐎧𐎠𐎶𐎴𐎡𐏁𐎡𐎹𐎠𐏐𐎰𐏃𐎠𐎹𐎶𐏃𐎹𐏐

[a-va]-ha-ya-ra-a-di-i-ya va-ya-ma ha-ẖa-a-ma-na-i-ša-i-ya-a

þa-ha-a-ya-ma-ha-ya

avahyarādiy vayam Haẖāmanišiyā þahyāmahy

（副）因此（复主）我们（复主）阿契美尼德人（1复被现）说

因此我们被叫作阿契美尼德人。

C 𐏃𐎨𐎠𐏐𐎱𐎽𐎢𐎻[𐎡𐎹𐎫𐏐]

ha-ca-a pa-ru-u-vi[-i-ya-ta]

hacā paruviyata

（介词）从……起 （形单离）过去的（时代）

自古以来，

D 𐎠𐎶𐎠𐎫𐎠𐏐𐎠𐎶𐏃𐎹𐏐

a-ma-a-ta-a a-ma-ha-ya

āmātā amahy

（形复主）高贵的 （1复主现）是

我们是高贵的，

E 𐏃𐎨𐎠𐏐𐎱𐎽𐎢𐎻[𐎡𐎹𐎫𐏐]

ha-ca-a pa-ru-u-vi[-i-ya-ta]

hacā paruviyata

（介词）从……起 （形单离）过去的（时代）

自古以来，

F 𐏃𐎹𐎠𐏐𐎠𐎶𐎠𐎧𐎶𐏐𐎫𐎢𐎶𐎠𐏐𐎧𐏁𐎠𐎹[𐎰𐎡𐎹𐎠𐏐𐎠]𐏃

ha-ya-a a-ma-a-ẖa-ma ta-u-ma-a ha-ša-a-ya-[þa-i-ya-a a]-ha

hayā amāẖam taumā ẖšāyaþiya āha

（复指代词）这些 （1复属）我们 （复主）家族 （复主）国王 （3复未完）是

国王（的位置）总是我们家族的。

§ 4 (DB 1. 8-11)

A 𐎰𐎠𐎫𐎡𐎹𐏐 𐎭𐎠𐎼𐎹𐎺𐎢𐏁𐏐 𐎧𐏁𐎠𐎹𐎰𐎡𐎹𐏐

þa-a-ta-i-ya da-a-ra-ya-va-u-ša ẖa-ša-a-ya-þa-i-ya

þātiy Dārayavauš ẖšāyaþiya

（3 单现）说 （单主）大流士 （阳单主）国王

大流士王说：

B 8𐏐 𐎶𐎴𐎠𐏐 𐎫𐎢𐎶𐎠𐎹[𐎠𐏐]

VIII ma-na-a ta-u-ma-a-ya-[a]

VIII manā taumayā

（数字）八 （单属）我 （阴单属）家族

八（位国王）出自我的家族，

C [𐎫𐎹𐎡]𐎹𐏐[𐎱]𐎽𐎢𐎺𐎶𐏐 𐎧𐏁𐎠𐎹𐎰𐎡𐎹𐏐 𐎠𐏃

[ta-ya-i-]ya [pa]-ru-u-va-ma ẖa-ša-a-ya-þa-i-ya a-ha

tayaiy paruvam ẖšāyaþiya āha

（指代复主）他们 （副）从前 （阳单主）国王 （3 复未完）是

他们过去是王，

D 𐎠𐎭𐎶𐏐 𐎴𐎺𐎶𐏐

a-da-ma na-va-ma

adam navama

（单主）我 （序数）第九

我是第九个（王）。

E 𐏑𐏑𐏑𐏑𐏑𐏑𐏑𐏑𐏑𐏐 𐎯𐎢𐎻𐎡𐎫𐎠𐎱𐎼𐎴𐎶[𐏐 𐎺𐎹𐎶𐏐]𐎧𐏁𐎠𐎹𐎰𐎡𐎹𐏐 𐎠𐎶𐏃𐎹

LX du-u-vi-i-ta-a-pa-ra-na-ma[va-ya-ma] ẖa-ša-a-ya-þa-i-ya a-ma-ha- -ya

LX duvitāparanam vayam ẖšāyaþiya amahy

（数字）9 （副）依次 （复主）我们 （复主）国王 （1 复现）是

我们依次是九个王。

§ 5 (DB 1. 11-12)

A 𐎰𐎠𐎫𐎡𐎹𐏐 𐎭𐎠𐎼𐎹𐎺𐎢𐏁𐏐 𐎧𐏁𐎠𐎹𐎰𐎡𐎹𐏐

þa-a-ta-i-ya da-a-ra-ya-va-u-ša h̯a-ša-a-ya-þa-i-ya

þātiy Dārayavauš h̯šāyaþiya

（3单现）说 （单主）大流士 （阳单主）国王

大流士王说：

B 𐎺[𐏁𐎴𐎠𐏐] 𐎠𐎢𐎼𐎶𐏀𐎭𐎠𐏃𐏐

va-[ša-na-a] a-u-ra-ma-za-da-a-ha

vašnā Auramzdāha

（单具）愿望，意愿 （单属）阿胡拉玛兹达

借助阿胡拉马兹达神的意志（恩眷），

C 𐎠𐎭𐎶𐏐 𐎧𐏁𐎠𐎹𐎰𐎡𐎹𐏐 𐎠𐎷𐎡𐎹𐏐

a-da-ma h̯a-ša-a-ya-þa-i-ya a-mi-i-ya

adam h̯šāyaþiya amiy

（单主）我 （阳单主）国王 （1单现）是

我是（成为）王。

D 𐎠𐎢𐎼𐎶𐏀𐎭𐎠𐏐 𐎧𐏁𐏂𐎶𐏐 𐎶𐎴𐎠[𐏐 𐎳𐎼]𐎠𐎲𐎼

a-u-ra-ma-za-da-a h̯a-ša-ça-ma ma-na-a[fa-ra]-a-ba-ra

Auramazdā h̯šaçam manā frābara

（阳单主）阿胡拉玛兹达 （中单宾）权力，王国 （单属）我 （3单未完）带来

阿胡拉马兹达神给我带来王权。

§ 6 (DB 1. 12-17)

A 𐏐 𐎰𐎠𐎫𐎡𐎹𐏐 𐎭𐎠𐎼𐎹𐎺𐎢𐏁𐏐 𐎧𐏁𐎠𐎹𐎰𐎡𐎹𐏐

þa-a-ta-i-ya da-a-ra-ya-va-u-ša h̯a-ša-a-ya-þa-i-ya

þātiy Dārayavauš h̯šāyaþiya

（3单现）说 （单主）大流士 （阳单主）国王

大流士王说：

B 𐎡𐎶𐎠𐏐 𐎭𐏃𐎹𐎠𐎺𐏐

i-ma-a da-ha-ya-a-va

imā dahyāva

（阴复主指代）这些 （阴复主）土地

这些土地，

C 𐎫𐎹𐎠𐏐𐎶𐎴𐎠[𐏐𐎱𐎫]𐎡𐎹𐎠𐎡𐏁𐏐

ta-ya-a ma-na-a[pa-ta]-i-ya-a-i-ša

tayā manā patiyāiša

（阴复主关代）他们 （单属）我 （3 复未完）到来

它们归于我。

D 𐎺𐏁𐎴𐎠𐏐𐎠𐎢𐎼𐎶𐏀𐎭𐎠𐏃𐏐

va-ša-na-a a-u-ra-ma-za-da-a-ha

vašnā Auramzdāha

（单具）愿望，意愿 （单属）阿胡拉玛兹达

借助阿胡拉马兹达神的意志（恩眷），

E [𐎠]𐎭𐎶𐏁𐎠𐎶𐏐𐎧𐏁𐎠𐎹𐎰𐎡𐎹𐏐𐎠𐏃𐎶𐏐

[a]-da-ma-ša-a-ma ḫa-ša-a-ya-þa-i-ya a-ha-ma

adamšām ḫšāyaþiya āham

（单主）我－ （复属附）他们 （单主）国王 （1 单未完）是

我是（成为）它们的王，

F 𐎱𐎼𐎠𐎿𐏐𐎢𐎺𐎩[𐏐𐎲]𐎠𐎲𐎡𐎽𐎢𐏁𐏐

pa-ra-a-sa u-va-ja[ba]-a-ba-i-ru-u-ša

Pārsa Uvja Bābiruš

（单主）波斯 埃兰 巴比伦

波斯，埃兰，巴比伦，

G 𐎠𐎰𐎢𐎼𐎠𐏐𐎠𐎼𐎠𐎲𐎹[𐏐]𐎸𐎢𐎭𐎼𐎠𐎹𐏐

a-þa-u-ra-a a-ra-a-ba-ya[] mu-u-da-ra-a-ya

Aþurā Arbāya Mudrāya

（单主）亚述 阿拉伯 埃及

亚述，阿拉伯，埃及，

H 𐎫𐎡𐎹𐎠𐏐𐎭𐎼𐎹𐏃𐎹𐎠𐏐

ta-i-ya-a da-ra-ya-ha-ya-a

tayā drayahyā

（阴复主关代）他们 （中单位）大海

它们（居住）在大海边，

I 𐎿𐎱𐎼𐎭𐏐𐎹𐎢𐎴[𐏐𐎶𐎠𐎭]𐏐𐎠𐎼𐎷𐎡𐎴𐏐𐎣𐎫𐎱𐎬𐎢𐎣𐏐

sa-pa-ra-da ya-u-na[ma-a-da] a-ra-mi-i-na ka-ta-pa-tu-u-ka

Sparda Yauna Māda Armina Katpatuka

（单主）吕底亚　爱奥尼亚　梅德　亚美尼亚　卡帕多奇亚

斯巴达，爱奥尼亚（希腊），梅德，亚美尼亚，卡帕多奇亚，

J 𐎱𐎼𐎰𐎺𐏐𐏀𐎼𐎣𐏐𐏃𐎼𐎡𐎺𐏐𐎢𐎺𐎠𐎼𐏀𐎷𐎡𐎹𐏐

pa-ra-þa-va za-ra-ka ha-ra-i-va u-va-a-ra-za-mi-i-ya

Parþava Zra^{n}ka Haraiva Uvārazmīy

（单主）帕提亚　德兰吉亚那　阿瑞亚　切罗米亚

帕提亚，德兰吉亚那，阿瑞亚，切罗米亚，

K 𐎲𐎠𐎧𐎫𐎼𐎡𐏁𐏐[𐎿𐎢𐎦]𐎭𐎢𐏐𐎥𐎭𐎠𐎼𐏐𐎿𐎣𐏐

ba-a-ḫa-ta-ra-i-ša [sa-u-gu]-da-u ga-da-a-ra sa-ka

Bāḫtriš Sugudu Gandāra Saka

（单主）巴克特里亚　粟特　健陀罗　斯基泰

巴克特里亚，粟特，健陀罗，斯基泰，

L 𐎰𐎫𐎦𐎢𐏁𐏐𐏃[𐎼]𐎢𐎺𐎫𐎡𐏁𐏐𐎶𐎣𐏐

þa-ta-gu-u-ša ha-[ra]-u-va-ta-i-ša ma-ka

þatagu Harauvatiš Maka

（单主）撒塔吉地亚　阿拉霍西亚　马克兰

撒塔吉地亚，阿拉霍西亚，马克兰

M 𐎳𐎼𐏃𐎼𐎺𐎶𐏐𐎭𐏃𐎹𐎠𐎺𐏐𐏔𐏑𐏑𐏑

fa-ra-ha-ra-va-ma da-ha-ya-a-va XXIII

fraharavam dahyāva XXIII

（副）右旋？　（复主）区域　（数词）23

总共 23 块区域。

§ 7 (DB 1. 17-20)

A 𐎰𐎠𐎫𐎡𐎹𐏐𐎭𐎠𐎼𐎹𐎺𐎢𐏁𐏐𐎧𐏁𐎠𐎹𐎰𐎡𐎹𐏐

þa-a-ta-i-ya da-a-ra-ya-va-u-ša ḫa-ša-a-ya-þa-i-ya

þātiy Dārayavauš ḫšāyaþiya

（3 单现）说　（单主）大流士　（阳单主）国王

大流士王说：

B 𐎡𐎶𐎠𐏐𐎭𐏃𐎹𐎠𐎺𐏐

i-ma-a da-ha-ya-a-va

imā dahyāva

（阴复主指代）这些 （阴复主）土地

这些土地，

C 𐎫𐎹𐎠𐏐𐎶𐎴𐎠𐏐𐎱𐎫]𐎡[𐎹𐎠𐎡𐏁]𐏐

ta-ya-a ma-na-a pa-ta-i-[ya-a-i-ša]

tayā manā patiyāiša

（阴复主关代）他们 （单属）我 （3 复未完）到来

它们归于我。

D 𐎺𐏁𐎴𐎠𐏐𐎠𐎢𐎼𐎶𐏀𐎭𐎠𐏃𐏐

va-ša-na-a a-u-ra-ma-za-da-a-ha

vašnā Auramzdāha

（单具）愿望，意愿 （单属）阿胡拉玛兹达

借助阿胡拉马兹达神的意志（恩眷），

E 𐎶[𐎴]𐎠𐏐𐎲𐎭𐎣𐎠𐏐𐎠𐏃𐎫𐎠𐏐

ma-[na]-a ba-da-ka-a a-ha-ta-a

manā ba^{n}dakā āha^{n}tā

（单属）我 （阳复主）臣仆 （3 复未完）是

它们已是（已成为）我的臣仆，

F 𐎶𐎴𐎠𐏐𐎲𐎠𐎩𐎡𐎶𐏐𐎠𐎲𐎼𐎫𐎠𐏐

ma-na-a ba-a-ja-i-ma a-ba-ra-ta-a

manā bājim abaratā

（单属）我 （阳单主）税贡 （3 复未完）带来

它们给我带来税贡。

G [𐎫𐎹]𐏁𐎠𐎶𐏐𐏃𐎨𐎠𐎶𐏐𐎠𐎰𐏃𐎹𐏐

[ta-ya]-ša-a-ma ha-ca-a-ma a-þa-ha-ya

tayašām hacāma aþa^{n}hya

（中单主关代）那 - （复属附）它们 （介）从……- （单属附）我 （3 单被未完）说

由我说出的一切，对于它们，

H 𐎧𐏁𐎱𐎺𐎠𐏐𐎼𐎢𐎨𐎱𐎫𐎡𐎺𐎠𐏐

ḫa-ša-pa-va-a ra-u-ca-pa-ta-i-va-a

ḫšapa-vā raucapativā

（中单属）夜晚－（连）或者 （中单宾）白天－（连）或者

在夜晚或在白天，

I 𐎠𐎺𐏐𐎠𐎤𐎢𐎴𐎺𐎹𐎫𐎠

a-va a-ku-u-na-va-ya-ta-a

ava akunavayatā

（中单宾指代）那 （3 复未完祈）做

是（它们）要持续做的事。

§ 8 (DB 1. 20-24)

A 𐎰𐎠𐎫𐎡𐎹𐏐𐎭𐎠𐎼𐎹𐎺𐎢𐏁𐏐𐎧𐏁𐎠𐎹𐎰𐎡𐎹𐏐

þa-a-ta-i-ya da-a-ra-ya-va-u-ša ẖa-ša-a-ya-þa-i-ya

þātiy Dārayavauš ẖšāyaþiya

（3 单现）说 （单主）大流士 （阳单主）国王

大流士王说：

B 𐎠𐎫𐎼𐏐𐎡𐎶𐎠𐏐𐎭𐏃𐎹𐎠𐎺𐏐

ta-ra i-ma-a da-ha-ya-a-va

a^{n}tar imā dahyāva

（介）在……之中 （阴复宾指代）这些 （阴复宾）土地，区域

在这些土地，

C 𐎶𐎼𐎫𐎡𐎹𐏐𐏃𐎹𐏐𐎠𐎥𐎼𐎡𐎹𐏐𐎠𐏃𐏐

ma-ra-ta-i-ya ha-ya a-ga-ra-i-ya a-ha

martiya haya agriya āha

（阳单主）人 （阳单主关代）那 （阳单主）善意的，忠实的 （3 单未完）是

（如果）那人是忠实的，

D 𐎠𐎺𐎶𐏐𐎢𐎲𐎼𐎫𐎶𐏐𐎠𐎲𐎼𐎶[𐏐]

va-ma u-ba-ra-ta-ma a-ba-ra-ma[]

avam ubartam (ubr̥tam) abaram

（阳单宾指代）那 （中单宾 / 副）好的收获 （1 单未完）带去

我就善待他（直译：我就带给他好的收获）；

E 𐏃𐎹𐏐𐎠𐎼𐎡𐎣𐏐𐎠𐏃𐏐

ha-ya a-ra-i-ka a-ha

haya arika āha

（阳单主关代）那　（阳单主）恶意的　（3 单未完）是

（如果）他是恶意的，

F　𐎠𐎺𐎶𐏐𐎢𐎳𐎼𐎿𐎫𐎶𐏐𐎠𐎱𐎼𐎿𐎶𐏐

va-ma　u-fa-ra-sa-ta-ma a-pa-ra-sa-ma

avam ufrastam aparsam（apr̥sam）

（阳单宾指代）那　（中单宾 / 副）好的惩罚　（1 单未完）带去

我就如理地惩治他（直译：我就带给他好的惩罚）。

G　𐎺𐏁𐎴𐎠𐏐𐎠𐎢𐎼𐎶𐏀𐎭𐎠𐏃𐏐

va-ša-na-a a-u-ra-ma-za-da-a-ha

vašnā Auramzdāha

（单具）愿望，意愿　（单属）阿胡拉玛兹达

借助阿胡拉马兹达神的意志（恩眷），

H　𐎡𐎶𐎠𐏐𐎭𐏃𐎹𐎠𐎺𐏐

i-ma-a da-ha-ya-a-va

imā dahyāva

（阴复主指代）这些　（阴复主）土地，区域

这些土地

I　𐎫𐎹𐎴𐎠𐏐𐎶𐎴𐎠𐏐𐎭𐎠𐎫𐎠𐏐𐎠𐎱𐎼𐎡𐎹𐎠𐎹𐏐

ta-ya-na-a ma-na-a da-a-ta-a a-pa-ra-i-ya-a-ya

tayanā manā dātā apariyāya

（中单具关代）那　（单属）我　（中复具）法律　（3 复中未完）遵守

已遵从我的法律。

J　𐎹𐎰𐎠𐏁𐎠𐎶𐏐𐏃𐎨𐎠𐎶𐏐𐎠𐎰𐏃𐎹𐏐

ya-þa-a-ša-a-ma ha-ca-a-ma a-þa-ha-ya

yaþāšām hacāma aþahya

（副）如同 –　（复属附）它们　（介）从……而来 –　（单附属）我　（1 单被未完）说

正如对于它们，由我所说的一切，

K　[𐎠]𐎺𐎰𐎠𐏐𐎠𐎤𐎢𐎴𐎺𐎹𐎫𐎠

[a]- va-þa-a a-ku-u-na-va-ya-ta-a

avaþā akunavayatā

（副）如此　（3 复未完祈）做

便是（它们）要持续做的事。

§ 9 (DB 1. 24-26)

A 𐎰𐎠𐎫𐎡𐎹𐏐 𐎭𐎠𐎼𐎹𐎺𐎢𐏁𐏐 𐎧𐏁𐎠𐎹𐎰𐎡𐎹𐏐

þa-a-ta-i-ya da-a-ra-ya-va-u-ša ẖa-ša-a-ya-þa-i-ya

þātiy Dārayavauš ẖšāyaþiya

（3 单现）说　（单主）大流士　（阳单主）国王

大流士王说：

B 𐎠𐎢𐎼𐎶𐏀𐎭𐎠𐎶[𐎡𐎹𐏐]𐎡𐎶𐏐 𐎧𐏁𐏂𐎶𐏐 𐎳𐎼𐎠𐎲𐎼𐏐

a-u-ra-ma-za-da-a-ma-[i-ya] i-ma ẖa-ša-ça-ma fa-ra-a-ba-ra

Auramazdāmaiy ima ẖšaçam frābara

（单主）阿胡拉马兹达 -　（单属附）我　（中单宾）王权　（3 单未完）带来

阿胡拉马兹达神带给我王权，

C 𐎠𐎢𐎼𐎶𐏀𐎭𐎠𐎶𐎡𐎹𐏐 𐎢𐎱𐎿𐎫𐎠𐎶𐏐 𐎠𐎲𐎼𐏐

a-u-ra-ma-za-da-a-ma-i-ya u-pa-sa-ta-a-ma a-ba-ra

Auramazdāmaiy upastām abara

（单主）阿胡拉马兹达 -　（单属附）我　（阳单宾）帮助　（3 单未完）带来

阿胡拉马兹达神带给我帮助，

D 𐎹𐎠𐎫𐎠𐏐 𐎡𐎶𐏐 𐎧𐏁𐏂𐎶𐏐 𐏃[𐎶]𐎭𐎠𐎼𐎹𐎡[𐎹]𐏐

ya-a-ta-a i-ma ẖa-ša-ça-ma ha-[ma]-da-a-ra-ya-i-[ya]

yātā ima ẖšaçam hamadārayaiy

（连）于是　（中单宾指代）这　（中单宾）王权　（1 单中现）全面抓住，全面掌控

于是我全面掌握了王权。

E 𐎺𐏁𐎴𐎠𐏐𐎠𐎢𐎼𐎶𐏀𐎭𐎠𐏃𐏐

va-ša-na-a a-u-ra-ma-za-da-a-ha

vašnā Auramzdāha

（单具）愿望，意愿　（单属）阿胡拉玛兹达

借助阿胡拉马兹达神的意志（恩眷），

F 𐎡𐎶𐏐 𐎧𐏁𐏂𐎶𐏐 𐎭𐎠𐎼𐎹𐎠𐎷𐎡𐎹

i-ma ḫa-ša-ça-ma da-a-ra-ya-a-mi-i-ya

ima ḫšaçam dārayāmiy

（中单宾指代）这 （中单宾）王权 （1 单现）掌握

我掌握了王权。

§ 10 (DB 1. 26-35)

A 𐎰𐎠𐎫𐎡𐎹𐏐 𐎭𐎠𐎼𐎹𐎺𐎢𐏁𐏐 𐎧𐏁𐎠𐎹𐎰𐎡𐎹𐏐

þa-a-ta-i-ya da-a-ra-ya-va-u-ša ḫa-ša-a-ya-þa-i-ya

þātiy Dārayavauš ḫšāyaþiya

（3 单现）说 （单主）大流士 （阳单主）国王

大流士王说：

B 𐎡𐎶𐏐 𐎫𐎹𐏐 𐎶𐎴𐎠𐏐 𐎣𐎼𐎫𐎶𐏐

i-ma ta-ya ma-na-a ka-ra-ta-ma

ima taya manā kartam（kr̥tam）

（中单主指代）这 （中单主关代）那 （单属）我 （3 单被完）做，完成

这就是我已经做成的事。

C 𐎱𐎿𐎠𐎺𐏐 𐎹𐎰𐎠𐏐 𐎧𐎠𐏁𐎹𐎰𐎡𐎹𐏐 𐎠𐎲𐎺𐎶𐏐

pa-sa-a-va ya-þa-a ḫa-a-ša-ya-þa-i-ya a-ba-va-ma

pasāva yaþā ḫšāyaþiya abavam

（连）之后 （连）于是 （阳单主）国王 （1 单未完）成为

在我成为王之后，

D 𐎣𐎲𐎢𐎪𐎡𐎹𐏐 𐎴𐎠𐎶𐏐 𐎤𐎢𐎼𐎢𐏁𐏐 𐎱𐎢𐏂𐏐

ka-ba-u-ji-i-ya na-a-ma ku-u-ra-u-ša pa-u-ça

Ka^{m}bujiya nāma Kuruš puça

（单主）冈比西斯 （中单主）名字 （单属）居鲁士 （阳单主）儿子

（某人）名叫冈比西斯，居鲁士之子

E 𐎠𐎶𐎠𐎧𐎶𐏐 𐎫𐎢𐎶𐎠𐎹𐎠𐏐

a-ma-a-ḫa-ma ta-u-ma-a-ya-a

amāḫam taumāyā

（1 复属）我们　（阴单属）家族

出自我们家族，

F　𐏃[𐎢𐎺]𐏐 [𐎱𐎽]𐎢𐎺𐎶𐏐 𐎡𐎭𐎠𐏐 𐎧𐏁𐎠𐎹𐎰𐎡𐎹𐏐 𐎠𐏃𐏐

ha-[u-va] [pa-ru]-u-va-ma i-da-a ḫa-ša-a-ya-þa-i-ya a-ha

hauv paruvam idā ḫšāyaþiya āha

（阳单主指代）那　（副）曾经　（副）这里　（阳单主）国王　（3 单未完）是

那人曾是这里的王。

G　𐎠𐎺𐏃𐎹𐎠𐏐 𐎣𐎲𐎢𐎪𐎡𐎹𐏃𐎹𐎠𐏐

a-va-ha-ya-a ka-ba-u-ji-i-ya-ha-ya-a

avahyā Ka^{m}bujiyahyā

（阳单属指代）那　（单属）冈比西斯

那个冈比西斯的

H　𐎲𐎼𐎠𐎫[𐎠𐏐 𐎲𐎼𐎮𐎡]𐎹𐏐 𐎴𐎠𐎶𐏐 𐎠𐏃𐏐

ba-ra-a-ta-[a ba-ra-di-i]-ya na-a-ma a-ha

brātā Bardiya（Br̥diya）nāma āha

（阳单主）兄弟　（单主）巴迪亚　（中单主）名字　（3 单未完）是

兄弟名字是巴迪亚，

I　𐏃𐎶𐎠𐎫𐎠𐏐 𐏃𐎶𐎱𐎡𐎫𐎠𐏐 𐎣𐎲𐎢𐎪𐎡𐎹𐏃𐎹𐎠𐏐

ha-ma-a-ta-a ha-ma-pa-i-ta-a ka-ba-u-ji-i-ya-ha-ya-a

hamātā hamapitā Ka^{m}bujiyahyā

（单主）同一个母亲　（单主）同一个父亲　（单属）冈比西斯

与冈比西斯有着同样的父母。

J　𐎱𐎿𐎠𐎺𐏐 𐎣𐎲[𐎢𐎪𐎡𐎹𐏐] 𐎠𐎺𐎶𐏐 𐎲𐎼𐎮𐎡𐎹𐎶𐏐 𐎠𐎺𐎠𐎩𐏐

pa-sa-ava ka-ba-[u-ji-i-ya] a-va-ma ba-ra-di-i-ya-ma a-va-a-ja

pasāva Ka^{m}bujiya avam Bardiyam（Br̥diyam）avāja

（连）之后　（单主）冈比西斯　（阳单宾指代）那　（单宾）巴迪亚　（3 单未完）杀死

之后，冈比西斯杀死了那巴迪亚。

K　𐎹𐎰𐎠𐏐 𐎣𐎲𐎢𐎪𐎡𐎹𐏐 𐎲𐎼𐎮𐎡𐎹𐎶𐏐 𐎠𐎺𐎠𐎩𐏐

ya-þa-a ka-ba-u-ji-i-ya ba-ra-di-i-ya-ma a-va-a-ja

yaþā Ka^{m}bujiya Bardiyam（Br̥diyam）avāja

（连）当 （单主）冈比西斯 （单宾）巴迪亚 （3 单未完）杀死

当冈比西斯杀死巴迪亚时，

L 𐎣𐎠𐎼𐏃𐎹[𐎠𐏐 𐎴𐎡𐎹𐏐] 𐎠𐏀𐎭𐎠𐏐 𐎠𐎲𐎺𐏐

ka-a-ra-ha-ya-[a na-i-ya] a-za-da-a a-ba-va

kārahyā naiy azdā abava

（单属）民众 （否）不 （副）知晓，明白 （3 单未完）变得

（这消息）尚不为民众知晓

M 𐎫𐎹𐏐 𐎲𐎼𐎮𐎡𐎹𐏐 𐎠𐎺𐎩𐎫𐏐

ta-ya ba-ra-di-i-ya a-va-ja-ta

taya Bardiya（Bµdiya）avajata

（中单主关代）那 （单主）巴迪亚 （3 单被完）被杀

：巴迪亚已经被杀死了。

N 𐎱𐎿𐎠𐎺𐏐 𐎣𐎲𐎢𐎪𐎡𐎹𐏐 𐎸𐎢𐎭𐎼𐎠𐎹𐎶[𐏐 𐎠𐏁𐎡𐎹]𐎺𐏐

pa-sa-a-va ka-ba-u-ji-i-ya mu-u-da-ra-a-ya-ma[a-ša-i-ya]-va

pasāva Ka^{m}bujiya Mudrāyam ašiyava

（连）然后 （单主）冈比西斯 （单宾）埃及 （3 单未完）前往

此后冈比西斯前往埃及，

O 𐎹𐎰𐎠𐏐 𐎣𐎲𐎢𐎪𐎡𐎹𐏐 𐎸𐎢𐎭𐎼𐎠𐎹𐎶𐏐 𐎠𐏁𐎡𐎹𐎺𐏐

ya-þa-a ka-ba-u-ji-i-ya mu-u-da-ra-a-ya-ma a-ša-i-ya-va

yaþāKa^{m}bujiya Mudrāyam ašiyava

（连）当 （单主）冈比西斯 （单宾）埃及 （3 单未完）前往

当冈比西斯前往埃及时，

P 𐎱𐎿𐎠𐎺𐏐 𐎣𐎠𐎼𐏐 𐎠𐎼𐎡𐎣𐏐 𐎠𐎲𐎺[𐏐]

pa-sa-a-va ka-a-ra a-ra-i-ka a-ba-va

（连）然后 （阳单主）军队 （单主）不忠 （3 单未完）变得

紧接着军队就变得不忠（发生了叛变），

Q [𐎢𐎫𐎠]𐏐 𐎭𐎼𐎢𐎥𐏐 𐎭𐏃𐎹𐎢𐎺𐎠𐏐 𐎺𐎿𐎡𐎹𐏐 𐎠𐎲𐎺𐏐

[u-ta-a] da-ra-u-ga da-ha-ya-u-va-a va-sa-i-ya a-ba-va

utā drauga dahyauvā vasiy abava

（连）和，且 （阳单主）谎言 （阴单位）土地 （副）非常，

很多 （3 单未完）变得

而谣言在大地上盛行，

R 𐎢𐎫𐎠𐏐 𐎱𐎠𐎼𐎿𐎡𐎹𐏐 𐎢𐎫𐎠𐏐 𐎶𐎠𐎭𐎡𐎹𐏐

u-ta-a pa-a-ra-sa-i-ya u-ta-a ma-a-da-i-ya

utā Pārsaiy utā Mādaiy

（连）和 （单位）波斯 （连）和 （单位）梅德

在波斯与梅德，

S 𐎢𐎫[𐎠𐏐 𐎠]𐎴𐎡𐎹𐎠𐎢𐎺𐎠𐏐 𐎭𐏃𐎹𐎢𐏁𐎢𐎺𐎠

u-ta-[a a]-na-i-ya-a-u-va-a da-ha-ya-u-ša-u-va-a

utā aniyāuvā dahyušuvā

（连）和 （复位）其他的 （阴复位）土地，区域

以及其他的地方。

§ 11 (DB 1. 35-43)

A 𐎰𐎠𐎫𐎡𐎹𐏐 𐎭𐎠𐎼𐎹𐎺𐎢𐏁𐏐 𐎧𐏁𐎠𐎹𐎰𐎡𐎹𐏐

þa-a-ta-i-ya da-a-ra-ya-va-u-ša ẖa-ša-a-ya-þa-i-ya

þātiy Dārayavauš ẖšāyaþiya

（3 单现）说 （单主）大流士 （阳单主）国王

大流士王说：

B 𐎱[𐎿𐎠𐎺]𐏐𐏑𐏐𐎶𐎼𐎫𐎡𐎹𐏐 𐎶𐎦𐎢𐏁𐏐 𐎠𐏃𐏐

pa-[sa-a-va] I ma-ra-ta-i-ya ma-gu-u-ša a-ha

pasāva I martiya maguš āha

（副）此后 （数）一 （阳单主）人 （阳单主）术士 （3 单完）是

此后，有一个人，一个术士，

C 𐎥𐎢𐎶𐎠𐎫𐏐 𐎴𐎠𐎶𐏐

ga-u-ma-a-ta na-a-ma

Gaumata nāma

（阳单主）高墨达 （中单主）名字

名叫高墨达。

D 𐏃𐎢𐎺𐏐 𐎢𐎭𐎱𐎫𐎫𐎠𐏐 𐏃𐎨𐎠𐏐 𐎱𐎡𐏁𐎡[𐎹𐎠]𐎢𐎺𐎠𐎭𐎠𐎹𐎠𐏐

ha-u-va u-da-pa-ta-ta-a ha-ca-a pa-i-ša-i-[ya-a]-u-va-a-da-a-ya-a hauv udapatatā hacā Paišiyāuvādāyā

（阳单主指代）这　（3 单未完）崛起，反叛　（介）从……（阴单离）派什曜瓦达

他从派什曜瓦达之地反叛，

E 𐎠𐎼𐎣𐎭𐎼𐎡𐏁𐏐𐎴𐎠𐎶𐏐𐎣𐎢𐎳𐏐

a-ra-ka-da-ra-i-ša na-a-ma ka-u-fa

Arakadriš nāma kaufa

（单主）阿拉卡德里　（中单主）名字　（阳单主）山

（那里有）名叫阿拉卡德里的山，

F 𐏃𐎨𐎠𐏐𐎠𐎺𐎭𐏁𐏐

ha-ca-a a-va-da-ša

hacā avadaša

（介）从……　（副）那里

从那里（起事）。

G 𐎻𐎡𐎹𐎧𐎴𐏃𐎹𐏐𐎶𐎠𐏃[𐎹]𐎠𐏐𐏓𐏒𐏒𐏐𐎼𐎢𐎨𐎲𐎡𐏁𐏐𐎰𐎣𐎫𐎠𐏐𐎠𐏃𐏐

vi-i-ya-ḫa-na-ha-ya ma-a-ha-[ya]-a XIV ra-u-ca-ba-i-ša þa-ka-ta-a a-ha

Viyḫanahyā māhyā XIV raucabiš þaktā āha

（单属月名）Viyḫana　（单属）月　（数）14　（复具）日子　（复过分）过去　（3 复未完）是

在威赫哈那（Viyḫana）月的第 14 天（直译：在威赫哈那月 14 天的日子已经过去后），

H 𐎹𐎮𐎡𐎹𐏐𐎢𐎭𐎱𐎫𐎫𐎠𐏐

ya-di-i-ya u-da-pa-ta-ta-a

yadiy udapatatā

（连）当……之时　（3 单未完）崛起，反叛

那时他反叛了，

I 𐏃𐎢𐎺𐏐𐎣𐎠𐎼𐏃𐎹𐎠𐏐𐎠𐎺𐎰𐎠𐏐[𐎠]𐎯𐎢𐎽𐎢𐎪𐎡𐎹𐏐

ha-u-va ka-a-ra-ha-ya-a a-va-þa-a [a]-du-u-ru-u-ji-i-ya

hauv kārahyā avaþā aduruijiya

（阳单主指代）那　（阳单属）民族，人民　（副）如此　（3 单未完）说谎，欺骗

他这样欺骗人民：

J 𐎠𐎭𐎶𐏐𐎲𐎼𐎮𐎡𐎹𐏐𐎠𐎷𐎡𐎹𐏐

a-da-ma ba-ra-di-i-ya a-mi-i-ya

adam Bardiya(Br̥diya) amiy

（单主）我 （单主）巴迪亚 （1 单现）是

我是巴迪亚，

K 𐏃𐎹𐏐𐎤𐎢𐎼𐎢𐏁𐏐𐎱𐎢𐏂𐏐𐎣𐎲𐎢𐎪𐎡𐎹𐏃𐎹𐎠𐏐𐎲𐎼[𐎠]𐎫𐎠𐏐

ha-ya ku-u-ra-u-ša pa-u-ça ka-ba-u-ji-i-ya-ha-ya-a ba-ra-[a]-ta-a

haya Kurauš puça Ka^{m}būjiyahyā brātā

（单主关代）这 （单属）居鲁士 （阳单主）儿子 （单属）冈比西斯 （阳单主）兄弟

（此）是居鲁士之子，冈比西斯之弟，

L 𐎱𐎿𐎠𐎺𐏐𐎣𐎠𐎼𐏐𐏃𐎽𐎢𐎺𐏐

pa-sa-ava ka-a-ra ha-ru-u-va

pasāva kāra haruva

（副）然后 （阳单主）民族，人民 （形单主）全部

于是全体民众，

M 𐏃𐎷𐎡𐏂𐎡𐎹𐏐𐎠𐎲𐎺𐏐𐏃𐎨𐎠𐏐𐎣𐎲𐎢𐎪𐎡𐎹𐎠𐏐

ha-mi-i-ça-i-ya a-ba-va ha-ca-a ka-ba-u-ji-i-ya-ahamiçiya abava hacā Ka^{m}būjiyā

（形单主）反叛的 （3 单未完）变得 （介）从……而出 （阳单离）冈比西斯

便一起反叛了冈比西斯，

N 𐎠𐎲𐎡𐎹𐏐𐎠𐎺𐎶𐏐[𐎠]𐏁𐎡𐎹𐎺𐏐

a-ba-i-ya a-va-ma [a]-ša-i-ya-va

abiy avam ašiyava

（介）向…… （单宾指代）那 （3 单未完）走，前进

投奔于那人，

O 𐎢𐎫𐎠𐏐𐎱𐎠𐎼𐎿𐏐𐎢𐎫𐎠𐏐𐎶𐎠𐎭𐏐

u-ta-a pa-a-ra-sa u-ta-a ma-a-da

utā Pārsa utā Māda

（连）和 （单主）波斯 （连）和 （单主）梅德

波斯与梅德，

P 𐎢𐎫𐎠𐏐𐎠𐎴𐎡𐎹𐎠𐏐𐎭𐏃𐎹𐎠𐎺𐏐

u-ta-a a-na-i-ya-a da-ha-ya-a-va

utā aniyā dahyāva

（连）和 （形复主）其他的 （阴复主）区域

与其他的区域，

Q 𐎧𐏁𐏂𐎶𐏐𐏃𐎢𐎺𐏐𐎠𐎥𐎼𐎲𐎠𐎹𐎫𐎠𐏐

ẖa-ša-ça-ma ha-u-va a-ga-ra-ba-a-ya-ta-a

ẖšaçam hauv agarbāyatā

（中单宾）权力 （阳单主指代）那 （3 单中未完）抓住

他（为自己）抓取了权力。

R 𐎥𐎼𐎶𐎱𐎭𐏃𐎹𐏐𐎶𐎠𐏃𐎹𐎠𐏐𐏒𐏒𐏒𐏒𐏑𐏐𐎼𐎢𐎨𐎲𐎡𐏁𐏐
𐎰𐎣𐎫𐎠𐏐𐎠𐏃𐏐

ga-ra-ma-pa-da-ha-ya ma-a-ha-ya-a IX ra-u-ca-ba-i-ša þa-ka-ta-a a-ha

Garmapadahyā māhyā IX raucabiš þaktā āha

（单属月名）Garmapada （单属）月 （数）9 （复具）日子 （复过分）过去 （3 复未完）是

在伽玛帕达月的第 9 天（直译：在伽玛帕达月 9 天的日子已经过去后），

S 𐎠𐎺𐎰𐏐𐎧𐏁𐏂𐎶𐏐𐎠𐎥𐎼𐎲𐎠𐎹𐎫𐎠𐏐

a-va-þa ẖa-ša-ça-ma a-ga-ra-ba-a-ya-ta-a

avaþa ẖšaçam agarbāyatā

（副）这样 （中单宾）权力 （3 单中未完）抓住

他这样（为自己）抓取了权力。

T 𐎱𐎿𐎠𐎺𐏐𐎣𐎲𐎢𐎪𐎡𐎹𐏐𐎢𐎺𐎠𐎶𐎼𐏁𐎡𐎹𐎢𐏁𐏐𐎠𐎶𐎼𐎡𐎹𐎫𐎠

pa-sa-a-va ka-ba-u-ji-i-ya u-va-a-ma-ra-ša-i-ya-u-ša a-ma-ra-i-ya-ta-a

pasāva Ka^{m}būjiya uvāmaršiyuš amariyatā

（副）然后 （阳单主）冈比西斯 （形单主）自然死亡 （3 单中未完）死亡

之后冈比西斯自然（非出于暴力）死去。

§ 12 (DB 1. 43-48)

A 𐎰𐎠𐎫𐎡𐎹𐏐𐎭𐎠𐎼𐎹𐎺𐎢𐏁𐏐𐎧𐏁𐎠𐎹𐎰𐎡𐎹𐏐

þa-a-ta-i-ya da-a-ra-ya-va-u-ša ẖa-ša-a-ya-þa-i-ya

þātiy Dārayavauš ẖšāyaþiya

（3 单现）说 （单主）大流士 （阳单主）国王

大流士王说：

B 𐎠𐎡𐎫𐏐𐎧𐏁𐏂𐎶𐏐

a-i-ta ẖa-ša-ça-ma

aita ẖšaçam

（单主代）这个 （中单主）权力

这种权力，

C 𐎫𐎹𐏐𐎥𐎢𐎶𐎠𐎫𐏐𐏃𐎹𐏐𐎶𐎦𐎢𐏁𐏐𐎠𐎮𐎡𐎴𐎠𐏐𐎣𐎲𐎢𐎪𐎡𐎹𐎶𐏐

ta-ya ga-u-ma-a-ta ha-ya ma-gu-u-ša a-di-i-na-a ka-ba-u-ji-i-ya-ma

taya Gaumata haya magus adinā Ka^{m}būjiyam

（中单主关代）那 （单主）高墨达 （阳单主关代）那 （阳单主）术士 （3 单未完）抢夺 （单宾）冈比西斯

那个术士高墨达从冈比西斯那里夺取的权力，

D 𐎠𐎡𐎫𐏐𐎧𐏁𐏂𐎶𐏐

a-i-ta ẖa-ša-ça-ma

aita ẖšaçam

（单主代）这个 （中单主）权力

这种权力，

E 𐏃𐎨𐎠𐏐𐎱𐎽𐎢𐎻𐎡𐎹𐎫𐏐𐎠𐎶𐎧𐎶𐏐𐎫𐎢𐎶𐎠𐎹𐎠𐏐𐎠𐏃𐏐

ha-ca-a pa-ru-u-vi-i-ya-ta a-ma-ẖa-ma ta-u-ma-a-ya-a a-ha

hacā paruviyata amaẖam taumāyā āha

（介）从…… （单离）以前 （1 复属）我们 （单属）家族 （3 单未完）是

自古以来是属于我们家族的。

F 𐎫𐎹𐏐𐎥𐎢𐎶𐎠𐎫𐏐𐏃𐎹𐏐𐎶𐎦𐎢𐏁𐏐𐎠𐎮𐎡𐎴𐎠𐏐𐎣𐎲𐎢𐎪𐎡𐎹𐎶𐏐

ta-ya ga-u-ma-a-ta ha-ya ma-gu-u-ša a-di-i-na-a ka-ba-u-ji-i-ya-ma taya Gaumata haya maguš adinā Ka^{m}būjiyam

（中单主关代）那　（单主）高墨达　（阳单主关代）那　（阳单主）术士　（3 单未完）抢夺　（单宾）冈比西斯

那个术士高墨达从冈比西斯那里夺取的权力，

G　𐎢𐎫𐎠𐏐𐎱𐎠𐎼𐎿𐏐𐎢𐎫𐎠𐏐𐎶𐎠𐎭𐏐

u-ta-a pa-a-ra-sa u-ta-a ma-a-da

utā Pārsa utā Māda

（连）和　（单主）波斯　（连）和　（单主）梅德

波斯与梅德，

H　𐎢𐎫𐎠𐏐𐎠𐎴𐎡𐎹𐎠𐏐𐎭𐏃𐎹𐎠𐎺𐏐

u-ta-a a-na-i-ya-a da-ha-ya-a-va

utā aniyā dahyāva

（连）和　（形复主）其他的　（阴复主）区域

与其他的区域，

I　𐏃𐎢𐎺𐏐𐎠𐎹𐎿𐎫𐎠𐏐

ha-u-va a-ya-sa-ta-a

hauv āyasatā

（阳单主指代）那　（3 单未完）拿

他拿走了（它们），

J　𐎢𐎺𐎠𐎡𐎱𐏁𐎡𐎹𐎶𐏐𐎠𐎤𐎢𐎫𐎠𐏐

u-va-a-i-pa-ša-i-ya-ma a-ku-u-ta-a

uvāipašiyam akutā

（单宾）私产　（3 单未完）做，干

把它们变成了私产。

K　𐏃𐎢𐎺𐏐𐎧𐏁𐎠𐎹𐎰𐎡𐎹𐏐𐎠𐎲𐎺

ha-u-va ẖa-ša-a-ya-þa-i-ya a-ba-va

hauv ẖšāyaþiya abava

（阳单主指代）那　（阳单主）国王　（3 单未完）成为

他成了王。

§ 13 (DB 1. 48-61)

A　𐎰𐎠𐎫𐎡𐎹𐏐𐎭𐎠𐎼𐎹𐎺𐎢𐏁𐏐𐎧𐏁𐎠𐎹𐎰𐎡𐎹𐏐

þa-a-ta-i-ya da-a-ra-ya-va-u-ša ḫa-ša-a-ya-þa-i-ya

þātiy Dārayavauš ḫšāyaþiya

（3 单现）说 （单主）大流士 （阳单主）国王

大流士王说

B 𐎴𐎡𐎹𐏐𐎠𐏃𐏐𐎶𐎼𐎫𐎡𐎹𐏐

na-i-ya a-ha ma-ra-ta-i-ya

naiy āha martiya

（否副）不 （3 单未完）是 （阳单主）人

没有人，

C 𐎴𐎡𐎹𐏐𐎱𐎠𐎼𐎿𐏐𐎴𐎡𐎹𐏐𐎶𐎠𐎭𐏐𐎴𐎡𐎹𐏐𐎠𐎶𐎠𐎧𐎶𐏐
𐎫𐎢𐎶𐎠𐎹𐎠𐏐𐎣𐏁𐎨𐎡𐎹𐏐

na-i-ya pa-a-ra-sa na-i-ya ma-a-da na-i-ya a-ma-a-ḫa-ma ta-u-ma-a-ya-a ka-ša-ca-i-ya

naiy Pārsa naiy Māda naiy amaḫam taumāyā kašciy

（否副）不 （单主）波斯人 （单主）梅德人 （1 复属）我们 （单属）家族 （不定代）某人

没有一个波斯人，没有一个梅德人，没有一个我们家族的人，

D 𐏃𐎹𐏐𐎠𐎺𐎶𐏐𐎥𐎢𐎶𐎠𐎫𐎶𐏐𐎫𐎹𐎶𐏐𐎶𐎦𐎢𐎶𐏐

ha-ya a-va-ma ga-u-ma-a-ta-ma ta-ya-ma ma-gu-u-ša

haya avam Gaumatam tayam magum

（单主关代）那 （单宾指代）那 （单宾）高墨达 （单宾关代）那

（阳单宾）术士

他，（从）那个术士高墨达（那里）

E 𐎧𐏁𐏂𐎶𐏐𐎮𐎡𐎫𐎶𐏐𐎨𐎧𐎼𐎡𐎹𐎠𐏐

ḫa-ša-ça-ma di-i-ta-ma ca-ḫa-ra-i-ya-a

ḫšaçam dītam caḫriyā

（中单宾）权力 （单宾过完被分）夺取 （3 单完祈）做

本可以夺取权力（直译：他本可以让权力被夺取）。

结合上句：他本可以从那个术士高墨达那里夺取权力。

F 𐎣𐎠𐎼𐏁𐎡𐎶𐏐𐏃𐎨𐎠𐏐𐎭𐎼𐏁𐎶𐏐𐎠𐎫𐎼𐎿𐏐

ka-a-ra-ša-i-ma ha-ca-a da-ra-ša-ma a-ta-ra-sa

kārašim hacā daršam atarsa (atr̥sa)

（单主）民众－（单宾附）他（副）很（3 单未完）畏惧

人民很畏惧他。

G 𐎣𐎠𐎼𐎶𐏐𐎺𐎿𐎡𐎹𐏐𐎠𐎺𐎠𐎩𐎴𐎡𐎹𐎠𐏐

ka-a-ra-ma va-sa-i-ya a-va-a-ja-na-i-ya-a

kāram vasiy avājaniyā

（单宾）民众（副）非常（3 单未完祈）杀死

他（持续地）杀死许多民众，

H 𐏃𐎹𐏐𐎱𐎼𐎴𐎶𐏐𐎲𐎼𐎮𐎡𐎹𐎶𐏐𐎠𐎭𐎠𐎴𐎠𐏐

ha-ya pa-ra-na-ma ba-ra-di-i-ya-ma a-da-a-na-a

haya paranam Bardiyam (Br̥diyam) adānā

（单主关代）那（副）此前（单宾）巴迪亚（3 单未完）认识

那些人此前认识巴迪亚，

I 𐎠𐎺𐏃𐎹𐎼𐎠𐎮𐎡𐎹 𐏐𐎣𐎠𐎼𐎶𐏐𐎠𐎺𐎠𐎩𐎴𐎡𐎹𐎠𐏐

a-va-ha-ya-ra-a-di-i-ya ka-a-ra-ma a-va-a-ja-na-i-ya-a

avahyarādiy kāram avājaniyā

（副）因而（单宾）民众（3 单未完祈）杀死

因而他杀死了（那些）民众。（他想：）

J 𐎶𐎠𐎫𐎹[𐏐]𐎶𐎠𐎶𐏐𐎧𐏁𐎴𐎠𐎿𐎠𐎫𐎡𐎹𐏐

ma-a-ta-ya[] ma-a-ma ẖa-ša-na-a-sa-a-ta-i-ya

mātaya mām ẖšnāsātiy

（禁连）不－（中单关代）那（单宾附）我（3 单虚）认识

（这样）他们就不会认出我，

K 𐎫𐎹𐏐𐎠𐎭𐎶𐏐𐎴𐎡𐎹𐏐𐎲𐎼𐎮𐎡𐎹𐏐𐎠𐎷𐎡𐎹𐏐𐏃𐎹𐏐𐎤𐎢𐎼𐎢𐏁𐏐
𐎱𐎢𐏂𐏐

ta-ya a-da-ma na-i-ya ba-ra-di-i-ya a-mi-i-ya ha-ya ku-u-ra-u-ša pa-u-ça

taya adam naiy Bardiya (Br̥diya) amiy haya Kurauš puça

（中单关代）那（单主）我（否）不（单主）巴迪亚（3 单现）是（阳单关代）那（单属）居鲁士（阳单主）儿子

（从而知道）我不是巴迪亚，那（是）居鲁士之子。

L 𐎣𐏁𐎨𐎡𐎹𐏐 𐎴𐎡𐎹𐏐 𐎠𐎭𐎼𐏁𐎴𐎢𐏁𐏐 𐎨𐎡𐏁𐎨𐎡𐎹𐏐 𐏂𐎿𐎫𐎴𐎡𐎹𐏐

ka-ša-ca-i-ya na-i-ya a-da-ra-ša-na-u-ša ca-i-ša-ca-i-ya þa-sa-ta-na-i-ya

kašciy naiy adaršnauš ciściy þastanaiy

（不定代）某人 （否）没有 （3 单不定过）敢于 （不定代）某事 （不定）说

没有人敢于去说任何一点

M 𐎱𐎼𐎡𐎹𐏐 𐎥𐎢𐎶𐎠𐎫𐎶𐏐 𐎫𐎹𐎶𐏐 𐎶𐎦𐎢𐎶𐏐

pa-ra-i-ya ga-u-ma-ata-ma ta-ya-ma ma-gu-u-ma

pariy Gaumatam tayam magum

（介）关于 （单宾）高墨达 （单宾关代）那 （单宾）术士

关于那个术士高墨达（的事）。

N 𐎹𐎠𐎫𐎠𐏐 𐎠𐎭𐎶𐏐 𐎠𐎼𐎿𐎶𐏐

ya-a-ta-a a-da-ma a-ra-sa-ma

yātā adam arasam

（连）直到 （单主）我 （1 单不定过）到来

直到我到来。

O 𐎱𐎿𐎠𐎺𐏐 𐎠𐎭𐎶𐏐 𐎠𐎢𐎼𐎶𐏀[𐎭]𐎠𐎶𐏐 𐎱𐎫𐎡𐎹𐎠𐎺𐏃𐎹𐎡𐎹𐏐

pa-sa-a-va a-da-ma a-u-ra-ma-za-[da]-a-ma pa-ta-i-ya-a-va-ha-ya-i-ya

pasāva adam Auramazdam patiyāvahyaiy

（连）接着 （单主）我 （单宾）阿胡拉玛兹达 （1 单未完）祈祷

接着我向阿胡拉玛兹达神祈祷，

P 𐎠𐎢𐎼𐎶𐏀𐎭𐎶𐎡𐎹𐏐 𐎢𐎱𐎿𐎫𐎠𐎶𐏐 𐎠𐎲𐎼𐏐

a-u-ra-ma-za-da-ma-i-ya u-pa-sa-ta-a-ma a-ba-ra

Auramazdamaiy upastām abara

（单主）阿胡拉玛兹达 -（单属）我 （单宾）帮助 （3 单未完）带来

阿胡拉马兹达神带给我帮助，

Q 𐎲𐎠𐎥𐎹𐎠𐎭𐎡𐏁𐏐 𐎶𐎠𐏃𐎹𐎠𐏐 𐏋𐏐 𐎼𐎢𐎨𐎲𐎡𐏁𐏐 𐏂𐎣𐎫𐎠𐏐 𐎠𐏃𐏐

ba-a-ga-ya-a-da-i-ša ma-a-ha-ya-a X ra-u-ca-ba-i-ša þa-ka-ta-a a-ha

Bāgayādaiš māhyā X raucabiš þakatā āha

（单属月名） Bāgayādi （单属）月 （数）10 （复具）日子 （复过分）过去 （3复未完）是

在巴伽亚迪（Bāgayādi）月的第十天（在巴伽亚迪月十天的日子过去后），

R 𐎠𐎺𐎰𐎠𐏐 𐎠𐎭𐎶𐏐 𐏃𐎭𐎠𐏐 𐎣𐎶𐎴𐎡𐎲𐎡𐏁𐏐 𐎶𐎼𐎫𐎡𐎹𐎡𐎲𐎡𐏁𐏐

a-va-þa-a a-da-ma ha-da-a ka-ma-na-i-ba-i-ša ma-ra-ta-i-ya-i-ba-i-ša

avaþā adam hadā kamnaibiš martiyaibiš

（副）如此 （单主）我 （介）带着 （复具）少量 （复具）人

于是我带着少量的人，

S 𐎠𐎺𐎶𐏐 𐎥𐎢𐎶𐎠𐎫𐎶𐏐 𐎫𐎹𐎶𐏐 𐎶𐎦𐎢𐎶𐏐 𐎠𐎺𐎠𐎩𐎴𐎶𐏐

a-va-ma ga-u-ma-a-ta-ma ta-ya-ma ma-gu-u-ma a-va-a-ja-na-ma

avam Gaumatam tayam magum avājanam

（单宾指代）那 （单宾）高墨达 （单宾关代）那 （单宾）术士

（1单未完）杀死

杀死了那个术士高墨达。

T 𐎢𐎫𐎠𐏐 𐎫𐎹𐎡𐏁𐎡𐎹𐏐 𐎳𐎼𐎫𐎶𐎠𐏐 𐎶𐎼𐎫𐎡𐎹𐎠𐏐 𐎠𐎵𐎢𐏁𐎡𐎹𐎠𐏐 𐎠𐏃𐎫𐎠𐏐

u-ta-a ta-ya-i-ša-i-ya fa-ra-ta-ma-a ma-ra-ta-i-ya-a a-nu-u-ša-i-ya-a a-ha-ta-a

utā tayaišaiy fratamā martiyā anušiyā ahata

（连）和 （复宾关代）那－ （单属附）他 （形复宾）最高 （复宾）人 （复宾）随从 （3复未完）是

和他那些最重要的追随者（直译：和那些人，他们是他的地位最高的追随者）。

U 𐎿𐎡𐎣[𐎹]𐎢𐎺𐎫𐎡𐏁𐏐 𐎴𐎠𐎶𐎠𐏐 𐎮𐎡𐎭𐎠𐏐 𐎴𐎡𐎿𐎠𐎹𐏐 𐎴𐎠𐎶𐎠𐏐 𐎭𐏃𐎹𐎠𐎢𐏁𐏐 𐎶𐎠𐎭𐎡𐎹𐏐

sa-i-ka-[ya]-u-va-ta-i-ša na-a-ma-a di-i-da-a na-i-sa-a-ya na-a-ma-a da-ha-ya-a-u-ša ma-a-da-i-ya

Sikayuvatiš nāmā dīdā Nisāya nāmā dahyāuš Mādaiy

（单主）Sikayuvati （单主）名字 （单主）城堡 （单主）Nisāya
（单主）名字 （单主）区域 （单位）梅德
有一座名叫斯卡亚瓦提（Sikayuvati）的城堡（和）一块名叫尼萨雅（Nisāya）的区域在梅德境内，

V 𐎠𐎺𐎭𐏁𐎡𐎶𐏐 𐎠𐎺𐎠𐎪𐎴𐎶𐏐
a-va-da-ša-i-ma a-va-a-ja-na-ma
avadašim avājanam
（副）那里 - （单宾附）他 （1 单未完）杀死
在那里我杀死了他，

W 𐎧𐏁𐏂𐎶𐏁𐎡𐎶𐏐 𐎠𐎭𐎶𐏐 𐎠𐎮𐎡𐎴𐎶𐏐
ḫa-ša-ça-ma-ša-i-ma a-da-ma a-di-i-na-ma
ḫšaçamšim adam adinam
（单宾）权力 - （单宾附）他 （单主）我 （1 单未完）夺取
我夺取了他的权力。

X 𐎺[𐏁𐎴𐎠𐏐] 𐎠𐎢𐎼𐎶𐏀𐎭𐎠𐏃𐏐
va-[ša-na-a] a-u-ra-ma-za-da-a-ha
vašnā Auramzdāha
（单具）愿望，意愿 （单属）阿胡拉玛兹达
借助阿胡拉马兹达神的意志（恩眷），

Y 𐎠𐎭𐎶𐏐 𐎧𐏁𐎠𐎹𐎰𐎡𐎹𐏐 𐎠𐎲𐎺𐎶𐏐
a-da-ma ḫa-ša-a-ya-þa-i-ya a-ba-va-ma
adam ḫšāyaþiya abava
（单主）我 （阳单主）国王 （1 单未完）变成
我成为了王。

Z 𐎠𐎢𐎼𐎶𐏀𐎭𐎠𐏐 𐎧𐏁𐏂𐎶𐏐 𐎶𐎴𐎠𐏐 𐎳𐎼𐎠𐎲𐎼
a-u-ra-ma-za-da-a ḫa-ša-ça-ma ma-na-a fa-ra-a-ba-ra
Auramazdā ḫšaçam manā frābara
（阳单主）阿胡拉玛兹达 （中单宾）权力，王国 （单属）我 （3 单未完）带来
阿胡拉马兹达神给我带来王权。

§ 14 (DB 1. 61-71)

A 𐎰𐎠𐎫𐎡𐎹𐏐 𐎭𐎠𐎼𐎹𐎺𐎢𐏁𐏐 𐎧𐏁𐎠𐎹𐎰𐎡𐎹𐏐

þa-a-ta-i-ya da-a-ra-ya-va-u-ša ḫa-ša-a-ya-þa-i-ya

þātiy Dārayavauš ḫšāyaþiya

（3 单现）说 （单主）大流士 （阳单主）国王

大流士王说：

B 𐎧𐏁𐏂𐎶𐏐 𐎫𐎹𐏐 𐏃𐎨𐎠𐏐 𐎠𐎶𐎠𐎧𐎶𐏐 𐎫𐎢𐎶𐎠𐎹𐎠𐏐
𐎱𐎼𐎠𐎲𐎼𐎫𐎶𐏐 𐎠𐏃𐏐

ḫa-ša-ça-ma ta-ya ha-ca-a a-ma-a-ḫa-ma ta-u-ma-a-ya-a pa-ra-a-ba-ra-ta-ma a-ha

ḫšaçam taya hacā amaḫam taumāyā parābartam（parābr̥tam）āha

（单宾）权力 （单主关代）那 （介）从…… （1 复属）我 （单离）家族 （过被分）拿走 （3 单未完）是

那已经从我们的家族被夺走的权力，

C 𐎠𐎺𐏐 𐎠𐎭𐎶𐏐 𐎱𐎫𐎡𐎱𐎭𐎶𐏐 𐎠𐎤𐎢𐎴𐎺𐎶𐏐

a-va a-da-ma pa-ta-i-pa-da-ma a-ku-u-na-va-ma

ava adam patipadam akunavam

（单宾指代）那 （单主）我 （副）在他 （应得）的位置上 （1 单未完）做

我重新把它放回原有的（应得的）位置。

D 𐎠𐎭𐎶𐏁𐎡𐎶𐏐 𐎥𐎠𐎰𐎺𐎠𐏐 𐎠𐎺𐎠𐎿𐎫𐎠𐎹𐎠𐎶𐏐

a-da-ma-ša-i-ma ga-a-þa-va-a a-va-a-sa-ta-a-ya-a-ma

adamšim gāþavā avāstāyam

（单主）我 -（复宾附）它们 （单位）王座，地方 （1 单未完）放置

我把它们放回了（原来的）位置，

E 𐎹𐎰𐎠𐏐 𐎱𐎽𐎢𐎺𐎶𐎨𐎡𐎹𐏐

ya-þa-a pa-ru-u-va-ma-ca-i-ya

yaþā paruvamciy

（副）如同 （副）此前

如同此前那样。

F 𐎠𐎺𐎰𐎠𐏐 𐎠𐎭𐎶𐏐 𐎠𐎤𐎢𐎴𐎺𐎶𐏐 𐎠𐎹𐎭𐎴𐎠𐏐

a-va-þa-a a-da-ma a-ku-u-na-va-ma a-ya-da-na-a

avaþā adam akunavam āyadanā

（副）这样 （单主）我 （1单未完）做 （阴复宾）圣所，神庙

我如此复建了诸神庙，

G 𐎫𐎹𐎠𐏐𐎥𐎢𐎶𐎠𐎫𐏐𐏃𐎹𐏐𐎶𐎦𐎢𐏁𐏐𐎻𐎡𐎹𐎣𐏐

ta-ya-a ga-u-ma-a-ta ha-ya ma-gu-u-ša vi-i-ya-ka

tayā Gaumāta haya maguš viyaka

（中单宾关代）那 （单主）高墨达 （阳单主关代）那 （阳单主）术士 （3单未完）摧毁（vi-kan-）

那个术士高墨达所摧毁的

（结合上句：我复建了那些被术士高墨达所摧毁的神庙。）

H 𐎠𐎭𐎶𐏐𐎴𐎡𐎹𐏂𐎠𐎼𐎹𐎶𐏐𐎣𐎠𐎼𐏃𐎹𐎠𐏐

a-da-ma na-i-ya-ça-a-ra-ya-ma ka-a-ra-ha-ya-a

adam niyaçārayam kārahyā

（单主）我 （1单未完）重建，归还 （阳单属）民众

我归还给民众

I 𐎠𐎲𐎡𐎨𐎼𐎡𐏁𐏐𐎥𐎡𐎰𐎹𐎠𐎶𐎨𐎠𐏐𐎶𐎠𐎴𐎡𐎹𐎶𐎨𐎠𐏐𐎻𐎰𐎲𐎡𐏁𐎨𐎠𐏐

a-ba-i-ca-ra-i-ša ga-i-þa-ya-a-ma-ca-a ma-a-na-i-ya-ma-ca-a vi-þa-ba-i-ša-ca-a

abicarīš gaiþyāmcā māniyamcā viþbišcā

（复宾）牧场（单宾）畜群－（连）和 （单宾）家仆－（连）和 （复具）房屋－（连）和

牧场，畜群，家谱与房屋，【此处 viþbiš 用作宾格，参阅§11.3】

J 𐎫𐎹𐎠𐎮𐎡𐏁𐏐𐎥𐎢𐎶𐎠𐎫𐏐𐏃[𐎹𐏐]𐎶𐎦𐎢𐏁𐏐𐎠𐎮𐎡𐎴𐎠𐏐

ta-ya-a-di-i-ša ga-u-ma-a-ta ha-[ya] ma-gu-u-ša a-di-i-na-a

tayādīš Gaumata haya maguš adinā

（中复宾关代）那些－（复宾指代附）他们 （单主）高墨达 （阳单主指代）那 （阳单主）术士 （3单未完）剥夺

那术士高墨达从他们那里所剥夺的一切。

K 𐎠𐎭𐎶𐏐𐎣𐎠𐎼𐎶𐏐𐎥𐎠𐎰𐎺𐎠𐏐𐎠𐎺𐎠𐎿𐎫𐎠𐎹𐎶𐏐

a-da-ma ka-a-ra-ma ga-a-þa-va-a a-va-a-sa-ta-a-ya-ma

adam kāram gāþavā avāstāyam

（单主）我 （单宾）民众，民族 （单位）地方 （1单未完）放置

我把民众（民族）放回（原来的）位置，

L 𐎱𐎠𐎼𐎿𐎶[𐎨]𐎠𐏐𐎶𐎠𐎭𐎶[𐎨]𐎠𐏐𐎢𐎫𐎠𐏐𐎠𐎴𐎡𐎹𐎠𐏐𐎭𐏃𐎹𐎠𐎺𐏐

pa-a-ra-sa-ma-ca-a ma-a-da-ma-ca-a u-ta-a a-na-i-ya-a da-ha-ya-a-va

Pārsamcā Mādamcā utā aniyā dahyāva

（单宾）波斯－（连）和 （单宾）梅德－（连）和 （连）和 （复宾）其他的 （阴复宾）地区

波斯，梅德，以及其他地区。

M 𐎹𐎰𐎠𐏐𐎱𐎽𐎢𐎺𐎶𐎨𐎡𐎹𐏐

ya-þa-a pa-ru-u-va-ma-ca-i-ya

yaþā paruvamciy

（副）如同 （副）此前

如同此前那样。

N 𐎠𐎺𐎰𐎠𐏐𐎠𐎭𐎶𐏐𐎫𐎹𐏐𐎱𐎼𐎠𐎲[𐎼𐎫]𐎶𐏐𐎱𐎫𐎡𐎹𐎠𐎲𐎼𐎶𐏐

a-va-þa-a a-da-ma ta-ya pa-ra-a-ba-[ra-ta]-ma pa-ta-i-ya-a-ba-ra-ma

avaþā adam taya parābartam (parābr̥tam) patiyābaram

（副）这样 （单主）我 （中单宾指代）那 （单宾被完分）拿走的 （1单未完）带回，归还

如此我归还了那被拿走的，

O 𐎺𐏁𐎴𐎠𐏐𐎠𐎢𐎼𐎶𐏀𐎭𐎠𐏃𐏐

va-ša-na-a a-u-ra-ma-za-da-a-ha

vašnā Auramzdāha

（单具）愿望，意愿 （单属）阿胡拉玛兹达

借助阿胡拉马兹达神的意志（恩眷），

P 𐎡𐎶𐏐𐎠𐎭𐎶𐏐𐎠𐎤𐎢𐎴𐎺𐎶𐏐

i-ma a-da-ma a-ku-u-na-va-ma

ima adam akunavam

（中单宾指代）这 （单主）我 （1单未完）做

我完成了这事。

Q 𐎠𐎭𐎶𐏐𐏃𐎶𐎫𐎧𐏁[𐎡𐎹𐏐]

a-da-ma ha-ma-ta-ẖa-ša-[i-ya]

adam hamataẖšaiy

（单主）我 （1单未完）努力，尽力

我已尽了努力，

R 𐎹𐎠𐎫𐎠𐏐𐎻𐎰𐎶𐏐𐎫𐎹𐎠𐎶𐏐𐎠𐎶𐎠𐎧𐎶𐏐𐎥𐎠𐎰𐎺𐎠𐏐
𐎠𐎺𐎠𐎿𐎫𐎠𐎹𐎶𐏐

ya-a-ta-a vi-þa-ma ta-ya-a-ma a-ma-a-ẖa-ma ga-a-þa-va-a a-va-a-sa-ta-a-ya-ma

yātā viþam tayām amāẖam gāþavā avāstāyam

（连）直到 （阴单宾）房子 （阴单宾关代）那 （1复属）我们的 （阳单位）位置 （1单未完）放回

直到我把我们的房子放回它（原本的）位置，

S 𐎹𐎰𐎠𐏐[𐎱𐎽]𐎢𐎺𐎶[𐎨𐎡]𐎹𐏐

ya-þa-a pa-ru-u-va-ma-ca-i-ya

yaþā paruvamciy

（副）如同 （副）此前

如同此前那样。

T 𐎠𐎺𐎰𐎠𐏐𐎠𐎭𐎶𐏐𐏃𐎶𐎫𐎧𐏁𐎡𐎹𐏐

a-va-þa-a a-da-ma ha-ma-ta-ẖa-ša-i-ya

avaþā adam hamataẖšaiy

（副）如此 （单主）我 （1单未完）努力，尽力

我如此尽力，

U 𐎺𐏁𐎴𐎠𐏐𐎠𐎢𐎼𐎶𐏀𐎭𐎠𐏃𐏐

va-ša-na-a a-u-ra-ma-za-da-a-ha

vašnā Auramzdāha

（单具）愿望，意愿 （单属）阿胡拉玛兹达

借助阿胡拉马兹达神的意志（恩眷），

V 𐎹𐎰𐎠𐏐𐎥𐎢𐎶𐎠𐎫𐏐𐏃𐎹𐏐𐎶𐎦𐎢𐏁𐏐

ya-þa-a ga-u-ma-a-ta ha-ya ma-gu-u-ša

yaþā gaumāta haya maguš

（连）因而 （单主）高墨达 （阳单主关代）那 （阳单主）术士

因而那术士高墨达

W 𐎻𐎰𐎶𐏐𐎫𐎹𐎠𐎶𐏐𐎠𐎶𐎠𐎧𐎶𐏐𐎴𐎡𐎹𐏐𐎱𐎼𐎠𐎲𐎼

vi-þa-ma ta-ya-a-ma a-ma-a-ẖa-ma na-i-ya pa-ra-a-ba-ra

viþam tayām amāẖam naiy parābara

（阴单宾）房子 （阴单宾关代）那 （1 复属）我们的 （否）不 （3 单未完）带走，摧毁

没能毁灭我们的家园。

§ 15 (DB 1. 71-73)

A 𐎰𐎠𐎫𐎡𐎹𐏐𐎭𐎠𐎼𐎹𐎺𐎢𐏁𐏐𐎧𐏁𐎠𐎹𐎰𐎡𐎹𐏐

þa-a-ta-i-ya da-a-ra-ya-va-u-ša ẖa-ša-a-ya-þa-i-ya

þātiy Dārayavauš ẖšāyaþiya

（3 单现）说 （单主）大流士 （阳单主）国王

大流士王说：

B 𐎡𐎶𐏐𐎫𐎹𐏐𐎠𐎭𐎶𐏐𐎠𐎤𐎢𐎴𐎺𐎶𐏐

i-ma ta-ya a-da-ma a-ku-u-na-va-ma

ima taya adam akunavam

（中单主指代）这 （中单宾关代）那 （单主）我 （1 单未完）做

这（就是）我所做的，

C 𐎱𐎿𐎠𐎺𐏐𐎹𐎰𐎠𐏐𐎧𐏁𐎠𐎹𐎰𐎡𐎹𐏐𐎠𐎲𐎺𐎶

pa-sa-a-va ya-þa-a ẖa-ša-a-ya-þa-i-ya a-ba-va-ma

pasāva yaþā ẖšāyaþiya abavam

（连）之后 （连）于是 （阳单主）国王 （1 单未完）成为

之后我成为了王。

§ 16 (DB 1. 73-81)

A 𐎰𐎠𐎫𐎡𐎹𐏐𐎭𐎠𐎼𐎹𐎺𐎢𐏁𐏐𐎧𐏁𐎠𐎹𐎰𐎡𐎹𐏐

þa-a-ta-i-ya da-a-ra-ya-va-u-ša ẖa-ša-a-ya-þa-i-ya

þātiy Dārayavauš ẖšāyaþiya

（3 单现）说 （单主）大流士 （阳单主）国王

大流士王说：

B 𐎹𐎰𐎠𐏐 𐎠𐎭𐎶𐏐 𐎥𐎢𐎶𐎠𐎫𐎶𐏐 𐎫𐎹𐎶𐏐 𐎶𐎦𐎢𐎶𐏐 𐎠𐎺𐎠𐎩𐎴𐎶𐏐

ya-þa-a a-da-ma ga-u-ma-a-ta-ma ta-ya-ma ma-gu-u-ma a-va-a-ja-na-ma

yaþā adam gaumātam tayam magum avājanam

（连）当……之时 （单主）我 （单宾）高墨达 （阳单宾关代）那 （阳单宾）术士 （1 单未完）杀死

当我杀死那个术士高墨达，

C 𐎱𐎿𐎠𐎺𐏐 1 𐎶𐎼𐎫𐎡𐎹𐏐 𐎠𐏂𐎡𐎴𐏐 𐎴𐎠𐎶𐏐 𐎢𐎱𐎭𐎼𐎶𐏃𐎹𐎠𐏐 𐎱𐎢𐏂𐏐

pa-sa-a-va I ma-ra-ta-i-ya a-ça-i-na na-a-ma u-pa-da-ra-ma-ha-ya-a pa-u-ça

pasāva I martiya Açina nāma Upadaramhyā puça

（连）之后 （数）1 （阳单主）人 （单主）Açina （中单主）名字 （单属）Upadarama （阳单主）儿子

之后有一人名叫阿奇纳（Açina），乌帕达拉玛（Upadarama）之子，

D 𐏃𐎢𐎺𐏐𐎢𐎭𐎱𐎫[𐎫𐎠𐏐 𐎢𐎺𐎩𐎡]𐎹𐏐

ha-u-va u-da-pa-ta-[ta-a u-va-ja-i]-ya

hauv udapatat Ūvjaiy

（阳单主指代）那 （3 单未完）崛起，反叛 （单位）在埃兰

他在埃兰起事反叛，

E 𐎣𐎠𐎼𐏃𐎹𐎠𐏐 𐎠𐎺𐎰𐎠𐏐 𐎠𐎰𐎠𐏐

ka-a-ra-ha-ya-a a-va-þa-a a-þa-a

kārahyā avaþā aþā

（阳单属）民众 （副）如此 （3 单未完）说

他对民众如此说道：

F 𐎠𐎭𐎶𐏐 𐎢𐎺𐎩𐎡𐎹𐏐 𐎧𐏁𐎠𐎹𐎰𐎡𐎹𐏐 𐎠𐎷𐎡𐎹𐏐

a-da-ma u-va-ja-i-ya ḫa-ša-a-ya-þa-i-ya a-mi-i-ya

adam Ūvjaiy ḫšāyaþiya amiy

（单主）我 （单位）在埃兰 （阳单主）国王 （1 单现）是

我是在埃兰的王。

G 𐎱[𐎿𐎠𐎺𐏐] 𐎢𐎺𐎩𐎡𐎹𐎠𐏐 𐏃𐎷𐎡𐏂𐎡𐎹𐎠𐏐 𐎠𐎲𐎺𐏐

pa-sa-a-va u-va-ja-i-ya-a ha-mi-i-ça-i-ya-a a-ba-va

pasāva Ūvjiyā hamiçiyā abava

（连）然后 （阳复主）埃兰人 （形复主）反叛的 （3 复未完）变得

然后埃兰人便反叛了，

H 𐎠𐎲𐎡𐎹𐏐 𐎠𐎺𐎶𐏐 𐎠𐏂𐎡𐎴𐎶𐏐 𐎠𐏁𐎡𐎹𐎺𐏐

a-ba-i-ya a-va-ma a-ça-i-na-ma a-ša-i-ya-va

abiy avam Açinam ašiyava

（介）向着 （阳单宾指代）那 （单宾）Açina （3 复未完）前往

他们投向那个阿奇纳。

I 𐏃𐎢𐎺𐏐 𐎧[𐏁𐎠𐎹𐎰𐎡𐎹]𐏐 𐎠𐎲𐎺𐏐 𐎢𐎺𐎩𐎡𐎹𐏐

ha-u-va ẖa-[ša-a-ya-þa-i-ya] a-ba-va u-va-ja-i-ya

hauv ẖšāyaþiya abava Ūvjaiy

（阳单主指代）那 （阳单主）国王 （3 单未完）成为 （单位）在埃兰

那人成为了在埃兰的王。

J 𐎢𐎫𐎠𐏐 1 𐎶𐎼𐎫𐎡𐎹𐏐 𐎲𐎠𐎲𐎡𐎽𐎢𐎻𐎡𐎹𐏐

u-ta-a I ma-ra-ta-i-ya ba-a-ba-i-ru-u-vi-i-ya

utā I maitiya Bābiruviya

（连）和，而 （数）1 （阳单主）人 （阳单主）巴比伦人

（同时）一个巴比伦人，

K 𐎴𐎮𐎡𐎫𐎲𐎡𐎼𐏐 𐎴𐎠𐎶𐏐 𐎠𐎡𐎴[𐎡𐎼]𐏃𐎹𐎠𐏐 𐎱𐎢𐏂𐏐

na-di-i-ta-ba-i-ra na-a-ma a-i-na-i-ra-ha-ya-a pa-u-ça

Naditabaira nāma Ainairahyā puça

（单主）那迪塔拜拉 （中单主）名字 （单属）Ainaira （阳单主）儿子

那迪塔拜拉，Ainaira 之子，

L 𐏃𐎢𐎺𐏐 𐎢𐎭𐎱𐎫𐎫𐎠𐏐 𐎲𐎠𐎲𐎡𐎼𐎢𐎺𐏐

ha-u-va u-da-pa-ta-ta-a ba-a-ba-i-ra-u-va

hauv udapatatā Bābirauv

（阳单主指代）那　（3 单未完）崛起，反叛　（单位）在巴比伦

他在巴比伦起事反叛。

M　𐎣𐎠𐎼𐏃𐎹𐎠𐏐𐎠𐎺𐎰𐎠𐏐𐎠𐎯𐎢𐎽𐎢𐎪𐎡𐎹𐏐

ka-a-ra-ha-ya-a a-va-þa-a a-du-u-ru-u-ji-i-ya

kārahyā avaþā adurujiya

（阳单属）民众　（副）如此　（3 单未完）欺骗

他这样欺骗民众说：

N　𐎠𐎭𐎶𐏐𐎴𐎲𐎢𐎤𐎭𐎼𐎨𐎼𐏐𐎠𐎷𐎡𐎹𐏐𐏃𐎹𐏐𐎴𐎲𐎢𐎴𐎡𐎫𐏃𐎹𐎠𐏐𐎱𐎢𐏂𐏐

a-da-ma na-ba-u-ku-da-ra-ca-ra a-mi-i-ya ha-ya na-ba-u-na-i-ta-ha-ya-a pa-u-ça

adam Nabukudracara amiy haya Nabunaitahyā puça

（单主）我　（单主）尼布甲尼撒　（1 单现）是　（阳单主关代）那　（单属）那波尼德　（阳单主）儿子

我是尼布甲尼撒，那波尼德之子。

O　𐎱𐎿𐎠𐎺𐏐𐎣𐎠𐎼𐏐𐏃𐎹𐏐𐎲𐎠𐎲𐎡𐎽𐎢𐎻𐎡𐎹𐏐𐏃𐎽𐎢𐎺𐏐

pa-sa-a-va ka-a-ra ha-ya ba-a-ba-i-ru-u-vi-i-ya ha-ru-u-va

（连）然后　（阳单主）民众　（阳单主关代）那　（单主形）巴比伦的　（单主形）全部的

然后全部的巴比伦民众，

P　𐎠𐎲𐎡𐎹𐏐𐎠𐎺𐎶𐏐𐎴𐎮𐎡𐎫𐎲𐎡𐎼𐎶𐏐𐎠𐏁𐎡𐎹𐎺𐏐

a-ba-i-ya a-va-ma na-di-i-ta-ba-i-ra-ma a-ša-i-ya-va

abiy avam Naditabairam ašiyava

（介）向着　（阳单宾指代）那　（单宾）那迪塔拜拉　（3 单未完）前往

投向那个那迪塔拜拉。

Q　𐎲𐎠𐎲𐎡𐎽𐎢𐏁𐏐𐏃𐎷𐎡𐏂𐎡𐎹𐏐𐎠𐎲𐎺𐏐

ba-a-ba-i-ru-u-ša ha-mi-i-ça-i-ya a-ba-va

Bābiruš hamiçiya abava

（阳单主）巴比伦　（单主形）反叛的　（3 单未完）变得

巴比伦便反叛了，

R　𐎧𐏁𐏂𐎶𐏐𐎫𐎹𐏐𐎲𐎠𐎲𐎡𐎼𐎢𐎺𐏐𐏃𐎢𐎺𐏐𐎠𐎥𐎼𐎲𐎠𐎹𐎫𐎠

ḫa-ša-ça-ma ta-ya ba-a-ba-i-ra-u-va ha-u-va a-ga-ra-ba-a-ya-ta-a

ḫšaçam taya Bābirauv hauv agrbāyatā (agr̥bāyatā)

（中单宾）王权　（中单宾关代）那　（单位）在巴比伦　（阳单主指代）那　（3 但未完）抓取

那人抓取了在巴比伦的王权。

§ 17 (DB 1. 81-83)

A　𐎰𐎠𐎫𐎡𐎹𐏐 𐎭𐎠𐎼𐎹𐎺𐎢𐏁𐏐 𐎧𐏁𐎠𐎹𐎰𐎡𐎹𐏐

þa-a-ta-i-ya da-a-ra-ya-va-u-ša ḫa-ša-a-ya-þa-i-ya

þātiy Dārayavauš ḫšāyaþiya

（3 单现）说　（单主）大流士　（阳单主）国王

大流士王说：

B　𐎱𐎿𐎠𐎺𐏐 𐎠𐎭𐎶𐏐 𐎳𐎼𐎠𐎡𐏁𐎹𐎶𐏐 𐎢𐎺𐎩𐎶𐏐

pa-sa-a-va a-da-ma fa-ra-a-i-ša-ya-ma u-va-ja-ma

pasāva adam frāišayam Ūvjam

（连）然后　（单主）我　（1 单未完）送　（单宾）埃兰

然后我送（消息）向埃兰，

C　𐏃𐎢𐎺𐏐 𐎠𐏂[𐎡]𐎴𐏐 𐎲𐎿𐎫𐏐 𐎠𐎴𐎹𐎫𐎠𐏐 𐎠[𐎲𐎡𐎹𐏐 𐎶]𐎠𐎶𐏐

ha-u-va a-ça-[i]-na ba-sa-ta a-na-ya-ta-a a-[ba-i-ya ma]-a-ma

hauv Açina basta anayatā abiy mām

（阳单主指代）那　（单主）Açina　（过被分）被绑　（3 单中未完）带到　（介）向　（单宾）我

那个阿奇纳被绑缚着带到我（面前），

D　𐎠𐎭𐎶𐏁𐎡𐎶𐏐 𐎠𐎺𐎠𐎩𐎴𐎶

a-da-ma-ša-i-ma a-va-a-ja-na-ma

adamšim avājanam

（单主）我 -（单宾附）他　（1 单未完）杀死

我杀了他。

§ 18 (DB 1. 83-90)

A　𐎰𐎠𐎫𐎡𐎹𐏐 𐎭𐎠𐎼𐎹𐎺𐎢𐏁𐏐 𐎧𐏁𐎠𐎹𐎰𐎡𐎹𐏐

þa-a-ta-i-ya da-a-ra-ya-va-u-ša ḫa-ša-a-ya-þa-i-ya

þātiy Dārayavauš ḫšāyaþiya

（3 单现）说 （单主）大流士 （阳单主）国王

大流士王说：

B 𐎱𐎿𐎠𐎺𐏐𐎠𐎭𐎶𐏐𐎲𐎠𐎲𐎡𐎽𐎢𐎶𐏐𐎠𐏁𐎡𐎹𐎺𐎶𐏐

pa-sa-a-va a-da-ma ba-a-ba-i-ru-u-ma a-ša-i-ya-va-ma

pasāva adam Bābirum ašiyavam

（连）然后 （单主）我 （阳单宾）巴比伦 （1 单未完）前往

然后我动身前往巴比伦，

C 𐎠𐎲𐎡𐎹𐏐𐎠𐎺𐎶𐏐𐎴𐎮𐎡𐎫𐎲𐎡𐎼𐎶𐏐

a-ba-i-ya a-va-ma na-di-i-ta-ba-i-ra-ma

abiy avam Naditabairam

（介）向这 （阳单宾指代）那 （单宾）那迪塔拜拉

（迎）向那个那迪塔拜拉，

D 𐏃𐎹𐏐𐎴𐎲𐎢𐎤𐎭𐎼𐎨𐎼𐏐𐎠𐎥[𐎢𐎲𐎫]𐎠𐏐

ha-ya na-ba-u-ku-da-ra-ca-ra a-ga-[u-ba-ta]-a

haya Nabukudracara agaubatā

（阳单主关代）那 （单主）尼布甲尼撒 （3 单中未完）说

他自称是尼布甲尼撒。

E 𐎣𐎠𐎼𐏐𐏃𐎹𐏐𐎴𐎮𐎡𐎫𐎲𐎡𐎼𐏃𐎹𐎠𐏐𐎫𐎡𐎥𐎼𐎠𐎶𐏐𐎠𐎭𐎠𐎼𐎹𐏐

ka-a-ra ha-ya na-di-i-ta-ba-i-ra-ha-ya-a ta-i-ga-ra-a-ma a-da-a-ra-ya

kāra haya Naditabairahyā Tigrām adāraya

（阳单主）军队 （阳单主关代）那 （单主）那迪塔拜拉 （单宾）底格里斯河 （3 单未完）抓住，掌握

那迪塔拜拉的军队掌控着底格里斯河（岸），

F 𐎠𐎺𐎭𐎠𐏐𐎠𐎡𐏁𐎫𐎫𐎠𐏐

a-va-da-a a-i-ša-ta-ta-a

avadā aištatā

（副）那里 （3 单中未完）站

驻守在那里，

G 𐎢𐎫𐎠𐏐𐎠𐎲𐎡𐏁𐏐𐎴𐎠𐎻𐎡𐎹𐎠𐏐𐎠𐏃𐏐

u-ta-a a-ba-i-ša na-a-v-i-ya-a a-ha

utā abiš nāviyā āha

（连）而 （复具）水 （单主形）可通航的 （3 单未完）是

且由于水（的深度与湍急）只能以船只通过（而不能游过）。

H 𐎱𐎿𐎠𐎺𐏐 𐎠𐎭𐎶𐏐 𐎣𐎠𐎼𐎶𐏐 𐎶𐏁𐎣𐎠𐎢𐎺𐎠𐏐 𐎠𐎺𐎠𐎣𐎴𐎶𐏐

pa-sa-a-va a-da-ma ka-a-ra-ma ma-ša-ka-a-u-va-a a-va-a-ka-na-ma

pasāva adam kāram maškāuvā avākanam

（连）然后 （单主）我 （阳单宾）军队 （复位）皮舟 （1 单未完）放置

然后我把军队安置于皮舟（用吹涨的兽皮做的舟）上①，

I 𐎠𐎴𐎡𐎹𐎶𐏐 𐎢𐏁𐎲𐎠𐎼𐎡𐎶𐏐 𐎠𐎤𐎢𐎴𐎺𐎶𐏐

a-na-i-ya-ma u-ša-ba-a-ra-i-ma a-ku-u-na-va-ma

aniyam ušabārim akunavam

（形单宾）其他的 （形单宾）骆驼驼的 （1 单未完）做

一部分其他的（军队）我用骆驼来进行承载，

J 𐎠𐎴𐎡𐎹𐏃𐎹𐎠𐏐 𐎠𐎿𐎶𐏐 𐎳𐎼𐎠𐎴𐎹𐎶𐏐

a-na-i-ya-ha-ya-a a-sa-ma fa-ra-a-na-ya-ma

aniyahyā asam frānayam

（形单属）其他的 （单宾）马 （1 单未完）引导

另一部分（军队）我引导他们骑马

K 𐎠𐎢𐎼[𐎶𐏀]𐎭𐎶𐎡𐎹𐏐 𐎢𐎱𐎿[𐎫]𐎠𐎶𐏐 𐎠𐎲𐎼𐏐

a-u-ra-[ma-za]-da-ma-i-ya u-pa-sa-[ta]-a-ma a-ba-ra

Auramazdamaiy upastām abara

（单主）阿胡拉玛兹达 - （单属）我 （单宾）帮助 （3 单未完）带来

阿胡拉马兹达神带给我帮助，

L 𐎺𐏁𐎴𐎠𐏐𐎠𐎢𐎼𐎶𐏀𐎭𐎠𐏃𐏐

va-ša-na-a a-u-ra-ma-za-da-a-ha

vašnā Auramzdāha

（单具）愿望，意愿 （单属）阿胡拉玛兹达

借助阿胡拉马兹达神的意志（恩眷），

---

① 有关乘坐皮舟过河的经历，可对照色诺芬的《长征记》（*Anabasis*）中渡过幼发拉底河（1, 5, 10）和底格里斯河（3, 5, 9）的记述。

M 𐎫𐎡𐎥𐎼𐎠𐎶𐏐𐎻𐎡𐎹𐎫𐎼𐎹𐎠𐎶𐎠[𐏐]

ta-i-ga-ra-a-ma vi-i-ya-ta-ra-ya-a-ma-a

Tigrām viyatarayāmā

（单宾）底格里斯河 （1 复未完）渡过

我们渡过了底格里斯河。

N [𐎠]𐎺𐎭𐎠𐏐𐎠𐎺𐎶𐏐𐎣𐎠𐎼𐎶𐏐𐎫𐎹𐎶𐏐𐎴𐎮𐎡𐎫𐎲𐎡𐎼𐏃𐎹𐎠𐏐
𐎠𐎭𐎶𐏐𐎠𐎩𐎴𐎶𐏐𐎺𐎿𐎡𐎹𐏐

[a]-va-da-a a-va-ma ka-a-ra-ma ta-ya-ma na-di-i-ta-ba-i-ra-ha-ya-a a-da-ma a-ja-na-ma va-sa-i-ya

avadā avam kāram tayam Naditabairahyā adam ajanam vasiy

（副）那里 （阳单宾指代）那 （阳单宾）军队 （阳单宾关代）那 （单属）那迪塔拜拉 （单主）我 （1 单未完）打击 （副）很

在那里我狠狠地打击了那迪塔拜拉的军队。

O 𐎠𐏂[𐎡]𐎹𐎠𐎮𐎡𐎹[𐏃𐎹𐏐] 𐎶𐎠𐏃𐎹𐎠𐏐𐏔𐏒𐏒𐏒𐏐𐎼𐎢𐎨𐎲𐎡𐏁𐏐
𐎰𐎣𐎫𐎠𐏐𐎠𐏃𐏐

a-ça-[i]-ya-a-di-i-ya-[ha-ya] ma-a-ha-ya-a XXVI ra-u-ca-ba-i-ša þa-ka-ta-a a-ha

Āçiyādiyahyā māhyā 26 raucabiš þakatā āha

在阿齐亚蒂娅月 26 日（直译：在阿齐亚蒂娅月过去 26 日后），

P 𐎠[𐎺]𐎰𐎠𐏐𐏃𐎶𐎼𐎴𐎶𐏐𐎠𐎤𐎢𐎶[𐎠]

a-[va]-þa-a ha-ma-ra-na-ma a-ku-u-ma-[a]

avaþā hamaranam akūmā

（副）如此，这样 （中单宾）战斗 （1 复未完）做

我如此地进行了战斗。

§ 19 (DB 1. 90-96)

A 𐎰𐎠𐎫𐎡𐎹𐏐𐎭𐎠𐎼𐎹𐎺𐎢𐏁𐏐𐎧𐏁𐎠𐎹𐎰𐎡𐎹𐏐

þa-a-ta-i-ya da-a-ra-ya-va-u-ša ẖa-ša-a-ya-þa-i-ya

þātiy Dārayavauš ẖšāyaþiya

（3 单现）说 （单主）大流士 （阳单主）国王

大流士王说：

B　𐎱𐎿𐎠𐎺 𐏐 𐎠[𐎭]𐎶 𐏐 𐎲𐎠𐎲𐎡𐎽𐎢𐎶 𐏐 𐎠𐏁𐎡𐎹𐎺𐎶 𐏐

pa-sa-a-va a-[da]-ma ba-a-ba-i-ru-u-ma a-ša-i-ya-va-ma

pasāva adam Bābirum ašiyavam

（连）然后　（单主）我　（阳单宾）巴比伦　（1单未完）前往

然后我动身前往巴比伦，

C　𐎠𐎰𐎡𐎹 𐏐 𐎲𐎠𐎲𐎡𐎽𐎢[𐎶 𐏐 𐎹𐎰𐎠 𐏐 𐎴𐎡]𐎹 𐏐 𐎢𐎱𐎠𐎹𐎶 𐏐

a-þa-i-ya ba-a-ba-i-ru-u-[ma ya-þa-a na-i]-ya u-pa-a-ya-ma

aþaiy Bābirum yaþā naiy upāyam

（副）然后　（单宾）巴比伦　（副）还　（否）没有　（1单未完）到达

之后，当我还未到达巴比伦时，

D　𐏀𐎠𐏀𐎠𐎴 𐏐 𐎴𐎠𐎶 𐏐 𐎺𐎼𐎭𐎴𐎶 𐏐 𐎠𐎴𐎢𐎺 𐏐 𐎢𐎳𐎼𐎠𐎬𐎢𐎺𐎠 𐏐

za-a-za-a-na na-a-ma va-ra-da-na-ma a-nu-u-va u-fa-ra-a-tu-u-va-a

Zāzāna nāma vardanam anuv Ufrātuvā

（单主）Zāzāna　（中单主）名字　（中单主）城镇　（介）靠着　（单离）幼发拉底河

在靠着幼发拉底河的一个名叫扎扎那（Zāzāna）的城镇，

E　𐎠𐎺𐎭𐎠 𐏐 𐏃𐎢𐎺 𐏐 𐎴𐎮𐎡𐎫𐎲𐎡𐎼 𐏐 𐏃𐎹 𐏐 𐎴𐎲𐎢𐎤𐎭𐎼𐎨𐎼 𐏐
𐎠𐎥𐎢𐎲𐎫𐎠 𐏐

a-va-da-a ha-u-va na-di-i-ta-ba-i-ra ha-ya ha-ya na-ba-u-ku-da-ra-ca-ra a-ga-u-ba-ta-a

avadā hauv Naditabaira haya Nabukudracara agaubatā

（副）那里　（阳单主指代）那　（单主）那迪塔拜拉　（阳单主关代）那　（单主）尼布甲尼撒　（3单中未完）说

在那里，那个自称是尼布甲尼撒的那迪塔拜拉，

F　𐎠𐎡𐏁 𐏐 𐏃𐎭𐎠 𐏐 𐎣𐎠𐎼𐎠 𐏐 𐎱𐎫𐎡𐏁 𐏐 [𐎶𐎠𐎶 𐏐]

a-i-ša ha-da-a ka-a-ra-a pa-ta-i-ša [ma-a-ma]

aiš hadā kārā patiš mām

（3单未完）到来　（介）与……一起　（阳单主）军队　（介）向着　（单宾）我

他带着军队向我而来，

G [𐏃𐎶𐎼𐎴]𐎶𐏐 𐎨𐎼𐎫𐎴𐎡𐎹𐏐

[ha-ma-ra-na]-ma ca-ra-ta-na-i-ya

hamaranam cartanaiy

（中单宾）战斗 （不定）做，干

以进行战斗。

H 𐎱𐎿𐎠𐎺𐏐 𐏃𐎶[𐎼𐎴]𐎶𐏐 𐎠𐎤𐎢𐎶𐎠𐏐

pa-sa-a-va ha-ma-[ra-na]-ma a-ku-u-ma-a

pasāva hamaranam akumā

（连）然后 （中单宾）战斗 （1复未完）做，干

然后我们进行了战斗。

I 𐎠𐎢𐎼𐎶𐏀𐎭𐎶𐎡𐎹𐏐 𐎢𐎱𐎿𐎫𐎶𐏐 𐎠𐎲𐎼[𐏐]

a-u-ra-ma-za-da-ma-i-ya u-pa-sa-ta-m a-ba-ra

Auramazdamaiy upastam abara

（单主）阿胡拉玛兹达－（单属）我 （单宾）帮助 （3单未完）带来

阿胡拉马兹达神带给我帮助，

J [𐎺𐏁𐎴𐎠𐏐𐎠𐎢𐎼]𐎶𐏀𐎭𐎠𐏃𐏐

va-ša-na-a a-u-ra-ma-za-da-a-ha

vašnā Auramzdāha

（单具）愿望，意愿 （单属）阿胡拉玛兹达

借助阿胡拉马兹达神的意志（恩眷），

K 𐎣𐎠𐎼𐎶𐏐 𐎫𐎹𐎶𐏐 𐎴𐎮𐎡𐎫𐎲𐎡𐎼𐏃𐎹𐎠𐏐 𐎠𐎭𐎶𐏐 𐎠𐎩𐎴𐎶𐏐 𐎺𐎿𐎡𐎹𐏐

ka-a-ra-ma ta-ya-ma na-di-i-ta-ba-i-ra-ha-ya-a a-da-ma a-ja-na-ma va-sa-i-ya

kāram tayam Naditabairahyā adam ajanam vasiy

（阳单宾）军队 （阳单宾关代）那 （单属）那迪塔拜拉 （单主）我 （1单未完）打击 （副）很

我狠狠地打击了那迪塔拜拉的军队。

L 𐎠𐎴𐎡𐎹𐏐 𐎠𐎱𐎡[𐎹]𐎠𐏐 [𐎠]𐏃[𐎹𐎫]𐎠[𐏐]

a-na-i-ya a-pa-i-[ya]-a [a]-ha-[ya-ta]-a

aniya apiyā āhyatā

（形单主）其他的 （单位）水中 （3 单中未完）扔，抛

其他的军队则被抛入水中。

M 𐎠𐎱𐎡𐏁𐎡𐎶 𐏐 𐎱𐎼𐎠𐎲𐎼 𐏐

a-pa-i-ša-i-ma pa-ra-a-ba-ra

apišim parābara

（单位）水中 – （单宾附）他 （3 单未完）带走

在水中他们（指：军队）被带走。

N 𐎠𐎴𐎠𐎶𐎣𐏃𐎹 𐏐 𐎶𐎠𐏃𐎹𐎠 𐏐 2 𐏐 𐎼𐎢𐎨𐎲𐎡𐏁 𐏐 𐎰𐎣𐎫𐎠 𐏐 𐎠𐏃 𐏐

a-na-a-ma-ka-ha-ya ma-a-ha-ya-a II ra-u-ca-ba-i-ša þa-ka-ta-a a-ha

Anāmakahyā māhyā 2 raucabiš þakatā āha

在阿纳玛卡（Anāmaka）月 2 日（直译：在阿纳玛卡月过去 2 日后），

O 𐎠𐎺𐎰𐎠 𐏐 𐏃𐎶[𐎼𐎴𐎶 𐏐 𐎠𐎤]𐎢𐎶𐎠

a-va-þa-a ha-ma-[ra-na-ma a-ku]-u-ma-a

avaþā hamaranam akūmā

（副）如此，这样 （中单宾）战斗 （1 复未完）做

我如此地进行了战斗。

文本示例 B

这一部分，将不做语法分析，而对古波斯语文本的拉丁转写配以汉语翻译。文本内容接续示例 A 部分，来自大流士贝希斯敦铭文（Column II-V）。这里的分行是为了方便阅读，而非对应于铭文中的行数。[ ] 中的内容是铭文有所残缺而由学者补上的。如 [ ] 内未添加内容，表明此处缺损的是分隔符 \。

这一部分的文本主要参考 Schmitt 2009，体例则借鉴了 Kent 1953 与 Skjærvø 2016。

Column II

§ 20 (DB2. 1-5)

þātiy Dārayavauš ẖšāyaþiya

pasāva Naditabaira hadā kamnaibiš asabāraibiš amuþa Bābirum ašiyava
pasāva adam Bābirum ašiyavam
[vašnā] Auramazdāha utā Bābirum agarbāyam utā avam Naditabairam agarbāyam
pasāva avam Naditabairam adam Bābirauv avājanam
大流士王说：
然后那迪塔拜拉带着少量的骑兵逃跑，前往巴比伦。
然后我来到巴比伦。
借助阿胡拉马兹达神的意志（恩眷），我拿下了巴比伦和那个那迪塔拜拉。
然后我在巴比伦杀了那个那迪塔拜拉。

§ 21 (DB2. 5-8)

[þātiyD]ārayavauš ḫšāyaþiya
yātā adam Bābirauv āha[m imā dahyāva] tayā hacāma hamiçiyā abava
Pārsa Ūvja Māda Aþ[urā Mudrāya Par]þava Marguš Þataguš Saka
大流士王说：
当我在巴比伦时，那些地方（区域）发生了叛乱：
波斯，埃兰，梅德，亚述，埃及，帕提亚，马尔吉亚那，撒塔吉地亚，斯基泰。

§ 22 (DB2. 8-11)

þātiy Dārayavauš ḫšāyaþiya
[Imarti]ya Martiya nāma Ci^{n}caḫraiš puça
Kuganakā nā[ma vardanam Pārsaiy] avadā adāraya
hauv udapatatā Ūvjaiy kārahyā a[vaþā aþaha adam] Imaniš amiy Ūvjaiy ḫšāyaþiya
大流士王说：
一个名叫玛提亚的人，奇卡赫利（Ci^{n}caḫri）之子，
他居住在波斯的一个名叫库嘎纳卡（Kuganakā）的城市，
他在埃兰反叛起事，对民众说：我是伊玛尼。我是在埃兰的王。

§ 23 (DB2. 11-13)

þātiy Dārayavau[š ẖšāyaþiya]
adakaiy adam ašnaiy āham abiy Ūvjam
pasāva hacā[ma atarsaŪv]jiyā
avam Martiyam agarbāya hayašām maþišta āha u[tašim av]ājana
大流士王说：
当时我正在埃兰附近。
于是埃兰人便畏惧我，
他们抓住了那个玛提亚，他是他们的首领，并杀了他。

§ 24 (DB2. 13-17)

þātiy Dārayavauš ẖšāyaþiya
I martiya Fra[vartiš nāma Māda] hauv udapatatā Mādaiy
kārahayā avaþā aþaha [adam H̱šaþrita am]iy Uvaẖštrahyā taumāyā
pasāva kāra Māda haya [viþāpatiy hauv] hacāma hamiçiya abavaabiy
avam Fravartim ašiyava
hauv [ẖšāyaþiya] abava Mādaiy
大流士王说：
一个名叫弗拉瓦提斯的梅德人，他在梅德起事反叛。
他对民众说：我是赫沙浦利塔，属于乌瓦赫沙特拉家族。
然后，在王宫附近的梅德军队针对我反叛，投向那个弗拉瓦提斯。
他成了在梅德的王。

§ 25 (DB2. 18-29)

þātiy Dārayavauš ẖšāyaþiya
kāra Pārsa u[tā M]āda haya upā mām āha hauv kamnam āha
pasāva adam kāram frāiša[yam]
[Vi]darna nāma Pārsa manā ba^{n}daka avamšām maþištam akunavam
avaþāš[ām aþa]ham
paraitā avam kāram tayam Mādam jatā haya manā nai[y gaubataiy]
[pasāva] hauv Vidarna hadā kārā ašiyava

yaþā Mādam parārasa Mā[ruš] nāma vardanam Mādaiy avadā hamaranam akunauš hadā Māda[ibi]š

haya Mādaišuvā maþišta āha hauv adakaiy naiy avadāāha

Auramazdāmaiy upastām abara vašnā Auramazdāha

kāra [hayaman]ā avam kāram tayam hamiçiyam aja vasiy

Ānāmakahyā māh[y]ā XXVII raucabiš þakatā āha avaþāšām hamaranam kartam

pasāva hauv [kā]ra haya manā Kapada nāma dahyāuš Mādaiy avadā mām amānaiya yātā adam arasam Mādam

大流士王说：

波斯与梅德的服从我的军队人数很少。

于是我派出军队，

让一个名叫韦达纳（Vidarna）的波斯人，我的封臣，作为它们的首领，

我对他们说：

前进！打击那不归顺于我的梅德军队！

然后韦达纳带着军队出发。

当他们抵达梅德，在一个名叫马鲁什（Māruš）的梅德城市，在那里与梅德的军队开战，

当时梅德军队的首领不在那里。

阿胡拉马兹达神带给我帮助，借助阿胡拉马兹达神的意志（恩惠），

我的军队狠狠打击了叛军。

在阿纳玛卡月 27 日，他们进行了战斗。

于是我的军队在梅德的一个名叫卡帕达（Kapada）的地区等待我，直到我到达梅德。

§ 26 (DB2. 29-37)

þātiy Dārayavauš ḫšāyaþiya

Dādaršiš nāma Arminiya manā ba^{n}daka avam adam frāišayam Arminam avaþā[šaiy] aþaham

paraidiy kāra haya hamiçiya manā naiy gaubataiy avam [jad]iy pasāva Dādaršiš ašiyava

yaþā Arminam parārasapasāva [hamiç]iyā ha^{n}gmatā paraitā patiš

Dādaršim hamaranam cartanaiy

Zūzahya nāma āvahanam Arminiyaiy avadā hamaranam akunava

Au[rama]zdāmaiy upastām abara vašnā Auramazdāha

kāra haya manā ava[m k]āram tayam hamiçiyam aja vasiy

Þuravāharahyā māh[yā] VI[II raucabi]š þakatā āha avaþāšām

hamaranam kartam

大流士王说：

我派遣一个名叫达达尔希施的亚美尼亚人，我的封臣，前往亚美尼亚，

我对他说：

前进！打击那不愿归顺于我的叛军！

然后达达尔希施出发。

当他到达亚美尼亚后，叛军集结迎向达达尔希施作战，

他们在亚美尼亚的一个名叫祖匝（Zūza）的地方进行了战斗。

阿胡拉马兹达神带给我帮助，借助阿胡拉马兹达神的意志（恩惠），

我的军队狠狠打击了叛军。

在苏拉瓦哈剌（Þuravāhara）月 8 号，他们进行了战斗。

§ 27 (DB2. 37-42)

þātiy Dā[raya]vau[š ḫšā]ya[þ]iya

patiy duvitīyam hamiçiyā ha^{n}gmatā parait[ā pa]tiš[Dāda]ršim

hamaranam cartanaiy

Tigra nāmā didā Armini[yaiy] avadā hamaranam akunava

Auramazdāmaiy upastām abara vašnā Aura[mazdā]ha

kāra haya manā avam kāram tayam hamiçiyam aja vas[iy]

[Þuravā]harahyā māhyā XVIII raucabiš þakatāāha avaþāšām

hamaranam ka[rtam]

大流士王说：

叛军第二次集结迎向达达尔希施作战。

他们在亚美尼亚的一个名叫底格里斯的城堡进行了战斗。
阿胡拉马兹达神带给我帮助，借助阿胡拉马兹达神的意志（恩惠），
我的军队狠狠打击了叛军。
在苏拉瓦哈剌月 18 号，他们进行了战斗。

§ 28 (DB2. 42-49)

þātiy Dārayavauš ẖšāyaþiya
patiy çitīyam ha[m]iç[iyā] ha^{n}gmatā paraitā patiš Dādaršim hamaranam cartanaiy
Uyamā nā[m]ā didā Arminiyaiy avadā hamaranam akunava
Auramazdāmaiy upastā[m] abara vašnā Auramazdāha
kāra haya manā avam kāram tayam ham[i]çi[yam][a]ja vasiy
Þāigracaiš māhyā IX raucabiš þakatāāha ava[þāš]ām hamaranam kartam
pasāva Dādaršiš citā mām amānaya Ar[mi]ni[ya]iy [y]ātā adam arasam Mādam
大流士王说：
叛军第三次集结迎向达达尔希施作战。
他们在亚美尼亚的一个名叫乌亚玛（Uyamā）的城堡进行了战斗。
阿胡拉马兹达神带给我帮助，借助阿胡拉马兹达神的意志（恩惠），
我的军队狠狠打击了叛军。
在萨伊格拉齐（Þāigraci）月 9 号，他们进行了战斗。
之后达达尔希施在亚美尼亚等了我一段时间，直到我到达梅德。

§ 29 (DB2. 49-57)

þātiy Dārayavauš ẖšāyaþiya
Vaumisa nāma Pārsa manā ba^{n}daka avam adam frāišayam Arminam
avaþāšaiy aþaham
paraidiy kāra haya hamiçiya manā naiy gaubataiy avam jadiy

pasāva Vaumisa ašiyava

yaþā Arminam parārasa pasāva hami[çiy]ā ha^{n}gmatā paraitā patiš Vaumisam hamaranam cartanaiy

Izalā nāmā dahyāuš Aþurāyā avadā hamaranam akunava

Auramazdā[ma]iy upastām abara vašnā Auramazdāha

kāra haya manā avam kāram ta[yam] hamiçiyam aja vasiy

Ānāmakahyā māhyā XV raucabiš þakatā āha avaþāšām hamaranam kartam

大流士王说：

我派遣了一个名叫沃弥萨（Vaumisa）的波斯人，我的封臣，前往亚美尼亚。

我对他说：

前进！打击那不愿归顺于我的叛军！

于是沃弥萨出发。

当他到达亚美尼亚后，叛军集结迎向沃弥萨作战。

他们在亚述的一个名叫伊匝拉（Izalā）的地区进行了战斗。

阿胡拉马兹达神带给我帮助，借助阿胡拉马兹达神的意志（恩惠），

我的军队狠狠打击了叛军。

在阿纳玛卡月 15 号，他们进行了战斗。

§ 30 (DB2. 57-64)

þātiy Dārayavauš ẖšāyaþiya

patiy duvitīyam hamiçiyā ha^{n}gmatā paraitā patiš Vaumisam hamaranam cartanaiy

Autiyāra nāmā dahyāuš Arminiyaiy avadā hamaranam akunava

Auramazdāmaiy upastām abara vašnā Auramazdāha

kāra haya manā avam kāram tayam hamiçiyam aja vasiy

Þūravāharahyā māhyā jiyamnam patiy avaþāšām hamaranam kartam

pasāva Vaumisa citā mām amānaya Arminiya[iy] yātā adam arasam Mādam

大流士王说：

叛军第二次集结迎向沃弥萨作战。

他们在亚美尼亚的一个名叫奥提亚拉（Autiyāra）的地区进行了战斗。

阿胡拉马兹达神带给我帮助，借助阿胡拉马兹达神的意志（恩惠），

我的军队狠狠打击了叛军。

在苏拉瓦哈剌（Þuravāhara）月 1 号，他们进行了战斗。

之后沃弥萨在亚美尼亚等了我一段时间，直到我到达梅德。

§ 31 (DB2. 64-70)

þātiy Dārayavauš ẖšāyaþiya

pasāva adam nijāyam hacā Bābirauš ašiyavam Mādam

yaþā Mādam parārasam Kuduruš nāma vardanam Mādaiy avadā hauv Fravartiš haya Mādaiy ẖšāyaþiya agaubatāāiš had[ā] kārā patiš mām hamaranam cartanaiy

pasāva hamaranam akumā

Auramazdāmaiy upastām abara vašnā Auramazdāha

kāram tayam Fravartaiš adam ajanam vasiy

Āduka[naiša]hyā māhyā XXV raucabiš þakatā āha avaþā hamaranam akumā

大流士王说：

于是我离开巴比伦，来到梅德，

当我到达梅德，在梅德的一个名叫库都鲁什（Kuduruš）的城市，在那里，那个自称为梅德国王的弗拉瓦提斯带着军队迎向我作战。

于是我们进行了战斗。

阿胡拉马兹达神带给我帮助，借助阿胡拉马兹达神的意志（恩惠），

我狠狠打击了弗拉瓦提斯的军队。

在阿杜卡奈沙（Ādukanaiša）月 25 日，我们进行了战斗。

§ 32 (DB2. 70-78)

þātiy Dārayavauš ḫšāyaþiya
pasāva hauv Fravartiš hadā kamnaibiš asabāraibiš amu^{n}þa
Ragā nāma dahyāuš Mādaiy avaparā ašiyava
pasāva adam kāram frāišaya nipadiy
Fravartiš agarbiya ānayatā abiy mām
adamšai[y] utā nāham utā gaušā utā hzānam frājanam utāšaiy [I caš]ma avajam
duvarayāmaiy basta adāriya haruvašim kāra avaina
pasāvašim Hagmatānaiy uzmayāpatiy akunavam utā ma[r]tiyā tayaišaiy
fratamā anušiyā āhatā avaiy Hagmatā[naiy ata]r didām frāhajam
大流士王说：
然后那个弗拉瓦提斯带着少量骑兵逃遁。
他来到梅德的一个名叫拉噶（Ragā）的地方。
然后我派遣军队跟在后面。
弗拉瓦提斯被抓住并带给我。
我割了他的鼻子、耳朵和舌头，挖了他的一只眼睛，他被绑在我的（宫殿）门外。所有民众都能看到他。
然后我在哈马丹把他钉死在桩上，把那些他最重要的追随者吊死在哈马丹的城堡内。

§ 33 (DB2. 78-91)

þātiy Dārayavauš ḫšāyaþiya
I mar[t]iya Ciçataḫma nāma Asagartiya hauvmaiy hamiçiya abava
kārahyā avaþā aþaha
adam ḫšāyaþiya amiy Asagartaiy Uvaḫštra[hy]ā taumāyā
pasāva adam kāram Pārsam utā Mādamfrāišayam Taḫmaspāda nāma
Māda manā ba^{n}daka avamšām maþištam akunavam
[a]vaþāšām aþaham
paraitā kāram hamiçiyam haya manā naiy gaubataiy avam jatā
pasāva[] Taḫmaspāda hadā kārā[a]šiyava hamaranam akunauš hadā Ciçataxmā
Auramazdāmaiy upastām abara vašnā Auramazdāha

kāra haya manā avam kāram tayam hamiçiyam aja utā Ciçataxmam agarbāya ānaya abiy mām
pasāvašaiy adam utā nāham utā gaušā frājanam utāšaiy I cašma avajam duvarayāmaiy basta adāriya haruvašim kāra avai[na]
pasāvašim Arbairāyā uzmayāpatiy[] akunavam
大流士王说：
一个名叫齐匝塔赫玛（Ciçataḫma）的萨迦特人背叛了我。
他对民众说：
我是在萨迦特的王，出身于乌瓦赫沙特拉家族。
然后我派遣波斯与梅德的军队，让一个名叫塔赫马斯帕达（Taḫmaspāda）的梅德人，我的封臣，做他们的首领。
我对他们说：
前进！打击那些不愿归顺于我的叛军！
在塔赫马斯帕达带着军队到达后，他与齐匝塔赫玛进行了战斗。
阿胡拉马兹达神带给我帮助，借助阿胡拉马兹达神的意志（恩眷），
我的军队打击了叛军，抓住了齐匝塔赫玛并带给我。
然后我割了他的鼻子、耳朵和舌头，挖了他的一只眼睛，他被绑在我的（宫殿）门外。所有民众都能看到他。
然后我在阿尔拜拉把他钉死在桩上。

§ 34 (DB2. 91-92)

þātiy Dārayavauš ḫšāyaþiya
ima taya manā kartam Mā[da]iy
大流士王说：
这就是我在梅德所做的。

§ 35 (DB2. 92-98)

þātiy Dārayavauš ḫšāyaþ[i]ya
Parþava utā Varkāna [ham]i[ç]iyā[aba]va [hacā]ma Fravar[taiš aga]u[ba]tā
Vištāspa manā pitā hauv [Parþavaiy] āha[]

a[va]m kāra avahar[daham]içiya abava

pasāva Vištāspa a[šiyavahadākār]ā ha[yašaiy] anuši[ya]āha

Viš[pa]uz[ā]tiš nāma varda[nam Parþavaiy] avadā hamaranam [a]kunau[š] hadā Parþavaibi[š]

A[uramazd]āmaiy [upastām abara] vašnā [A]urama[zdāha]

[Viš]tā[spa] avam kāra[m tayam ha]m[i]çiyam [aja vasiy]

[V]iyaḫanahyā m[ā]hyā [XXII raucabiš] þakatā āha avaþāšām hamaranam kartam

大流士王说：

帕提亚与西卡尼亚背叛了我，宣称（它们）属于弗拉瓦提斯。

我的父亲维斯塔斯帕（那时）在帕提亚。

（那里的）民众背离了他（而）反叛。

之后维斯塔帕斯带着忠于他的军队离开。

在帕提亚的一个名叫维施抛匝提（Višpauzāti）的城市他与帕提亚人进行了战斗。

阿胡拉马兹达神带给我帮助，借助阿胡拉马兹达神的意志（恩眷），

维斯塔斯帕狠狠地打击了叛军。

在维亚哈纳（Viyaḫana）月 22 日，他们进行了战斗。

Column III

§ 36 (DB3. 1-9)

þātiy Dārayavauš ḫšāyaþiya

pasāva adam kāram Pārsam frāišayam abiy Vištāspam hacā Ragāyā

yaþā hauv kāra parārasa abiy Vištāspam

pasāva Vištāspa āyasatā avam kāram

ašiyava Patigrabanā nāma vardanam Parþavaiy avadā hamaranam akunauš hadā hamiçiyaibiš

Auramazdāmaiy upastām abara vašnā Auramazdāha

Vištāspa avam kāram tayam hamiçiyam aja vasiy

Garmapadahya māhyā I rauca þakatam āha avaþāšām hamaranam

kartam

大流士王说：

然后我派遣波斯的军队从拉噶（Ragā）前往维斯塔帕斯那里，

当这支军队到达维斯塔斯帕那里，

维斯塔斯帕接收了这支军队，

前往帕提亚的一个名为帕提格拉巴那（Patigrabanā）的城市，在那里他与叛军进行了战斗。

阿胡拉马兹达神带给我帮助，借助阿胡拉马兹达神的意志（恩眷），

维斯塔斯帕狠狠地打击了叛军。

在伽玛帕达月 1 日，他们进行了战斗。

§ 37 (DB3. 9-10)

þātiy Dārayavauš ẖšāyaþiya

pasāva dahyāuš manā abava

ima taya manā kartam Parþavaiy

大流士王说：

然后那领土便归属于我。

这是我在帕提亚所做的。

§ 38 (DB3. 10-19)

þātiy Dārayavauš ẖšāyaþiya

Marguš nāmā dahyāuš hauvmaiy hamiçiyā abava

I martiya Frāda nāma Māргava avam maþištam akunavatā

pasāva adam frāišayam Dādaršiš nāma Pārsa manā ba^{n}daka Bāẖtrīyā ẖšaçapāvā abiy avam

avaþāšaiy aþaham

paraidiy avam kāram jadiy haya manā naiy gaubataiy

pasāva Dādaršiš hadā kārā ašiyava hamaranam akunauš hadā Māгgavaibiš

Auramazdāmaiy upastām abara vašnā Auramazdāha

kāra haya manā avam kāram tayam hamiçiyam aja vasiy

Āçiyādiyahya māhyā XXIII raucabiš þakatā āha avaþāšām hamaranam kartam

大流士王说：

名为马尔吉亚那的地区背叛了我。

他们让一个名叫弗拉达的马尔吉亚那人作首领。

然后我派遣一个名为达达尔希施的波斯人，我的封臣，巴克特里亚的总督，前往那里，

我对他说：

前进！打击那些不愿归顺于我的军队！

在达达尔希施带着军队到达后，他与马尔吉亚那人进行了战斗。

阿胡拉马兹达神带给我帮助，借助阿胡拉马兹达神的意志（恩眷），

我的军队狠狠地打击了叛军。

在阿齐亚蒂娅（Āçiyādiya）月 23 日，他们进行了战斗。

§ 39 (DB3. 19-21)

þātiy Dārayavauš ẖšāyaþiya

pasāva dahyāuš manā abava

ima taya manā kartam Bāẖtrīyā

大流士王说：

然后那地方便归属于我。

这是我在巴克特里亚所做的。

§ 40 (DB3. 21-28)

þātiy Dārayavauš ẖšāyaþiya

I martiya Vahyazdāta Tāravā nāma vardanam Yautiyā nāmā dahyāuš

Pārsaiy avadā adāraya

hauv duvitīyam udapatatā

Pārsaiy kārahyā avaþā aþaha

adam Bardiya amiy haya Kurauš puça

pasāva kāra Pārsa haya viþāpatiy hacā Yadāyā frataram hauv hacāma hamiçiya abava abiy avam Vahyazdātam ašiyava hauv ẖšāyaþiya abava

Pārsaiy
大流士王说：
有一个名叫瓦赫亚兹达塔（Vahyazdāta）的人，他居于波斯的一个名叫姚提亚（Yautiyā）的地区的一个名叫塔拉亚（Tāravā）的城市。
他第二次（在波斯）起事反叛。
他对在波斯的民众说：
我是巴迪亚，居鲁士之子。
然后在宫殿的波斯军队，他们先前（来自）安善地区，背叛了我。他们投向那个瓦赫亚兹达塔。他成为了在波斯的王。

§ 41 (DB3. 28-40)

þātiy Dārayavauš ẖšāyaþiya
pasāva adam kāram Pārsam utā Mādam frāišayam haya upā mām āha
Artavardiya nāma Pārsa manā badaka avamšām maþištam akunavam
haya aniya kāra Pārsa pasā manā ašiyava Mādam
pasāva Artavardiya hadā kārā ašiyava Pārsam
yaþā Pārsam parārasa Raẖā nāma vardanam Pārsaiy avadā hauv Vahyazdāta haya Bardiya agaubatāāiš hadā kārā patiš Artavardiyam hamaranam cartanaiy
pasāva hamaranam akunava
Auramazdāmaiy upastām abara vašnā Auramazdāha
kāra haya manā avam kāram tayam Vahyazdātahya aja vasiy
Þūravāharahya māhyā XII raucabiš þakatā āha avaþāšām hamaranam kartam
大流士王说：
然后我派遣波斯与梅德的军队，他们服从我的指令，
让一个名叫阿尔塔瓦迪亚（Artavardiya）的波斯人，我的封臣，作他们的首领。
另一支波斯的军队跟在我后面前往梅德。
然后阿尔塔瓦迪亚带着军队到达波斯，
当他到达波斯，在波斯的一个名为拉哈（Raẖā）的城市，那个自

称是巴迪亚的瓦赫亚兹达塔，带着军队迎向阿尔塔瓦迪亚作战。
于是他们进行了战斗。
阿胡拉马兹达神带给我帮助，借助阿胡拉马兹达神的意志（恩眷），
我的军队狠狠地打击了瓦赫亚兹达塔的军队。
在苏拉瓦哈剌月 12 号，他们进行了战斗。

§ 42 (DB3. 40-49)

þātiy Dārayavauš ẖšāyaþiya
pasāva hauv Vahyazdāta hadā kamnaibiš asabārabiš amuþa ašiyava Paišiyāuvādām
hacā avadaš kāram āyasatā hayāparam āiš patiš Artavardiyam hamaranam cartanaiy
Parga nāma kaufa avadā hamaranam akunava
Auramazdāmaiy upastām abara vašnā Auramazdāha
kāra haya manā avam kāram tayam Vahyazdātahya aja vasiy
Garmapadahyā māhyā V raucabiš þakatā āha avaþāšām hamaranam kartam utā avam Vahyazdātam agarbāya utā martiyā tayašaiy fratamā anušiyā āhata agarbāya
大流士王说：
然后那个瓦赫亚兹达塔带着少量骑兵逃遁，前往帕伊施要瓦达（Paišiyāuvādā）。
在那里他得到一支军队。接着他再次迎向阿尔塔瓦迪亚作战。
他们在一座名叫帕尔伽（Parga）的山进行了战斗。
阿胡拉马兹达神带给我帮助，借助阿胡拉马兹达神的意志（恩眷），
我的军队狠狠地打击了瓦赫亚兹达塔的军队。
在伽玛帕达月 5 号，他们进行了战斗。他们抓住了那个瓦赫亚兹达塔和那些他最重要的追随者。

§ 43 (DB3. 49-52)

þātiy Dārayavauš ẖšāyaþiya

pasāva adam avam Vahyazdātam utā martiyā tayaišaiy fratamā anušiyā āhata Uvādaicaya nāma vardanam Pārsaiy avadašiš uzamayāpatiy akunavam

大流士王说：

然后，在波斯的一个名叫乌瓦带伽亚（Uvādaicaya）的城市，我把那个瓦赫亚兹达塔和那些他最重要的追随者钉死在桩上。

§ 44 (DB3. 52-53)

þātiy Dārayavauš ẖšāyaþiya

ima taya manā kartam Pārsaiy

大流士王说：

这是我在波斯所做的。

§ 45 (DB3. 53-64)

þātiy Dārayavauš ẖšāyaþiya

hauv Vahyazdāta haya Bardiya agaubatā hauv kāram frāišaya Harauvatīm

Vivāna nāma Pārsa manā ba^{n}daka Harauvatīyā ẖšaçapāvā abiy avam

utāšām I martiyam maþištam akunauš

avaþāšām aþaha

paraitā Vivānam jatā utā avam kāram haya Dārayavaušẖšāyaþiya gaubataiy

pasāva hauv kāra ašiyava tayam Vahyazdāta frāišaya abiy Vivānam hamaranam cartanaiy

Kāpišakāniš nāmā didā avadā hamaranam akunava

Auramazdāmaiy upastām abara vašnā Auramazdāha

kāra haya manā avam kāram tayam hamiçiyam aja vasiy

Ānāmakahya māhyā XIII raucabiš þakatā āha avaþāšām hamaranam kartam

大流士王说：

那个自称是巴迪亚的瓦赫亚兹达塔，他向阿拉霍西亚派遣军队去对付一个名叫维瓦那（Vivāna）的波斯人，我的封臣，阿拉霍西亚的总督。
他让一人成为了他们（指军队）的首领，
他对他们说：
前进！攻打维瓦那和那些忠于大流士王的军队！
当瓦赫亚兹达塔派往维瓦那作战的军队到达后，
他们在一个名叫卡皮萨卡尼的城堡进行了战斗。
阿胡拉马兹达神带给我帮助，借助阿胡拉马兹达神的意志（恩眷），
我的军队狠狠地打击了叛军。
在阿纳玛卡月 13 号，他们进行了战斗。

§ 46 (DB3. 64-69)

þātiy Dārayavauš ẖšāyaþiya
patiy hayāparam hamiçiyā hagmatā paraitā patiš Vivānam hamaranam cartanaiy
Gadutava nāmā dahyāuš avadā hamaranam akunava
Auramazdāmaiy upastām abara vašnā Auramazdāha
kāra haya manā avam kāram tayam hamiçiyam aja vasiy
Viyaxanahya māhyā VII raucabiš þakatā āha avaþāšām hamaranam kartam
大流士王说：
此后叛军又一次集结前往维瓦那作战。
他们在一个名叫伽杜塔瓦（Gadutava）的地区进行了战斗。
阿胡拉马兹达神带给我帮助，借助阿胡拉马兹达神的意志（恩眷），
我的军队狠狠地打击了叛军。
在维亚哈纳（Viyaxana）月 7 号，他们进行了战斗。

§ 47 (DB3.69-75)

þātiy Dārayavauš ẖšāyaþiya
pasāva hauv martiya haya avahyā kārahyā maþ[išta ā]ha tayam Vahyazdāta frāišaya abiy Vivānam

hauv amu[ⁿþa ha]dā kamnaibiš asabāraibiš ašiyava Aršādā nāmā didā[Ha]rauvatīyā avaparā atiyāiš

pasāva Vivāna hadā kārā nipadiy tayaiy ašiyava avadāšim agarbāya u[t]ā martiyā tayaišaiy fratamā anušiyā āhatā avāja

大流士王说：

然后那个人，他是瓦赫亚兹达塔派去对付维瓦那的军队的首领，带着少量骑兵逃遁而走，来到阿拉霍西亚的一个名叫 Aršādā（阿尔沙达）的城堡。

然后维瓦那带着军队跟在他后面，抓住了他，杀死了他的那些最重要的追随者。

§ 48 (DB3.75-76)

þātiy Dārayavauš ẖšāyaþiya

pasāva dahyāuš manā abava

ima taya manā kartam Harauvatīyā

大流士王说：

于是那地方归属于我。

这是我在阿拉霍西亚所做的。

§ 49 (DB3. 76-83)

þātiy Dārayavauš ẖšāyaþiya

yātā adam Pārsai[y] u[t]ā Mādaiy āham patiy duvitīyam Bābiruviyā hamiçiyā abava hacāma

I martiya Araẖa nāma [Arm]iniya Halditahya puça

hauv udapatatā Bābirauv Dubāla nāmā dahyāuš hacā avadaš

hauv [k]ārahyā avaþā adurujiya

adam Nabukudaracara amiy haya Nabunaitahya puça

pasāva kāra Bābiruviya hacāma hamiçiya abava abiy avam Araẖam ašiyava

Bābirum hauv agarbāyatā hauv ẖšāyaþiya abava Bābirauv

大流士王说：

当我在波斯与梅德时，巴比伦发生了第二次针对我的叛乱。

一个叫阿拉哈（Araḫa）的亚美尼亚人，哈尔迪塔（Haldita）之子，
他从巴比伦的一个名叫杜巴拉（Dubāla）的地区（出发）起事反叛。
他欺骗民众说：
我是尼布甲尼撒，那波尼德之子。
然后巴比伦民众就背叛了我，投向那个阿拉哈。
他占据了巴比伦。他成为了在巴比伦的王。

§ 50 (DB3.83-92)

þātiy Dā[raya]vau[š ḫš]āyaþiya
pasāva adam kāram frāišayam Bābirum
Vidafar[nā] nāma Pā[rsa] manā badaka avamšām maþištam akunavam
avaþāšām aþaham
para[itā av]am kāram Bābiruviyam jatā haya manā naiy [ga]ubataiy
pasāva [V]ida[farn]ā hadā kārā ašiyava Bābirum
Auramazdāmaiy upast[ām] a[bara] vašnā Auramazdāha
Vida[far]nā Bābiruvi[y]ā aja utā [bastāānaya]
[Varkazanahya] māhyā XXII raucabiš þakatā āha
avaþā avam Arḫam [hayaNab]ukudaracara [duruḫta]m agaubat[ā] utā
martiyā tayaišaiy f[ratamā] anušiyā [āhatā agarbāya][niyaš]tāyam
ha[uv] A[r]ḫa [u]tā [mart]iyā tayaiša[i]y[f]rata[m]ā anušiyā āhatā
Bābira[u]v [u]z[ma]yāpatiy akariyatā
大流士王说：
然后我向巴比伦派遣军队。
我让一个名叫维达法尔纳（Vidafarnā）的波斯人，我的封臣，成为他们的首领。
我对他们说：
前进！打击那些不愿归顺于我的军队！
然后维达法尔纳带着军队到达巴比伦。
阿胡拉马兹达神带给我帮助，借助阿胡拉马兹达神的意志（恩眷），

维达法尔纳杀死了（一些）巴比伦人，并把（另一些）捆绑起来带走。

在瓦尔卡扎那（Varkazana）月12号，

他把那个谎称自己是尼布甲尼撒的阿拉哈和那些他最重要的追随者抓住关押起来。

那个阿拉哈和他最重要的追随者在巴比伦被钉死在桩上。

Column IV

§ 51 (DB4.1-2)

þātiy Dāraya[vauš] ẖšāyaþiya

ima taya manā kartam[Bābirauv]

大流士王说：

这是我在巴比伦所做的。

§ 52 (DB4.2-31)

þātiy Dārayavauš ẖš[āyaþi]ya

ima taya adam akunavam vašnā Aura[maz]dāha hamahyāyā þarda pasāva yaþā ẖ[šāyaþiya] abavam

XIX hamaranā akunavam vašn[ā Aura]mazdāha adamšiš ajanam utā IX ẖš[āyaþiy]ā agarbāyam

I Gaumāta nāma maguš [hauv ad]urujiya avaþā aþaha adam Bardiya amiy [haya Ku]rauš puça hauv Pārsam hamiçiyam akunau[š]

[I Āçi]na nāma Ūvjiya hauv adurujiya avaþā a[þaha adam] ẖšāyaþiya amiy Ūvjaiy hauv Ūvjam hamiçiyam akunauš

I Niditabaira nāma Bābiruviya[] hauv adurujiya avaþā aþaha adam Nabukudra[cara amiy] haya Nabunaitahya puça hauv Bābirum[hami]çiyam akunauš

I Martiya nāma Pārsa hauv [aduruj]iya avaþā aþaha adam Imaniš amiy Ūvjai[y ẖšāya]þiya hauv Ūvjam hamiçiyam akunauš

I Fravar[ti]š nāma Māda hauv adurujiya avaþā aþaha a[da]m [H̱]ša[þr]ita amiy Uvaẖštrahya taumāyā adam ẖšāyaþiya amiy Mādaiy hauv

Mādam [hamiçiyam] akunauš

I Ciçataẖma nāma Asagartiya hauv[adu]rujiya avaþā aþaha adam ẖšāyaþiya amiy Asaga[rtaiy] Uvaẖštarahya taumāyā hauv Asagartam hamiçi[yam] akunauš

I Frāda nāma Mārgava hauv a[d]u[r]ujiya avaþā aþaha adam ẖšāyaþiya a[miy Mar]gauv hauv Margum hamiçiyam akunauš[]

[IVahya]zdāta nāma Pārsa hauv adurujiya ava[þā aþaha] adam Bardiya amiy haya Kurauš puça ha[uv Pār]sam hamiçiyam akunauš

I Araẖa nāma Armin[iya hauv] adurujiya avaþā aþaha adam Nabukudracara amiy [haya Nabu]naitahya puça hauv Bābirum hamiçiyam akunauš

大流士王说：

这是我在同一年借助阿胡拉马兹达神的意志（恩眷）所做的，当我成为王之后。

我进行了19次战斗。借助阿胡拉马兹达神的意志（恩眷），我击败了他们（指对手），并抓住了9个王。

一个名叫高墨达的术士，他谎称：我是巴迪亚，居鲁士之子。他让波斯发生叛乱。

一个名叫阿奇纳的埃兰人，他谎称：我是在埃兰的王。他让埃兰发生叛乱。

一个名叫尼迪塔拜拉（Niditabaira）① 的巴比伦人，他谎称：我是尼布甲尼撒，那波尼德之子。他让巴比伦发生叛乱。

一个名叫玛提亚的波斯人，他谎称：我是伊玛尼斯，在埃兰的王。他让埃兰发生叛乱。

一个名叫弗拉瓦提斯的梅德人，他谎称：我是赫沙浦利塔，属于乌瓦赫沙特拉家族。我是在梅德的王。他让梅德发生叛乱。

一个名叫齐匝塔赫玛的萨迦特人，他谎称：我是在萨迦特的王，出身于乌瓦赫沙特拉家族。他让萨迦特发生叛乱。

一个名叫弗拉达的马尔吉亚那人，他谎称：我是在马尔吉亚那的

---

① 在此前的文本中记作那迪塔拜拉（Nadi^{n}tabaira）。这里的写法可能是受到了巴比伦语版本中 Nidintu-bēl（“Ninintu 之主”）写法的影响。

王。他让马尔吉亚那发生叛乱。

一个名叫瓦赫亚兹达塔的波斯人，他谎称：我是巴迪亚，居鲁士之子。他让波斯发生叛乱。

一个名叫阿拉哈的亚美尼亚人，他谎称：我是尼布甲尼撒，那波尼德之子。他让巴比伦发生叛乱。

§ 53 (DB4.31-32)

þā[t]iy Dārayavauš h̯šāyaþiya

imaiy IX h̯šāyaþiya taya[iy ada]m agarbāyam a^{n}tar imā hamaranā

大流士王说：

这九个王，我在战斗中抓住他们。

§ 54 (DB4.33-36)

þātiy Dārayavau[š h̯š]āyaþiya

dahayāva imā tayā hamiçiyā abava draugad[iš hamiç]iyā akunauš taya imaiy kāram adurujiyaša

pasāvadi[š] A[urama]zdā manā dastayā akunauš

yaþā mām kāma avaþādi[š akunavam]

大流士王说：

这些发生叛乱的地区，谎言令它们叛乱，(因为)那些人欺骗了民众。

于是阿胡拉马兹达神把他们放到我的手中。

我的愿望是什么，我便对它们做什么。

§ 55 (DB4.36-40)

þātiy Dārayavauš h̯šāyaþiya

tuvam kā h̯[šāyaþiya ha]ya aparam āhy hacā draugā daršam patipayauvā

mart[iya haya drau]jana ahatiy avam ufraštam parsā

yadiy avaþā man[iy]ā[haiy] dahyāušmaiy duruvā ahatiy

大流士王说：

你,(只要)你是未来的王，好好保护你自己免于谎言！

说谎的人，好好地惩罚他！

若你这样想：我的土地变得坚固了。

§ 56 (DB 4.43-45)

þātiy Dār[aya]vau[š]ẖšāyaþiya

ima taya adam akunavam vašnā Auramazdāha[ha]ma[h]yāyā þarda akunavam

tuvam kā haya aparam imām dipi[m] patiparsāhy taya manā kartam varnavatām

þuvām mātaya dra[ug]am maniyāhy

大流士王说：

这是我所做的。借助阿胡拉马兹达神的意志（恩眷），我在同一年做了（这些）。

你,(只要)你将来读到这铭文,(有关)我所做的应让你相信。你不会认为它们是谎言。

§ 57 (DB 4.43-45)

þātiy Dārayavauš ẖšāyaþiya

Auramazdāha [ra]gam [va]rdiyaiy yaþā ima hašiyam naiy duruẖtam adam akuna[vam hama]hyāyā þarda

大流士王说：

我向阿胡拉马兹达神起誓：我在同一年所做的，是真实而非虚假的。

§ 58 (DB 4.45-50)

þātiy Dārayavauš ẖšāyaþiya

vašnā Aura[mazdāha] utāmaiy aniyašciy vasiy astiy kartam

ava ahyāyā d[i]p[iy]ā naiy nipištam avahayarādiy naiy nipištam

mātaya [haya]aparam imām dipim patiparsātiy avahayā paruv þadayā[tiy taya] manā kartam

naiš[im]ima varnavātaiy duruẖtam maniyā[taiy]

大流士王说：

借助阿胡拉马兹达神和我的意志，还有许多其他的事被做成了。

我没有把它们写在这铭文里,(之所以)我没有写下它们,
以免未来的人读到这铭文，我所做的对他而言显得太多了，
他不相信这些，而认为是虚假的。

§ 59 (DB 4.50-52)

þātiy Dārayavauš ḫšāyaþiya
tayaiy paruvā ḫšāyaþiy[ā] yātā āha
avaišām avā naiy astiy kartam yaþā manā va[šnā] Auramazdāha hamahayāyā þarda kartam
大流士王说：
那些过去的王，在他们在世时，
没有这么多的事被做成，如我借助阿胡拉马兹达神的意志（恩眷)在同一年所做的。

§ 60 (DB 4.52-57)

þātiy Dārayavauš ḫ[šā]yaþiya
nūram þuvām varnavatām taya manā kartam
avaþā kārahyā rādiy mā apagaudaya
yadiy imām ha^{n}dugām naiy apaga[u]da[yā]hy kārahyā þāhy
Auramazdā þuvām dauštā biyā utā[ta]iy taumā vasiy biyā utā dargam jīvā
大流士王说：
愿我所做的现在令你相信。
告诉民众，不要隐瞒!
若你不隐瞒这事迹,(而是)告诉民众，
阿胡拉马兹达神会成为你的朋友，你的家族会兴旺，你会活得久长!

§ 61 (DB 4.57-59)

þātiy Dārayavauš [ḫšāya]þiya
yadiy imām hadugām apagaudayāhy naiy þāhy[k]āra[hy]ā
Auramazdāta[i]y jatā biyā utātaiy taumā mā biyā

大流士王说：
若你隐瞒这事迹，不告诉民众，
阿胡拉马兹达神会是你的毁灭者，你的家族会不复存在。

§ 62 (DB 4.59-61)

þātiy Dārayavauš ẖšāyaþiya
ima taya adam akunavam hamahayāyā þarda
[vaš]nā Auramazdāha akunavam Auramazdāmaiy upastām abara utā an[iyāha ba]gāha tayaiy hatiy
大流士王说：
这是我在同一年所做的。
借助阿胡拉马兹达神的意志（恩眷），我做了（这些）。阿胡拉马兹达神带给我帮助，还有其他诸神，他们确实存在。

§ 63 (DB 4.61-67)

þātiy Dārayavauš ẖšāyaþiya
avah[ya]rādimaiy Auramazdā upastām abara utā aniyāha[] bagāha tayai[y hati]y
yaþā naiy arīka āham naiy draujana āham naiy zūrakara āham naiy adam naimaiy taumā
upariy arštām upariyā[ya]m naiy škauþim naiy t[u]nuvatam zūra akunavam
martiya haya hamataẖšatā manā viþiyā avam ubartam a[ba]ram haya viyanāþaya avam ufraštam aparsam
大流士王说：
因此阿胡拉马兹达神带给我帮助，还有其他诸神，他们确实存在。
因为我并非不忠，并非骗子，并非行恶者，我和我的家族皆非如此。
依照正义与公义，我并未对弱者或强者施以不义。
为我家效力的人，我好好待他，他却带来损害，我对其施以严惩。

§ 64 (DB 4.67-69)

þātiy Dārayavauš ḫšāyaþiya

tuvam [kā] ḫšāyaþiya haya aparam āhy

marti[ya] haya draujana ahatiy hayavā[zū]rakara ahatiy avaiy mā dauštā

[biy]ā ufraštādiš parsā

大流士王说：

你，（只要）你是未来的王，

一个人若是骗子或恶行者，不要做他的朋友，而要好好惩罚他。

§ 65 (DB 4.69-72)

þātiy Dārayavauš ḫšāyaþiya

tuvam kā haya aparam imām dipim vaināhy taya adam niyapaiþam

imaivā patikarā mātaya vikanahy

yāvā utava āhy avaþādi[š] paribarā

大流士王说：

你，（只要）你将来看到我所刻下的铭文或图像，不要破坏它们！

只要你有力量，就保护它们！

§ 66 (DB 4.72-76)

þātiy Dārayavauš ḫšāyaþiya

yadiy imām dipim vaināh[y] imaivā patikarā naiydiš vikanahy utātaiy

yāvā taumā [ahatiy] paribarāhadiš

Auramazdā þuvām dauštā biyā utātaiy tau[m]ā vasiy bi[y]ā utā dargam

jīvā utā taya kunavāhy avataiy Auramazdā ucāram kunautuv

大流士王说：

若你看到这铭文或图像，没有破坏它们，只要你有力量，就保护它们，

阿胡拉马兹达神会成为你的朋友，你的家族会兴旺，你会活得久长，你要做的事，阿胡拉马兹达神会将其成功。

§ 67 (DB 4.76-80)

þātiy Dārayavauš ḫšāyaþiya

yadiy im[ā]m dipim imaivā patikarā vaināhay vikanahadiš utātaiy yāvā tau[m]ā ahati[y nai]ydiš paribarāhy

Auramazdātaiy jatā biyā utātaiy taum[ā] mā b[iyā] utā taya kunavāhy avataiy Auramazdā nikatuv

大流士王说：

若你看到这铭文或图像，破坏了它们，若你有力量而没有保护它们，

阿胡拉马兹达神会是你的毁灭者，你的家族会不复存在，你要做的事，阿胡拉马兹达神会使其失败。

§ 68 (DB 4.80-86)

þātiy Dārayavauš ẖšāyaþiya

imaiy martiyā tayaiy adakaiy avadā[ā]hatā

yātā adam Gaumātam tayam magum avājanam haya Bardiya aga[uba]tā

adakaiy[] imaiy martiyā hamataẖšatā anušiyā manā

Vidafarnā nām[a] Va[h]yaspa[ruva]hyā puça Pār[sa]

Utāna nāma Þuẖrahyā puça Pārsa

Gaubaruva nāma Marduniyahyā puça Pārsa

Vidarna nāma Bagābignah[y]ā[] puça Pārsa

Ba[gab]uẖša nāma Dātuvahyahyā puça Pārsa

Ardu[ma]niš [nāma]Vahaukahy[ā] puça Pārsa

大流士王说：

这些人正存在于那时，

当我杀了那个自称是巴迪亚的术士高墨达时。

正在那时，他们作为我的追随者而效力。

名字：Vidafarnā，Vahyasparuva 之子，波斯人；

名字：Utāna，Þuẖra 之子，波斯人；

名字：Gaubaruva，Marduniya 之子，波斯人；

名字：Vidarna，Bagābigna 之子，波斯人；

名字：Bagabuẖša，Dātuvahya 之子，波斯人；

名字：Ardumaniš，Vahauka 之子，波斯人。

§ 69 (DB 4.86-88)

þātiy Dārayavauš ẖšāyaþiya
tuvam k[ā] ẖšāya[þ]iya haya aparam āhy tayām imaišām martiyānām taumām [ubar]tām paribarā
大流士王说：
你,(只要)你是未来的王，保护这些人的家族！

§ 70 (DB 4.88-92)

þātiy Dārayavauš ẖšāyaþiya
vašnā Auramazdāha ima dipi[c]i[çam] taya adam akunavam patišam ariyā utā pavastāy[ā] utā carmā gra[ftam] [āha]
[pat]išam[c]iy [nāmanā]fam akunavam pa[t]iša[m u]vadā[tam] [akuna]va[m]
utā niyapai[þ]i[ya u]tā patiyafrasiya paišiyā mā[m]
pasā[va] ima dipi[ciça]m f[r]āstāyam vi[s]padā a^{n}tar dahyā[va] kāra hamā[ta]ẖšatā
大流士王说：
借助阿胡拉马兹达神的意志（恩眷），我造了这铭文形式，而且它是雅利安式的，被刻写在泥版和羊皮纸上。
此外我做了家族成员姓名表，此外我做了族谱，
它们被写下，并在我面前被诵读。
然后我把这铭文形式传送到所有行省。民众们（为此）尽力了。

Column V

§ 71 (DB 5. 1-18)

þāt[iy D]ārayavauš[] ẖšāyaþiya
ima ta[ya ada]m akunava[m]duviīyāmca ç[itiyām] þardam
pas[ā]va[] yaþā ẖšāyaþiya [abavam]
[Ū]vja nām[ā] dahyāuš hauv ha[miçiy]ā abava
[I martiya] [A]þamaita nāma Ūvjiya[avam ma]þištam a[kunava]tā

pasāva adam kāram frāišayam [Imart]iya Gaubaruva nāma P[ārsa ma]
nā ba^{n}daka a[vamšā]m maþištam akunavam
pa[sāva]Gaubaruva [hadā] kārā ašiyava Ūvjam[hamaranam] akunauš
ha[d]ā Ūvjiyaibiš
pasāva Ga[ubar]uva Ūvjiyā aja utā viyamarda utā [tayāmšā]m maþištam
agarbāya ānaya abiy mām[]
[pasāvaši]m ada[m][avā]janam
pasāva dahyāuš manāabava
大流士王说：
这是我在第二年、第三年所做的。
然后我成为王。
名叫埃兰的地方发生了叛乱。
他们让一个名叫阿塔麦塔（Atamaita）的埃兰人作首领。
然后我派遣军队，让一个名叫高巴卢瓦（Gaubaruva）的波斯人，
我的封臣，作他们的首领。
然后高巴卢瓦带着军队前往埃兰与埃兰人作战。
然后高巴卢瓦击败了埃兰人，重创了（直译：压榨了）他们，抓
住了他们的首领，带给我。
然后我杀了他。
然后这地方归属于我。

§ 72 (DB 5.14-18)

þāt[iy Dā]rayavauš ḫšāyaþiya
avaiy [Ū]v[j]iyā [arīkā āha]
utāšām Auramazdā [nai]y[aya]d[i]ya
Au[ramazdā]m ayadaiy vašnā Auramaz[dā]ha[]
[yaþā] mām [kāma ava]þādiš akunavam
大流士王说：
那些埃兰人是不忠诚的，
阿胡拉马兹达神不被他们所敬奉，
我敬奉阿胡拉马兹达神，借助阿胡拉马兹达神的意志（恩眷），
我的愿望是什么，便对他们做什么。

§ 73 (DB 5.18-20)

þāt[iy Dāra]yavau[š ẖšāya]þiya

haya Auramazdām yad[ātai]y

yā[nam avahyā] ahatiy[] u[tā] jīvahyā utā martahyā

大流士王说：

谁若敬奉阿胡拉马兹达神，

他会拥有恩赐，无论活着还是死去。

§ 74 (DB 5.20-30)

[þāti]y Dārayavauš ẖšāyaþiya

pa[sāva had]ā k[ārā a]dam [aš]iyavam abiy Sakām

pas[ā]va[Sakā taya]i[y] ẖau[dā]m tigrām baratiy i[maiy patiš māmā]

iša[yad]iy abiy draya

avā[rasamd]raẖ[t]ā[①][avahadā kār]ā visā viyatarayam[]

[pasāva] avaiy[] Sak[ā adam] ajanam aniyam agarbāyam[hauv[②] ba]

sta[ānayatā] abiy mām

utāš[ām haya maþ]išt[a aha] S[k]uẖa nāma avam agarbā[ya basta]m[]

ānaya[abiy mām]

avadā aniyam maþišta[m] akunavam ya[þā] mām[k]āmaaha

pasāva dahyā[uš ma]nā [a]bava

大流士王说：

然后我带着军队来到斯基泰。

然后斯基泰人，他们戴着尖帽，冲向我，当我到达大海的时候。

凭借树干（？）我带着全部军队渡过了大海。

然后我击败了那些斯基泰人，抓住了（他们中的）一部分。他们被绑缚着带给我。

他们的首领名叫斯库哈（Skuẖa），他们抓住他，绑缚着带给我。

于是我让另一个人作（他们的）首领，如同我所希望的。

---

① 这一形式很不确定。

② 一说补作 aniya<a-ni-ya>“其他的”。若如此，则这句的意思大致是：我抓住了（他们中的）一部分，另一部分被绑缚着带给我。

然后那地方归属于我。

§ 75 (DB 5.30-33)

[þāti]y Dārayavauš ẖšāyaþi[ya]

[avaiy] Sa[k]ā arī[kā ā]ha[] utā naiy Auramazdā[šām aya]diya

Aurama[z]dām ayadaiy vašnā Auramazdā[ha]

[ya]þā mām kāma avaþādiš akunavam

大流士王说：

那些斯基泰人是不忠诚的，阿胡拉马兹达神不被他们所敬奉。我敬奉阿胡拉马兹达神。借助阿胡拉马兹达神的意志（恩眷），我的意愿（是）什么，我便对他们做什么。

§ 76 (DB 5.33)

þātiy[Dā]rayavauš [ẖ]šāyaþiya[]

[haya] Auramazdām yadātaiy [avahy]ā [yāna]m [ahatiy] utā jīvahyā utā mar[tahy]ā

大流士王说：

谁若敬奉阿胡拉马兹达神，他便能获得恩赐，无论活着还是死去。

附录

1. 波斯王系

在大流士的自述中，其谱系如下：adam Dārayavauš...manā pitā VištāspaVištāspahyā pitā Aršāma Aršāmahyā pitā Ariyāramna Ariyāramnahyā pitā Cišpiš Cišpaiš pitā Haḫāmaniša...avahyarādiy vayam Haḫāmanišiyā þahyāmahy hacā paruviyata āmātā amahy hacā paruviyata hayā amāḫam taumā ḫšāyaþiyaāha...VIII manā taumayā tayaiy paruvam ḫšāyaþiya āha adam navama LX duvitā paranam vayam ḫšāyaþiya amahy"我是大流士……我的父亲是维斯塔斯帕，维斯塔斯帕的父亲是阿尔沙美，阿尔沙美的父亲是雅利安拉姆那，雅利安拉姆那的父亲是齐斯匹斯，奇斯匹斯的父亲是阿契美尼德……因此我们被叫作阿契美尼德人。自古以来，我们是高贵的。自古以来，国王（的位置）属于我们家族……八（位国王）出自我的家族，我是第九个。我们依次是九个王"（DB 1. 3-11 = DBa）。

在大流士之前作为波斯帝国缔造者的居鲁士二世（居鲁士大帝）以阿卡德语记录的自述中，其谱系为①：a-na-ku^{I}ku-ra-aš...mar ^{I}ka-am-bu-zi-i̯a šarru rabu šar ^{alu}an-šá-an mar mari ^{I}ku-ra-aš šarru rabu šar ^{alu}an-šá-an Šà.Bal.Bal ^{I}ši-iš-pi-iš šárru rabu šar ^{alu}an-šá-an ziru da-ru-ú ša šarru-ú-tu šá^{ilu}bel u ^{ilu}nabu$_{1}$ ir-a-mu pa-la-a-šú a-na ṭu-ub lìb-bi-šu-nu iḫ-ši-ḫa šarru-ut-šu"我是居鲁士……冈比西斯之子，伟大的王，安善（地区）之王；居鲁士之孙，伟大的王，安善（地区）之王；齐斯匹斯之曾孙，伟大的王，安善（地区）之王。王国永恒的后裔，Bel 神与 Nabu 神钟爱他的王朝，他们在心中为他的王国之昌荣而欢喜"（CMa 20-22）。

这两份自述所对应的波斯王族谱系有着明显的差别。希罗多德的《历史》中（3.70），有大流士的父亲维斯塔斯帕是总督类的地方

---

① 阿卡德语文本参照 Weissbach 1911。

高级官员（ὕπαρχος）的记述。而大流士成为波斯帝国之主后，还明确提到他的父亲维斯塔斯帕参与了在帕提亚地区的平叛（DB 2. 92-98, 3. 1-9）。因而大流士所记述的王室谱系当是他从自己作为波斯帝国中兴之主的地位出发，向上追溯的产物，类似中国历史上君主（特别是开国君主）对于自己父祖加以追封。

大流士与居鲁士所述之谱系，都追溯到齐斯匹斯（Cišpiš），综合考察，其谱系如下：

阿契美尼德
齐斯匹斯（* 前 705—* 前 675）

↓

居鲁士一世（* 前 640—* 前 600）	雅利安拉姆那（* 前 640—* 前 590）
冈比西斯一世（* 前 600—* 前 559）	阿尔沙美（* 前 590—* 前 559）
居鲁士二世（前 559—前 530）	维斯塔斯帕
冈比西斯二世（前 530—前 522）	大流士一世（前 522—前 486）

自大流士以降，波斯王室谱系较为明确，其在位时间如下：

大流士一世（Darius I，前 522—前 486）
薛西斯一世（Xerxes I，大流士之子，前 486—前 465）
阿尔塔薛西斯一世（Artaxerxes I，薛西斯一世之子，前 464—前 424）
薛西斯二世（Xerxe II，阿尔塔薛西斯一世之子，前 424）
索蒂安努斯（Sogdianus，薛西斯二世同父异母的兄弟，前 424—前 423）
大流士二世（Darius II，索蒂安努斯同父异母的兄弟，前 423—前 404）
阿尔塔薛西斯二世（Artaxerxes II, 大流士二世之子，前 404—前 358）
阿尔塔薛西斯三世（Artaxerxes III, 阿尔塔薛西斯二世之子，前 358—前 338）
阿尔塔薛西斯四世（Artaxerxes IV, 阿尔塔薛西斯三世之子，前 338—前 336）
大流士三世（Darius III, 大流士二世之曾孙，前 336—前 330）

说明：阿尔塔薛西斯五世（Artaxerxes V, 前 330—前 329）谋杀大流士三世后自立，但未获认可。大流士三世被包括对手亚历山大在内的各方力量认为是波斯帝国的末代君主。

2. 波斯帝国的历史存在与历史形象

波斯人和米底亚人同属来到伊朗的雅利安人。米底人定居于伊朗高原西北部，其地盛产良马，波斯人则定居于伊朗高原西南部接近海湾之处。波斯人有十个大的部落（六个农耕，四个畜牧），其社会结构遵循着早期印欧民族祭司、武士、农民三分的传统。在亚述帝国于公元前 627 年因君主亚述巴尼拔去世而陷入动荡之际，米底亚王国与新巴比伦王国结盟，于公元前 614 年与前 612 年分别攻占亚述旧都阿舒尔与新都尼尼微，一举消灭了亚述帝国，米底亚借机获得亚述帝国之西部、安纳托利亚之东北部与伊朗高原之大部，上升为帝国，而波斯王冈比西斯一世（Cambyses I）也成为其封臣。公元前 553—前 550 年，冈比西斯之子居鲁士二世（Cyrus II）起兵反抗并成功推翻米底亚的统治，原属米底统治的埃兰、帕提亚、基尔卡尼亚、亚美尼亚等相继归降，波斯帝国强势崛起，跃升上世界历史的舞台。公元前 546 年，安纳托利亚富藏贵金属的吕底亚（Lydia）王国被纳入其版图，前 539 年，波斯大军几乎兵不血刃地占领巴比伦。尽管居鲁士大帝在公元前 529 年与马萨革泰人的战斗中意外身亡，但波斯帝国的势力范围已经延伸到死海与今阿富汗之间的河间地带（Transoxania），其东部和东北部疆域包括阿姆河两岸的巴克特里亚（Bactria，中国史书称为大夏）和花剌子模（Chorasmia）。公元前 525 年，居鲁士的继承人冈比西斯二世（Cambyses II）将埃及并入波斯帝国的版图。这一阶段的波斯已经超越了全盛时期的亚述，成为当时世界上前所未有的庞大帝国。

公元前 522 年，冈比西斯二世在从埃及回师的途中神秘去世，王位落入自称是其兄弟的巴迪亚（Bardiya）手中。此时，埃及、米底亚、波斯均发生了反抗帝国统治的暴动，一种在过往西亚地区不断重复的、伴随着重要君主的去世而造成帝国急剧衰落乃至覆灭的历史似乎又将上演。正是在这一关键的历史节点，波斯七大贵族世家的首领合谋，击杀巴迪亚（或冒充巴迪亚的术士高墨达 [Gaumata]），推选七人中的大流士（Darius）继承王位。大流士力挽狂澜，连续 19 战全胜，擒获 9 个暴动首领，平定帝国全境的叛乱，使帝国重定于一。公元前 520 年，他命人将这一功业以古波斯语、巴比伦语、埃兰语铭刻于贝希斯顿（Behistun，古波斯语 Bagastana“神居之地”，新波斯语 Bīsotūn）的崖壁之上，此即著名的贝希斯顿铭文。

大流士作为波斯帝国的中兴之主，确立和完善了对于波斯帝国及后世各大政治体（特别是罗马帝国）有极深远影响的行省制度（这一制度始创于亚述人，在居鲁士大帝时期被加以沿用）。全国被系统地划分为二十余个行省（DB 1. 12-17），每个行省设置总督。帝国将绝大部分权力下放给各行省的总督，由其负责行政、税赋、司法事务，在某些条件下也允许其统帅军队。对于波斯这样一个地跨亚非欧三洲、幅员辽阔、民族众多、地区差异极大的超级帝国而言，这种赋予地方以高度自主性又维持中央政府之高度权威的制度可谓至关重要。

大流士统治末期，波斯帝国发动了对希腊的入侵。在公元前 490 年的马拉松战役中，波斯军队被雅典人击败。大流士之子薛西斯（Xexes I）再次发动了规模浩大的旨在征服希腊的远征，但在公元前 480 年的萨拉米（Salamis）海战遭遇决定性的惨败。希腊远征的失败是波斯帝国的转折点，此后波斯尽管仍维持着对其庞大疆域的统治，却失去了对于地中海区域的控制力，也失去了进一步对外扩张的雄心与锐气，而陷入为内外情势困扰疲于应付的境地。公元前 334 年，马其顿国王亚历山大率军进攻波斯帝国，在几次关键性战役中均取得胜利，公元前 330 年，波斯帝国的末代君主大流士三世被部下所杀，帝国覆亡。

波斯帝国与此前各种帝国的最大差异在于：

1）它的统治以获得贡奉和服从为目的，而对于各地复杂的风俗民情、宗教信仰、法律传统、社会结构、政治认同、经济活动，只要不明显与其统治相悖，一概不予干涉。这种中央政府与地方精英－贵族集团合作、在保证统治权的基础上无为而治的国策，使得波斯帝国的统治得以绵延数百年；

2）在埃及和美索不达米亚的政治生活中，代表宗教力量的祭司阶层总是发挥着极为重要的作用（巴比伦被波斯顺利攻占，便是祭司阶层主动开门献城的结果），而波斯帝国则基本不存在具有如此举足轻重地位的祭司阶层。由于帝国采用极为宽容的宗教政策，宗教与祭祀行为对于君主而言更多只是其合法性的某种装饰，起初波斯君主在巴比伦参与“蒙贝勒（Bēl“主人”）护佑”的仪式、在埃及扮演法老的角色，这只是尊重当地宗教传统的表现（后来亚历山大袭取了这一立场，他在巴比伦被称为“马尔杜克之子”，在埃及被称为“阿蒙之子”）。琐罗亚斯德教对于波斯帝国而言，更大程度上是阿胡拉·玛兹达信仰在波斯王室中获得的认同（大流士多次称自己的王位来自阿胡拉·玛兹达的恩宠），而不是真正意义上的国教。在波斯帝国的政治构架中，祭司的地位被地方精英－贵族集团所取代。相对于此前的政治体，波斯帝国呈现出了前所未有的世俗化或说去宗教化特征；

3）波斯确立了一种抽离具体宗教内容的绝对王权，这种权威超越传统习俗与宗教规范，它是法律之正当性的来源，是世间公正的化身。这一体系下，臣民与君主的差异，对应于传统宗教上凡夫与神灵的差别。这种意义上的王权，不再需要追溯更高的神性来源（尽管也不排斥），而以自身为目的。

由于波斯与希腊的长期战争和相互影响，它构成了希腊人对于东方世界最直观而深切的观察对象。后世关于波斯的认识，其主要依据往往是希腊史家的记述（如希罗多德之《历史》、色诺芬之《长征记》）。这一过程中形成的种种意向，通过希腊人进而嵌入整体西方文明的意识深处，成为其所构造的世界体系中最具典型特征的“东方”代表，一种与“西方”对立的“他者”。

在西方有关波斯的记述－想象传统中，“专制”无疑是其最突出的特质。亚里士多德的《政治学》中，专制（despoteía）被表述为以蛮族王制为典型的君主一人对全部臣民实行类似主人对奴隶式的统治，其根源在于蛮族人天然地具有奴性（doulosphysei“自然奴隶”），因而天然适于接受专制统治。尽管在亚里士多德的理论体系中，波斯之政体属于具有绝对权力的王制（pambasíleia），即应归入家长式的统治而非主奴式的专制，而专制也并非仅限于蛮族人，在希腊城邦中，僭主政体、寡头政体、暴民政体都可以转化为类似主人对奴隶式的专制统治，但这一精妙的区分往往被严格强调希腊人与野蛮人差别的希腊主流意见所淹没。在普罗塔克有关亚历山大的传记中，记录了亚里士多德对亚历山大的教诲：作希腊人的领袖（hēgemōn），作野蛮人的主人（despótēs）。无论这是否真为亚里士多德所言，但其精神正契合于希腊人的主流文明论倾向：希腊人（Héllēnes）与野蛮人

（bárbaroi）、西方与东方的对立（波斯正是野蛮东方的代表），分别对应着自由与奴役的品质，西方天然是自由的，东方天然是奴役的。这直接构成了至今仍颇具影响的“东方专制主义”叙事的一部分，进而成为 16 世纪以来西方所塑造的世界历史和世界体系之整体意识形态的一部分。

3. 古波斯语楔形文字破解简史[①]

在自希罗多德以降的西方古代作家，有不少提及古波斯语铭文与其所使用文字，但铭文内容与文字涵义已经不复为人所知。近代以来最早的关于波斯波利斯（Persepolis）的楔形文字材料的记述，来自意大利旅行家佩德罗（Pietro della Valle），他在游记中留下了对于这种未知的文字的不少猜测（如这种文字的书写顺序为从左至右）。1674 年，第一份波斯铭文（后来被确定为大流士的作品 DPc）由查丁（Chardin）出版，自那时起，这种未知的文字开始被称作楔形文字。

著名的旅行家尼布尔（Carsten Niebuhr）在 1778 年出版了显示效果大大改善了的来自波斯波利斯的楔形文字文本，并认出其中包含着三种不同的文字，其中最简单的一种包含着 42 个楔形符号，这三种文字中，楔形符号最简单的一种首先出现，一种略复杂些的文字在其之后，而带有最多楔形符号的文字则出现在最后。他正确地指出，这三种文字对应于同一文本，它们的书写方向为从左至右。

1798 年罗斯托克的东方学家图和森（O. G. Tychsen）做出两个重要发现：1. 在第一种文字中反复出现的符号 ⸌ 是词汇之间的分隔符；2. 这三种不同的文字，不但对应于三种书写方式，也对应于三种不同的语言。但他错误地将铭文归于帕提亚王朝时代。

1802 年，丹麦学者蒙特（Friedrich Münter）发表论文《在波斯波利斯的楔形字体铭文探索》（Versuch über die keilförmigen Inschriften zu Persepolis），基于历史证据，认为这些铭文当出自阿契美尼德王朝的君主，进而提出假设：三种字体中，第一种为字母文字，第二种为音

① 更为详尽的破解过程介绍，参阅 Johnson 1917, 页 1-16；Kent 1953，§ 13-17；Meißner/Oberhuber 1967, §1-6。

节文字，第三种为字母组合文字（Monogrammschrift）。他指出，若三种文字对应的文本为同一个，则在这种多语对照文本中，若一组符号在第一种文字中重复出现，则在另一种文字中会出现相应的词汇重复。在多次重复出现的符号组中，他正确地辨识出“国王”与“王中之王”。但他显然不够幸运，他所推断的楔形字母符号表，只有 a 与 b 两个字母是正确的。

对古波斯语楔形文字的破译做出决定性贡献的，是出身于法兰克福、在哥廷根担任中学教师的年轻人格罗特冯德（Georg Friedrich Grotefend）。在 1802 年 9 月 4 日，他向哥廷根学者联合会提交论文，对两组来自波斯波利斯的铭文（DPa 与 XPe）进行对比。他假设这两组铭文均出自阿契美尼德王朝的君主，因而文中包含着君主的名字与头衔，他利用塞西（Silvestre de Sacy）刚破解的巴列维语中波斯君主称谓程式“伟大的王，王中之王，伊朗的王和非伊朗的王”，认为可以在这两组铭文中寻到类似的内容。他接受了蒙特对于代表“国王”之符号（词汇）的释读，则这组符号的重复形式伴随结尾处的小变化，意为“王中之王”，而“国王”一词后面跟随着一个不同的词（一组不同的符号），意为“伟大的王”。

这两组铭文中古波斯语部分的对照，我们可以通过下面的表格更直观地加以认知（第一行为楔形文字，第二行为拉丁字母转写，第三行为翻译）：

DPa	XPe
𐎭𐎠𐎼𐎹𐎺𐎢𐏁𐏐	𐎧𐏁𐎹𐎠𐎼𐏁𐎠𐏐
Dārayavauš	Ḫšayāršā
大流士	薛西斯
𐎧𐏁𐎠𐎹𐎰𐎡𐎹𐏐 𐎺𐏀𐎼𐎣𐏐	𐎧𐏁𐎠𐎹𐎰𐎡𐎹𐏐 𐎺𐏀𐎼𐎣𐏐
ḫšāyaþiya vazarka	ḫšāyaþiya vazarka
伟大的王	伟大的王
𐎧𐏁𐎠𐎹𐎰𐎡𐎹𐏐𐎧𐏁𐎠𐎹𐎰𐎡𐎹𐎠𐎴𐎠𐎶𐏐	𐎧𐏁𐎠𐎹𐎰𐎡𐎹𐏐𐎧𐏁𐎠𐎹𐎰𐎡𐎹𐎠𐎴𐎠𐎶𐏐
ḫšāyaþiya ḫšāyaþiyānām	ḫšāyaþiya ḫšāyaþiyānām
王中之王	王中之王
𐎧𐏁𐎠𐎹𐎰𐎡𐎹𐏐 𐎭𐏃𐎹𐎢𐎴𐎠𐎶𐏐	
ḫšāyaþiya dahyūnām	
诸域之王	
𐎻𐏁𐎫𐎠𐎿𐎱𐏃𐎹𐎠𐏐	𐎭𐎠𐎼𐎹𐎺𐏃𐎢𐏁𐏐𐎧𐏁𐎠𐎹𐎰𐎡𐎹𐏃𐎹𐎠𐏐
Vištāspahyā	Dārayavahauš ḫšāyaþiyahyā
维斯塔斯帕	大流士国王
𐎱𐎢𐏂𐏐𐏃𐎧𐎠𐎶𐎴𐎡𐏁𐎡𐎹	𐎱𐎢𐏂𐏐𐏃𐎧𐎠𐎶𐎴𐎡𐏁𐎡𐎹
puça Haḫāmanišiya	puça Haḫāmanišiya
之子，阿契美尼德人	之子，阿契美尼德人

他认为，两组铭文的开头的符号组不同，因而是关于两位不同的波斯君主；在第一份铭文（即 DPa）中出现的符号 𐎭𐎠𐎼𐎹𐎺𐎢𐏁，也出现于后一铭文（即 XPe）中，并伴随着代表国王的符号 𐎧𐏁𐎠𐎹𐎰𐎡𐎹，接着两个铭文中呈现出相同的符号 𐎱𐎢𐏂，他推断是“儿子”的意思，则出现在之前的符号，当是其父亲的名字。由于第一份铭文（DPa）中表示名字的符号后没有“国王”的头衔，而后一份铭文（XPe）有，则第一份铭文对应的那位波斯君主的父亲，并非国王。阿契美尼德王朝的历代君主中，只有居鲁士大帝（作为开创者）与大流士一世（作为中兴之主）符合这一条件。在此二者中，他排除了居鲁士而将此处铭文的作者确定为大流士，基于如下理由：居鲁士（Kyros）和他父亲冈比西斯（Kambyses）名字的首个字母符号应是相同的，而此处铭文中两个名字的首个符号（一者为 𐎭，一者为 𐎧）并不相同。

这一基于错误理由得出的正确结论表明：作为古波斯楔形文字体系的破解者，格罗特冯德不但有着惊人的天才与睿智，也有着他的前辈所没有的幸运。事实上，在古波斯语的楔形文字体系中，居鲁士名字的首个字符 𐎤（ku）与冈比西斯名字的首个字符 𐎣（k/ka）并不相同！但在这个破解楔形文字的关键时刻，在此处出现的铭文中，碑主确实是大流士而非居鲁士！

正是从这一结论出发，他读出了两处铭文中出现的维斯塔斯帕、大流士、薛西斯这三个专名，从而完成了这一尘封两千年的古老文字破解过程中最重要的突破。尽管他所提出的字母符号表，在这两个铭文所出现的 22 个符号中，只有 10 个是正确的，但是，他为古波斯楔形文字的破解工作奠定了真正坚实的基础。

格罗特冯德本人并非真正的语文学家，此后古波斯语文字体系的完全破解和相关文献的深入释读，更多地由专业的东方学家（伊朗学家）来进行，其中特别值得称道的是法国学者博努夫（Eugene Burnouf）与德国学者拉森（Christian Lassen），他们两人的成果几乎同时于 1836 年出版，完成了对于几乎所有古波斯语楔形文字符号的破解，而后者更是借鉴了印度古代语言的书写体系，提出古波斯语的文字体系中，辅音符号具有内含的元音 a，而 a 之外的元音则需通过单独的符号加以表达。至 19 世纪中后期，古波斯语楔形文字的转写体系基本成型，沿承至今。

词汇表

古波斯语－汉语

a-^{1}：指示代词词根，“此者，这个”；单数阴性位格 ahyāyā (dipiyā)“在此（铭文）中”, DB IV 47；ahyāyā BU-yā A^{3}P 11【阿维斯塔语 a-“这个，在这里者”，单数与格（Sg. Dat.） a-hmāi；梵语 a-“这个”，单数与格 a-smai】

a-^{2}：表否定义的小品词，“不是，非……”【< 古印欧语 *n̥-~ 阿维斯塔语 a-，梵语 a-，古希腊语 ἀ-，拉丁语 in-，日耳曼语 un-】

ā：介词，“直到，直至，直到……之后”【阿维斯塔语 ā，梵语 ā́】

abara：他已带来（upastām“帮助”）；abariya 被动态“被带来”，参见 bar-

abava：他已成为，成长；abavam“我成为”，参见 bav-

abicar(a)iš：DB I 64-<a-ba-i-ca-ra-i-ša>，意义及语法形式有争议，一说作“奴隶，奴仆”之义【梵语 abhicara-“奴仆”，古希腊语 ἀμφίπολος“女仆；仆人；祭司（神的仆人）”，拉丁语 anculus“仆人”】；一说作“土地，耕地，牧场”（以 -iš 结尾的中性名词）。DB 1. 64-66 中出现了 abicarīš gaiþāmcā māniyamcā viþbišcā 并列的表述，abicarīš 当为与后面三者（畜群、眷属－奴隶、家庭）意义接近的词，上述二说均有可能，而“土地，牧场”的可能性更大

Abirādu：位于埃兰的地名；单数主格 -ušDSf 46

abiš：参见 ap-

abiy：介词，“到……去，向……”；abiy avam ašiyava“到某人那里去”【阿维斯塔语 a^{i}bi, a^{i}wi，梵语 abhi】

aciy：（’-c-i-y），副词，“那里”（？）【阿维斯塔语 at̰cit̰“那里”，yat̰cit̰“当……”/-tc-> 古波斯语 -cc，通常情况下 -tc-> 古波斯语 -šc】

Āçiyādiya-：阿齐亚蒂娅，第九个月的名字，“火祭之月”：āçiy-<*ātry【阿维斯塔语 ātar“火”，+ yad-“尊崇，祈祷”，另可参照古波斯语

*Āçi-dāta-（ἀσιδάτης）“火所给予的”，阿维斯塔语专名 Āt(ə)rə-dāta-，形容词 ātərə-dāta-，ātrə-dāta-。一个埃兰的反叛者有着这个伊朗语名字的缩写形式 Āçina-】

ada-：副词，“当时，后来”，用于 ada-taiy“后来……你”，ada-kaiy“当时，后来”【阿维斯塔语 adā, aδa，梵语 ádha-“于是，后来”，参见 a-[1]；-kaiy 对应于古希腊语 ποι“某处”】

adā：他已创造；参见 dā-[2]

*ādainakara-：制镜人（埃兰语）【粟特语 ”δ’yn’k（āδēnaka）“镜子”】

adam：代词，“我”；adam-šim“我……它”（DB I 62）【< 古印欧语 *h_1eǵ-Hom“我”~ 阿维斯塔语 azə̄m，azəm，梵语 ahám“我”古教会斯拉夫语 azъ；另可参照古希腊语 ἐγώ，拉丁语 egō，亚美尼亚语 es，立陶宛语 àš，哥特语 ik，赫提语 uk，吐火罗语 ñuk< 古印欧语 *h_1eǵ，*h_1eǵ-(o)H】

adānā：他已知道；参见 ẖšnā-

adaršnauš：他已敢于（kašciynaiy……“无人敢于”）；参见 darš-

adīnā（adīnam）：他（我）已拿走，参见 dī-[2]

adri：参见 Ar(a)kadri

Adukanaiša：音译“阿杜卡奈沙”，第一个月的名字（3 月—4 月），埃兰语版本作 ha-du-ka-na-iš

aduruǰiya：（他）说谎，参见 draug-

afuvā-：（对死亡的）恐惧，恐慌【阿维斯塔语 afša，afšman“伤害，损害”；梵语 apvā́“一种疾病的名称”，apuvāyáte“（情况）变坏，恶化”；古希腊语 ἠπεδανός“虚弱的”】

agarbāyam：我已获得，我已征服；agarbāyatā：他已获得；参见 grab-

agriya-（或 āg(a)riya-）：形容词，“善意的，情愿的，忠实的”（与 arika“恶意的”相对【阿维斯塔语 āgrə-mati-“善意的”】

*Agnifarnah-：专名，源自伊朗语 *agni“火”【梵语 agni，拉丁语 ignis，阿维斯塔语专名 Dāštāɣni】与 farnah-“国王的荣光，声誉，幸运”的结合

aguru-：砖（在 DSf 53 中写作 agurum，在阿卡德语版本中作 a-gur-ru，新波斯语 āgūr“砖”）

ah-[1]：存在，是；amiy 我是，astiy 他是，amahy 我们是，ha^ntiy 他们是；

ahaniy 我愿是；āha 他曾是，他们曾是；āha^{n}tā 他们曾是【< 古印欧语 *h$_1$és- “是，存在”~ 阿维斯塔语 ah-，3. Sg. asti，3. pl. hənti；梵语 as-，ásti，sánti；古希腊语 *ἐστί*，拉丁语 est，哥特语 ist 等】

ah-^{2}：扔，抛；āhyatā “他们被抛入”【阿维斯塔语 ah-，梵语 as- “扔，抛”；*as-i̯a-> 阿维斯塔语 aŋha-，梵语 ásya- “（中动 - 被动）扔，抛”】

ah̬šaina-：形容词，用于 kāsaka haya ah̬šaina “绿松石”，其本意为“深色的，黑色的”<*a-xšai-na- “不明亮的，不发光的”【阿维斯塔语 axšaēna- “深色的，黑色的”，古希腊语中黑海之名 *Πόντος Ἄξεινος* 与之相关（后因被误解为“不友好的海”而转称 *Εὔξεινος Πόντος* “好客的海”）；中古波斯语 axšēn/xašēn、新波斯语 xašīn “蓝色的”；奥塞特语 œxsīn “深灰色的”】

ah̬šata-：形容词，“不受干扰的，未被破坏的，完好无损的”【梵语 á-kṣata- “完好无损的，未受伤的，整全的”】；另一种读法为 ah̬štā，名词，“保护，监护，安全”

aišay-：传递，运送，派送；frāišayam “我已送出”【阿维斯塔语 fraēšye^{i}ti “（他）退却”；梵语 iṣ- “推动，传送”；古希腊语 *ἰνέω*，*ἰνάω* “带走，清空”；古北欧语 eisa “前进，前行”】

aita-：代词词干，“这，这个”；aita (-maiy) “（我的）这个”【阿维斯塔语 aēta-, 梵语 etát “这，这个”】

aitiy-：参见 ay-

aiva-：一；唯一，独自；aivam “一，唯一”（宾格）【古印欧语 *Hoi-u̯o-~ 阿维斯塔语 aēva- “一”；古希腊语 *οἶος*（塞浦路斯语 *οἶϝος* Inscr. Cypr.135.14 H）“独自”】

aǰanam：我已打击，我已击败；aǰaniya “他已被打，已被剥夺影响”（古波斯语 ištiš “砖”）；参见 ǰan-

aǰīvatam：（两个已）活着；参见 ǰīv-

akaniya：已被挖出，已出土；参见 kan-^{1}

akariya：已被处理，已被做成；akunavam “我已创造，我已完成”；3 Sg. akunauš，3 Pl. akunavaša，中动态 akunava^{n}tā；参见 kar-

Ākaufaciya-：Ākaufaka 人；参见 kaufa-

amahy：参见 ah-

amāh̬am：第一人称复数属格形式，“我们的”，可对照 adam，vayam【阿

维斯塔语 ahmākəm，梵语 asmā́kam，粟特语 m'x<*ahmāxam“我们”】

amariyatā：他已死，DB I 43 与 uvāmaršiyuš 连用；参见 mar-

amata：副词，“从那里开始”【代词 *ama“这个”（对照梵语 áma-“这个”）加后缀 *-tas（对照梵语 tá-taḥ“从那里（来），然后”）】

āmāta-：形容词，“高贵的，有着贵族血统的”（对应于阿卡德语 mārbanî，苏美尔语 DUMU.DÙ“自由人，具有完全公民权者”）【阿维斯塔语 āmāta-“经受考验的，被证明是优秀的”<ā + mā-“度量，衡量”】

amiy：参见 ah-

amuþa：他已逃走；参见 mauþ-

anā：单数阳性工具格，“通过这个”，参见 a-^{1}

Anāhitā-：女神安娜西塔（Anahita），古希腊语 Ἀναῖτις。在古波斯语中只在后期留下了 Anahita 与 Anah^{a}ta 的形式【阿维斯塔语 anāhita-“无瑕的”，常作为 Arədvī 的称谓名号（sūra anāhita“无瑕的神”），源自表否定义的前缀 an-+ āhita-“不纯洁的”~ 梵语 ásita-“黑色的”；另可对照梵语 anāgāḥ“无罪的”<an+ āgaḥ“罪行”。古波斯语的这一神名，也可能包含着对古埃兰女神名字的改写：Nanhunte>Nahiti】

Anāmaka-：阿纳玛卡，第十个月的名字（十二月——一月），“无名者之月”（a-^{2} + nāmen）【梵语 anāmaka-“闰月”】

aniya-：其他的，（两者中的）另一个；aniyā - aniyā“一者……，另一者……；一部分……，另一部分……”；aniyaš-ciyvasiy“许多其他的”（DB IV 46）；aniyāhabagāha“其他诸神”（DB IV 61）；aniyāuvā“在其他人中”（DB I 35）【< 古印欧语 *(h$_{2}$)an-i̯o-“其他的”~ 阿维斯塔语 anya-，梵语 anyá-“其他的，另一者”；aniyaš-ciy~ 阿维斯塔语 anyå̄s-ciy（<*anyat̰-ciy）】

*ankuraka-：葡萄榨汁用的大桶【中古波斯语、新波斯语 angūr“葡萄”；梵语 aṅkurá-“树苗，萌芽”；古希腊语 ἀγκύλος“弯曲的，扭曲的”】

a^{n}tar：介词 + 宾格，“通过；在……之中”；a^{n}tar imā hamaranā“通过这些战役”（DB IV 32）；vispadā a^{n}tar dahyāva“在诸行省的每一处”（DB IV 92）；a^{n}tar dahyāva“在诸行省”（XPh 30）【< 古印欧语 *h$_{1}$(e)nter“在……之间”~ 阿维斯塔语 antar^{ə}，梵语 antár“在里面，在……

之间”；拉丁语 inter，古爱尔兰语 eter，古高地德语 untar“在……之间”；赫提语后置词 anda“在里面”，副词 andan】

anušiya-：随从，助手，盟友（<*anutya-<anuv“根据，顺应”）【粟特语’nwt<*anut“支持”】

anuv：前置词＋属格/位格，“按照，根据，依照”；+离格，“沿着，靠着”【阿维斯塔语 anu，梵语 ánu“按照，根据，依照”；阿维斯塔语 ana，古希腊语 ἀνά，哥特语 ana“在……之上”】

ap-：水；单数位格 *ap-i；apiyā“进入水中”（DB I 95）；api-šim parābara“在水中带其前行”（DB I 95-）；复数工具格 abiš（<*ab-biš<*ap-b^hiš）（DB I 86）【<古印欧语 *$h_2$ep-“水”~ 阿维斯塔语 ap-“水”，梵语 ap-，ā́paḥ；立陶宛语 ùpė“水”，古普鲁士语 ape“河流”；吐火罗语 AB āp“水；河流”；而赫提语 ḫapa-“河流”，古爱尔兰语 aub，中古威尔士语 afon，拉丁语 amnis“河流”则与之并不直接同源，而是出于古印欧语 *h_2eb^h-，*h_2eb^h-n-“河流”】

apa-：前缀，“离开，远离”【<古印欧语 *$h_2$ep-“离开”~ 阿维斯塔语 apa，梵语 ápa，古希腊语 ἀπό，拉丁语 ab】

apadāna(m)：只保留单数宾格形式，“宫室，大殿”（<apa-dāna“离开［地面］而持有”?）【帕提亚语’pdn，’fdn，叙利亚语 āpaδnā“宫殿”】

apagaudaya：（与 mā 连用）你（不）愿隐藏；（yadiy...） apagaudayāhy（当……）你将隐藏；参见 gaud-

apaniyāka-：曾祖父；参见 apa-，niyāka

apara-：未来的，后来的；aparam“以后，后来”（DB IV 48）；hayaapara“（你）后来（所是）的那个”（XPh 47）【阿维斯塔语 apara-，梵语 ápara-“后面的，后来的”；哥特语 afar“此后，以后”】

apataram：副词，“远离，在……之外”【apa- 的比较级构造，类似古希腊语 ἀπωτέρω“更远的”，另可对比哥特语 aftarō“从后面”，古高地德语 aftar“在……之后”】

apiþa (api^{n}þa)：（他们）已画，已装饰；参见 paiþ-

apiy：副词，“（此外）还，（而且）也”【<古印欧语 *$h_1$epi-“在……上”~ 阿维斯塔语 a^{i}pi，梵语 ápi“（此外）还，（而且）也”，古希腊语 ἔπι“此外”，亚美尼亚语 ew“而且，也”】

ar-：到来，走来【梵语 ṛ-ccháti“走向，到达”】

Arabāya-：阿拉伯（半岛）；阿拉伯人；埃兰语版本作 ẖar-ba-i̯a，阿卡德语版本作 a-ra-bi，古希腊语作 *Ἀραβία*

Araẖa-：阿拉哈，一个亚美尼亚反叛者的名字，Haldita- 之子【亚美尼亚语 eraxag，eraxay“年轻人”？】

Ar(a)kadri-：札格罗斯山脉的一座山【-adri 可能对应于梵语的 ádri-“岩石，山崖”】

arasam：我已来到；参见 ar-

arašni-：肘尺（作为计量单位）【< 古印欧语 *Heh$_3$l-én-（*HoHl-én）“肘”~ 阿维斯塔语 arəþna-，梵语 aratní-“肘尺”；俄语 aršín，德语 Arschine，法语 archine“（俄制）肘尺”；另可对照古希腊语 *ὠλένη*，拉丁语 ulna，哥特语 aleina（<*alina？），古高地德语 elina“手肘”】

Arbairā-：阿尔贝拉，亚述的城市；埃兰语版本作 ẖar-be-ra，阿卡德语版本作 ar-ba-’-il，古希腊语作 *Ἄρβηλα*

ardastāna-：建筑术语，“（与墙相连的）门框，窗框”，DPc ardastāna aþa^{n}gaina“石头作的窗框”【arda-：一说作“一半”~ 阿维斯塔语 ar^{ə}δa-，梵语 ardhá-“一半”；一说作“高”~ 古希腊语 *ὀρθο-στάτης*“直立轴，支柱”；一说作“光耀的”~ 古波斯语 ardata“银子”】

ardata-：银子【< 古印欧语 *h$_2$rǵ-nt-o-“银子”~ 阿维斯塔语 ər^{ə}zata，梵语 rajatá-，于阗塞种语 āljsata-，亚美尼亚语 arcat‘，拉丁语 argentum，爱尔兰语 airget，吐火罗语 A ārkyañc“银子”】

*Ardufya-：专名，出现于埃兰语转写，可能对应于希罗多德《历史》VII 66，67 中提到的 *Ἀτρύφιος*【原意当是“雕”，具有古伊朗语来源的 *ἄρξιφος*（<**ἄρζιφος* Hesych.）；阿维斯塔语 ər^{ə}zifya-，中古波斯语 āluf，新波斯语 āluh“雕”；梵语 ṛjipyá-(śyená-)“向上直飞的（鹰隼）”】

Ardumaniš-：波斯人名；古波斯语版本 Ar(duma)n(iš)，阿卡德语版本 A-ar-di-ma-ni-iš，埃兰语版本 Ar-tu-man-ni-š DB IV 86【原义：或“心意正直的”~ 阿维斯塔语 ər^{ə}zu-，梵语 ṛjú-“直的”+ manah-“心意”；或“心意忠实的”~ 阿维斯塔语 ar^{ə}dra“忠诚的，忠实的”，粟特语’rδwk“真诚的”】

*Ardvafštāni-：女性名字，在古希腊语中被写作 *Ἀτρυστώνη*【原义：“具有高耸的胸部者”~ 阿维斯塔语 ər^{ə}dva-fšnī-，梵语 ūrdhva-stanī-】

arika-：叛变的，不忠的，无信的【梵语 alīka-“错误的，不真实的”，

arí-“陌生人”】

ariya-：雅利安人的；ariya-ciça-“具有雅利安来源的”；Ariyāramna- 雅利安拉姆那，大流士的祖父名，古希腊语作 *Ἀριαράμνης*【阿维斯塔语 a^i^rya-，梵语 ārya“雅利安人的”；梵语 aryà-“好客的主人”，árya-“家主”；帕提亚语’ry，巴列维语、新波斯语 ērān“伊朗”<*Aryānām“属于雅利安人的（土地）”】

Ariyāršan-：波斯人名；airya-+ aršan-“男人，英雄”

arǰana：建筑材料【中古波斯语 aržan“有价值的，贵重的；饰物，装饰”？】

Armina-：亚美尼亚；Arminiya-“亚美尼亚人；亚美尼亚的”

Aršaka-：波斯人名，古希腊语记载作 *Ἀρασάκης*【aršan-+ ka-< 古印欧语 *u̯ers-n-<*h_1r̥s-en-“男性，雄性”~ 阿维斯塔语 aršan-“男人，英雄”，梵语 ṛṣa-bhá-“雄牛”，古希腊语 *ἄρσην*“男性的，强大的”；也有可能是 *arša“熊”< 古印欧语 *h_2r̥k̑to-“熊”~ 梵语 ṛ́kṣa，古希腊语 *ἄρκτος*】；参见 Ḫšayāršan-

Aršāma-：阿尔沙美，大流士的祖父；古希腊语作 *Ἀρσάμης*【“拥有英雄（aršan-）的力量（阿维斯塔语 ama，梵语 áma-）者】

aršta-：正义【< 古印欧语 *r̥ǵ-to-“直的”~ 阿维斯塔语 Arštāt-“正义（之神）”，与 rāsta- 相关】

aršti-：标枪，矛戈；aršti-bara-“执戈者，武士”；arštika-“执戈的斗士”【阿维斯塔语 aršti-，梵语 ṛšti-“标枪，矛戈”；梵语 ṛṣáti“刺，捅，戳”】

arta-：真理，正当性，秩序；出现于意义尚无定论的程式 artācābrazmaniy(a)【阿维斯塔语 aṣ̌a-，梵语 ṛtá-“真理；秩序”】

*Artafarnah-：参见 farnah-

Artaḫšaça-：波斯王名，阿尔塔薛西斯（Artaxerxes），古希腊语记载作 *Ἀρταξέρξης*，*Ἀρταξέρσης*，*Ἀρτασέσσης*；本义为“arta（作为）统治者”；参见 ḫšaça-

artāvan-：极乐的，有福的，用于对死者的敬称，本义“分享（拥有）arta 者”【梵语 ṛtā́van-“拥有 ṛtá- 的”（通常用于死者）；阿维斯塔语 ašavan“信奉 aša 的，正信的，属于信徒团体的”（用于生者）；中古波斯语 ahrav“极乐的；已故的”】

Artavardiya-：阿尔塔瓦迪亚，人名，“Arta 发生作用的”【arta- + vard- <*varz-（阿卡德语版本作 ar-ta-mar-zi-i̯a，阿拉美语版作 'rtvrzy）“从事，活动，生效”< 古印欧语 *u̯erǵ-~ 阿维斯塔语 vərᵊzya-“作用，功效，行动”，古希腊语 ϝέϱγον, ἔϱγον“工作，功能，作品”，现代德语 Werk“作品”】

artu-：正确的时间，准时；单数位格 artācā? 参见 brazmaniy(a)

aruvasta-：敏捷 / 勇敢 / 出色的身体能力【<*arvat-ta~ 阿维斯塔语 a^{u}rvant-“勇敢的，快速的；英雄；骏马”；梵语 ár-van(t)-“赛马，骏马”】

asa-：马【< 古印欧语 $*h_1$eḱu-~ 阿维斯塔语 aspa-，梵语 áśva-，古希腊语 ἵππος，拉丁语 equus，古爱尔兰语 ech，古英语 eoh，吐火罗语 A yuk, B yakwe“马”】

asabāra-：骑士，骑手【asa- + bar-~ 巴列维语 asaβār，于阗塞种语 aśśabāra-，新波斯语 suvār-，巴克特里亚语（借词）ασβαϱο；梵语（借词）aśvavāra-“骑士”】

Asagarta-：“萨迦特”，波斯帝国的一个西北行省，古希腊语作 Σαγαϱτία; Asagartiya-“萨迦特的；萨迦特人”

asan-：石头（参见 dāru-）【与 asman- 同源】

asman-：天，天空。单数主格 asmā【< 古印欧语 *aḱ-“尖的，尖利的”，可回溯到古代印欧人（特别是雅利安人）将天空想象为石头构成的穹窿 $*aḱ\text{-}meh_3n$~ 阿维斯塔语 asman-“石头；天空”，梵语 áśman-“石头，岩石；天空”；古希腊语 ἄκμων“陨石，雷电；（铁）砧”；立陶宛语 akmuõ, -eñs“石头”, ãšmen-s（复数）“刀刃”；另可参考哥特语 himens“天空”。可能还与古教会斯拉夫语 kamy, -ene“石头”，古北欧语 hamarr“铁锤”相关】

aspa-：马；见于 Aspacanah-, uvaspa-, Vištāspa- 等形式【梅德语形式 ~ 古波斯语 asa-】

Aspacanah-：专名，古希腊语作 Ἀσπαθίνης，“对马（aspa）感到满意者”【阿维斯塔语 Xšϑrō.cinah-，梵语 cánas-“满意，满足”】

astiy-：参见 ah-

ašiyava：他已前行；他已越过；参见 šiyav-

ăšnaiy：副词，“近的，近旁的”【阿维斯塔语 asne, āsnaē-ca“近旁

的”<*ā-z(d)-na-；梵语 ā́-sanna-“近旁的”<ā- + sad-“坐”】

*aštauva-：八分之一（埃兰语版本作 aš-tu-maš）【= 阿维斯塔语 aštahva-“八分之一”< 古印欧语 *ok̑t-“八”~ 阿维斯塔语 ašta“八”，梵语 aṣṭā́, aṣṭau（这一双数形式暗示着某种隐藏的数字四），亚美尼亚语 utʿ，古希腊语 ὀκτώ，拉丁语 octo，爱尔兰语 ocht，哥特语 ahtau，立陶宛语 aštuo-nì】

ātar-：火；参见 Āçiyādiya-

atarsa：他已（对 [hacā]……）畏惧（DB I 50-）；参见 tarsa-

ati-：前缀（与 ay-“行走”连用），“走过，经过”【阿维斯塔语 a^{i}ti-(bar-)“（拿）过来”，梵语 áti“经过，越过”，古希腊语 ἔτι“还是，进而，此外，此后”，拉丁语 et“和，并且”，梅萨皮亚语（Messapic）-θi“和，并且”，古高卢语 eti“还，再”，哥特语 iþ“但是，而”，古普鲁士语 et-，吐火罗语 A aci, B ecce“到此处，向此处”】

aþaha：他已说，他已宣布；参见 þa^{n}h-

aþaiy：副词，“然后，但”（DB I 91）【直接位于 yaþā“当……时”之前 ~ 阿维斯塔语 aϑă - yaϑă，吠陀语 áthă...ít“当……时，然后……”】

aþa^{n}ga-：石头，岩石；aþa^{n}gaina-“石头的”，阴性词尾 -ī（与阴性词尾相关的复数主格 aþa^{n}gainiya“石头的”（DSf 45），参阅 § 52；单数宾格 aþa^{n}ganām, A^{3}Pa 22）【< 古印欧语 *ak̑-“尖的，尖利的”~ 阿维斯塔语 asənga-，粟特语 sng，中古波斯语、新波斯语 sang“石头”，中古波斯语 sangēn“石头的”；梵语 aśáni-“箭石，闪电熔岩”】；参见 asan-, asman-

Aþamaita-：人名，埃兰的一个反叛者；埃兰语版本作 Ad-da.ha-mi-ti.d In-su-iš-na-ak，将其称为国王

aþiy：参见 aþaiy-

Aþiyābaušta-：波斯人名（写作 <a-þa-i-ya-’-ba-u-ša-ta->，也可释读为 A^{n}þiyābušta-; Kent 1954 读作 Aþiyābaušna- 或有误）

Aþurā-：亚述（及叙利亚），波斯帝国的行省; Aþuriya-“亚述的；亚述人”【源自 Aššur 之名: -s->-þ-】

Aura-：参见 Auramazdā-

aurā：副词，“向下，下来”（DPe 24）【阿维斯塔语 aora“向下，下来”，梵语 arvā́ñc-“转向，朝向”（*avrā́>*arvā́“向下”）】

Auramazdā-：阿胡拉·马兹达，琐罗亚斯德宗教的至高神；宾格 Auramazdām，属格 Auramazdāha（仅有的一次分离形态 AurahyaMazdāha 出现于 XPc 10）【阿维斯塔语 Ahura-mazdā “（本义）具有智慧的主人”；梵语 ásura-“阿修罗；天神（deva）的对立者”；mazdā-< 古印欧语 $*mns\text{-}d^{h}eh_{1}$-“放在意念中的”~ 伊朗语 mazdā-“智慧的，拥有智慧的”，梵语 medhā́“智慧，明智”，阿维斯塔语 zrazdā-（古波斯语 *drazdā）“笃信的，虔诚的”，梵语 śraddhā́“信仰，信念”】

ava-[1]：代词，“那，那个”；阳性单数属格 avahyā，宾格 avam，阳性－中性工具格－离格 avanā，中性单数主格 ava，阳性复数主格 avaiy，属格 avaišām；另可参见 avā, hauv【阿维斯塔语 ava-，教会斯拉夫语 ovъ “那，那个”】

ava-[2]：动词前缀，“离开，远离；向下”，如 ava-(ā)-jan-“击倒，击毙”【< 古印欧语 $*h_{2}eu$ “离开；再次”~ 阿维斯塔语 ava “离开，远离；向下”, ava-bar-“带走”；梵语 áva “向下；离开”，古希腊语 αὐ-，拉丁语 au-“离开，远离”（如 au-fugio “逃离，逃出”），古爱尔兰语 ō，ūa “从……（而来 / 离开）”，立陶宛语 au-，教会斯拉夫语 u-“离开，从……”，赫提语 u-, we-, wa-“到此处，向此处”】

avā：副词，“一样多地,（如……）那样多”（DB IV 51）; avākaram “以那种方式，同样的”【阿维斯塔语 avant-“这么大，这么多”，参见 ava-[1]】

avadā：副词，“那，那里”; avada-šim “那里……他”【阿维斯塔语 avaδa “那，那里”，参见 ava-[1]】

*avadaisa-：通知，告知，陈述【ava-[2] + 阿维斯塔语 daēs-“教授，公告，公布”】

avadaša：副词，“从那里出来”（与 hacā 连用, DB I 37）

āvahana-：住所，居所，地方【ā + *vah-“居住，栖居”< 古印欧语 $*h_{2}u\acute{e}s\text{-}e$-“居住，停留”~ 阿维斯塔语 vaŋh-，梵语 vas-“停留，栖身”，赫提语 ḫuiš-“生活，生存”，吐火罗语 B wās-“居住，停留”，哥特语 wisan，古北欧语 vesa, vera，古高地德语 wesan “存在”，现代德语 Wesen “本质，本性 < 如其所持存－停留者”；中古帕提亚语 āvān，亚美尼亚语借词 avan “乡村，村庄”】

avahy°：参见 patiyāvahyaiy

avahyarādiy：副词，“因而，因此”；参见 ava-^{1}，rādiy

avāja：他已杀死；avājanam“我已杀死”；avājaniyā“他能杀死”（kāramvasiyavā^{o}，DB I 51）；ava-jata-（被动态分词）“被杀，被害”

avākaram：参见 avā-，及 ciyăkaram

avaniya：它已被堆积起来；参见 van-

avaparā：参见 parā

avārasam：我已达到，我已得到；参见 ava-^{2}，ar-

avarnavatā：他已选择；参见 var-

avāstāyam：我已陈列，我已放置；参见 ava-^{2}，stā-

avaþā：副词，“这样，如此”；参见 ava-^{1}【阿维斯塔语 avaϑa“这样，如此”】

avaþāštā：DB IV 72“一直，到那时”【或对应于’-v-þ-š-t-’，avaþā + 工具格 *aštā“到达的”>“如此到达的”】

ay-：走，去，来，行进；āiš“他已到来”，āya^{n}tā“他们已到来”；aitiy“离去，退出”【< 古印欧语 *h$_1$ei-/h$_1$i-“走”~ 阿维斯塔语 aē^{i}ti，梵语 éti，古希腊语 εἶσι（多利安方言 εἶτι），拉丁语 it，立陶宛语 eĩti，教会斯拉夫语 iti，赫提语 i-^{zi}，i̯e/a-^{ttari}，吐火罗语 B yaṃ“走”】

ayadaiy：我已敬奉，我已求祷；ayadiya“他们已被敬奉”；参见 yad-

āyadana-：圣地，圣所，庙宇；参见 ā，yad-【梵语 devayájana-“祭祀之所”】

āya^{n}tā：他们已到来；DSuez c 11；<ā + ay-

ayauda：已处暴乱中，已处运动中，XPh 31-；参见 yaud-

azdā：副词，“知道的，知晓的，为人所知的”；azdā bava-“变得为人所知”；azdā kar-“使……为人所知”【阿维斯塔语 azdā，中古波斯语 azd“知晓的，确定的”；梵语 addhā́“确定的，确切的”；*azdā-kara-“告知者，宣告者”，中古波斯语 azdegar，梵语 addhā-kar-】

Bābiru-：巴比伦，巴比伦人；Bābiruviya-“巴比伦的；巴比伦人”【阿卡德语版本作 Bābilu。古波斯语 <ba-’-ba-i-ru> 也可对应于 Bābairu- / Bābēru-/，与巴利语形式 Bāveru- 相近。埃兰语版本作 Pa$_2$-pi-li】

*badra-：形容词，“幸运的”【阿维斯塔语 hu-baδra-，梵语 bhadrá-“幸运的”】

bag-：分配；参见 bājibaga-：神；复数主格 bagāha，属格 -ānām；常出现于专名，如 Bagābigna-，Bagabuḫša-（古希腊语 *Μεγάβυζος*），*Bagagaya-（*gaya- = 阿维斯塔语 gaya-“生命”），*Baga-farnah-，*Bagavrādah-（*vrādah-~ 阿维斯塔语 urvāza-“宏愿（原义：广阔的愿望”），*Baga-vrāza-> 古希腊语 *Βαγόϱαζος*），*Bagasrū-（梵语 deva-śrū́-“神所听闻的”），*Bagazušta-、Bagadušta-（梵语 devá-juṣṭa “神所钟爱的、眷顾的”）【*bhaga- 本义为“分配者”（<* 古印欧语 *b^h(e)h_2g-“分配”）~ 阿维斯塔语 baγa-，粟特语 βγ-，中古波斯语 baγ “神”；梵语 bhága-“主人（常用于神圣者的称谓名号）”；教会斯拉夫语 bogŭ “神”（由形容词 bogatŭ “富裕”，u-bogŭ “贫穷”，其本义当为因分配而富足者）】

Bāgayādi-：音译“巴伽亚迪”，第七个月的名称，9-10 月；参见 baga-，yad-【可能源自节日名 *baga-yāda-，即伊朗语 *baga-yāza “敬奉神明”：新波斯语 baγyāz “礼物 < 节日礼物”】

Bāḫtri-：巴克特里亚（大夏），波斯帝国的东北部行省；hacāBāḫtriyā “来自巴克特里亚”（DSf 36）；埃兰语版本作 ba-ik-tur-ri-iš，阿卡德语版本作 ba-aḫ-tar，古希腊语作 *Βάκτϱα*【这一名字的更纯正的古波斯语形式当为 *Bāḫçi-，出现于埃兰语版本中作 ba-ak-ši-iš】

bāji-：贡金，税赋，租金；*bāji-kara-“收税人，税务员”【中古波斯语 bāž “贡金，税赋”；粟特语 bwž-br，新波斯语 bāj-gīr，bāj-bān “收税人”；古伊朗语 *bag-“分配”，古波斯语 *ham-bāga-“伙伴（本义：一起享受分配者）”，*(piþva)-baga “官员的头衔（本义：分配者）”】

ba^nd-：绑缚，束缚；过去完成分词 basta-“被绑的，被缚的”【< 古印欧语 *b^hend^h-“捆绑”~ 阿维斯塔语 band-“绑缚”，过去完成分词 basta-；梵语 bandh-，哥特语 bindan】

ba^ndaka-：随从，扈从，臣属【中古波斯语 bandak，新波斯语 banda “仆人”；梵语 bandhakī “娼妓，妓女”之义或源自 *bandhaka-，*bandhakī “仆人，女仆”；*banda-“（扈从的）腰带”：阿维斯塔语 banda-，梵语 bandhá-“带子，绳索”】

bar-：承载，带来；baratuv “他带来（帮助）”；fra-bar-“给予，委托，赋予”，parā-bar-“带走”，pati-bar-“带回”；aršti-bara-“持矛者”，asa-bāra “骑士（本义：马所承载者）”；*băra “税费，贡赋”> 阿卡德语 bāru，barru【< 古印欧语 *b^her-e/o-~ 阿维斯塔语 bara^{i}ti，梵语 bhárati，

古希腊语 *φέρω*，拉丁语 ferō，第三人称单数 fert<*feret(i)，古爱尔兰语 berid，哥特语 baira，不定式 bairan“承载，带来”，教会斯拉夫语 berǫ“拿取，聚集”，吐火罗语 AB pär-“承载，带来，拿走”】

Bardiya-：巴迪亚（斯莫迪斯 Smerdis），冈比西斯（Kambyses）之弟【读作 Bṛdiya-，埃兰语版本作 Bir-ti-i̯a<* 古波斯语 bṛdi-，阿卡德语版本作 Bar-zi-i̯a<* 梅迪语 bṛzi-：阿维斯塔语 bər^{ə}zi“高”，专名 Bər^{ə}zi-šnu-, Bər^{ə}zi-aršti-；古希腊语文献记作 *Σμερδο-μενής*】

baršnā：单数工具格，“在洞（坑）中>（具有）高度/深度为”，DSf 26-【<古印欧语 *b^{h}erǵ^h-(n)o-“山”~阿维斯塔语 bar^{ə}šna，单数工具格，“在洞（坑）中”，古波斯语及阿维斯塔语形式均由古雅里安语 *bharźh-n-ā- 结合 -n- 词干>阿维斯塔语 -barzan-，古波斯语 *bardan-：阿维斯塔语 bər^{ə}zi“高”，粟特语 βrz-，于阗塞种语 bulysa-“长”；梵语 bṇhánt-“高”，盖尔语 Birgantēs，古爱尔兰语 Brigit，哥特语 baurgs，古北欧语 borg，现代德语 Burg“城堡”】

basta-：参见 ba^{n}d-

bātugara-：酒杯【仅见于归于阿尔塔薛西斯一世名下的一处真实性存疑的铭文。bātu-：巴列维语 bātak, vātak“新酒，果酒”，于阗塞种语 bātaa-“新酒”；古希腊语 *βατιάκη*“酒杯”；-gara<古印欧语 *g^{u}o/erh$_3$-“吞噬，吞吃”~阿维斯塔语 -gar-“吞噬的”, aspō.gar-“吞噬马匹的”, nərə.gar-“吞噬人的”，梵语 -gará-“吞掉的，吞噬的”, aja-gará“吞吃山羊的”，古希腊语 *βιβρώσκω*“吃”, *βορά*“食物，草料”，拉丁语 vorāre“吞食，吞噬”, carni-vorus“（动物）食肉的”】

bav-：是，存在，成为；bavatiy“他将是”, biyā“他应是”【<古印欧语 *b^{h}eh$_2$u-“生长，成为”~阿维斯塔语 bava^{i}ti，梵语 bhávati；中古波斯语 būtan“是，存在”，3 Sg. bavēt，新波斯语 būδan，库尔德语 būn，粟特语 βw-；古希腊语 *φύομαι*“我是，我出生，我生长”，拉丁语 fuī“我已是，我已在”；亚美尼亚语 boys，属格 bus-oy“树苗，植物”；古爱尔兰语 buith“是，存在”，古高地德语 būan“建房，定居”，立陶宛语 bū́ti“是，存在，成为”, bùtas“房屋，居所”，教会斯拉夫语 byti，俄语 bytь“是，存在”】

biyā：参见 bav-

brātar-：兄弟；单数主格 brātā【<古印欧语 *b^{h}reh$_2$ter“兄弟”~阿维斯

塔语、于阗塞种语 brātar-，新波斯语 birādar；梵语 bhrā́tar，亚美尼亚语 ełbayr，古希腊语 φράτηρ，拉丁语 frāter，古爱尔兰语 brāthir，哥特语 broþar，古高地德语 bruoder，吐火罗语 A pracar, B procer，教会斯拉夫语 brat(r)ъ“兄弟”，立陶宛语 broter-ẽlis，拉脱维亚语 brātar-ītis“小弟”】

brazmaniy(a)：虔诚的，恭敬的？只见于 artācāb°, XPh 41，51，54，意义存有争议，埃兰语版本作 pir-ra-aṣ-man-ni-i̯a，阿卡德语版本作 bi-ra-za-man-ni-i【或对应于梵语的 bráhman-“梵，吠陀颂诗”，指向一种特殊的 brazman- 祭祀仪式：bráhman…ṛtá- RV 1, 105, 15, ṛtásyabráhma TB 2, 4, 7, 10】

būmĭ̄-：土地，大地；单数宾格 būmĭ̄m，后期也作 būmām（A^{3}Pa 2）；单数位格 būmiyā, BU-yā“在地上”；单数主格的表意符号 BU“土地”（DSf 24）【阿维斯塔语 būmĭ̄-，梵语 bhū́mi-，粟特语 βwmh-，新波斯语 būm“土地”】

-cā：附读连词，“和，而”【< 古印欧语 *-k^{u}e“和，而”~ 阿维斯塔语 -cā̆，梵语 ca，弗里季亚语 κε，吕底亚语 -k，古希腊语 τε，拉丁语 -que“和，而”】

*caçušuva-：四分之一【阿维斯塔语 caϑrušva-“四分之一”，caϑwārō“四”，梵语 catvā́raḥ，古希腊语 τέτταρες，拉丁语 quattuor，亚美尼亚语 č‘ork‘，吐火罗语 A śtwar, B śtwer“四”】

caḫriyā：他已作，参加 kar-

canah-：满意，出现于专名 Aspacanah-

cārā̆-：参见 ucāra-

carman-：皮毛，皮革；carmā“在皮毛上”（DB IV 90）【阿维斯塔语 car^{ə}man-“皮毛，皮革”，于阗塞种语 tcārma-“皮肤”，新波斯语 carm“皮革”，梵语 cárman-“皮肤，皮毛”；古高地德语 scerm, scirm“保护罩，保护伞”，古普鲁士语 kērmens“肉体”】

cartanaiy：去作，做完成；kar- 的不定式

cašma(n)-（c-š-m？）：眼睛；u-cašma 形式中的 u 当是误写【阿维斯塔语 cašman-，中古波斯语、新波斯语 cašm“眼睛”；梵语 cákṣu-“观看的；观看，眼睛”，吠陀语 cākṣmá-“与天空之眼相关的”（RV 2，24，9）】

ci-：疑问代词－不定代词，“谁”；ciš-ciy“某些东西”；ci-tā“一段时间”

【古印欧语疑问代词 *k̑^{u}i-, *k̑^{u}id：古波斯语 -ciy，阿维斯塔语 -cit̰，梵语 -cit，古希腊语 *τι*，拉丁语 quid，赫提语 kwid，教会斯拉夫语 сь-to；ciš-ciy< 古印欧语 *k̑^{u}id-k̑^{u}id~ 拉丁语 quidquid, quicquid“无论”，citā~ 帕提亚语 cyd“总是”】

ciça-：来源，出身；出现于 ariya-ciça-；Ciça^{n}taḫma-，人名，“出身优秀的”，古希腊语文献作 *Τριτανταίχμης*；*Ciça-vahu-，人名；*Ciça-vahišta-~ 古希腊语 *Τιϑραύστης*【阿维斯塔语 ciϑra-，巴列维语、新波斯语 cihr“来源，起源”】

ci[nā]：通常读作 c-i-.-，“而是；毋宁”

Ci^{n}caḫri-：奇卡赫利，反叛者 Martiya 的父亲，属格 Ci^{n}caḫraiš【可能与阿维斯塔语 caxri-，梵语 cákri-“有作用的”有关】

cišciy：参见 ci-

Cišpi-：某埃兰国王的名字，居鲁士与大流士的先祖；古希腊文献记作 *Τεΐσπης*

【可能与古胡里特人的神名 Tešub 有关】

citā：参见 ci-

-ciy：参见 ci-, ci[nā]

ciyăkaram：副词，“以何种方式，多大，多少次”【ci- 与 *-kṛt 的派生形式 ~ 梵语 kíyant-“多少，多大”】

çah-：参见 tarsa-

çāray^o：与 ni- 连用，只出现于 niy-a-çārayam“我曾重建，我曾重立”（DB I 64）【阿维斯塔语（ni-srinao^{i}mi…） ni-srārayå“（我给予……）你应归还”（Vidēvdāt 18, 51）；古印欧语 *k̑lei-“倚，靠”< 阿维斯塔语 sri-，梵语 śri-“倚靠”；古希腊语 *κλίνω*“斜倚，斜靠”，拉丁语 clīnō“弯曲，倾斜”，中古爱尔兰语 clen“倾向，愿望”，古高地德语 hlinēn = 现代德语 lehnen“倾斜，倚靠”，古高地德语 leitare = 现代德语 Leiter“梯子”，立陶宛语 šliejù, šliēti“倚靠，倚仗”, pãšlitas“弯曲的，倾斜的”；吐火罗语 A klis-, B klänts-“睡眠”】

*çay-：参见 çāray^o

*çišuva-：三分之一【阿维斯塔语 ϑrišva-“三分之一”】

çitī̆ya-：第三；çitī̆yam“第三次”【阿维斯塔语 ϑrit(i)ya-，拉丁语 tertius，哥特语 þridja；梵语 tṛtī́ya-“第三”, tṛtī́yam“第三次”< 古印欧

语 *tri-“三”】

çūšā：苏萨，埃兰王国的首都，古希腊文献记作 *Σοῦσα*；单数位格 çūšāyā“在苏萨”

dā-^{1}：给，给予；命令式 dadātuv“给！”；*dā-šna-“礼物”（阿拉美语；新波斯语 dāšan“礼物”）【<古印欧语 *deh_3-“给予”~阿维斯塔语 daδā^{i}ti，梵语 dádāti“他给”，亚美尼亚语 tam，古希腊语 *δίδωμι*“我给”，拉丁语 dāre“给，给予”，立陶宛语 dúomi“我给”，教会斯拉夫语 damь“我将给”，赫提语 dā-“拿，取”，dahhi“我拿”，楔形文字-赫提语 ta-“拿，取”】

dā-^{2}：创造，完成；未完成时 adā，adadā“他已创造，他已完成”【<古印欧语 *d^heh_1-“安置；制造”~阿维斯塔语 dā-，daδā^{i}ti“放置，带来”，梵语 dádhāti“安置，安放”，亚美尼亚语 dnem“给”，古希腊语 *τίθημι*“放置，安置；做”，拉丁语 con-dere“放在一起”，facere“做，干”，古高地德语 tuon“做，干”，立陶宛语 dĕti，教会斯拉夫语 dĕti“放下，放置”，赫提语 dāi-“安放，放置”，tēmi，tēzzi“言说，确定”，吐火罗语 A tā-，täs-，tas-，B tā-，tās，täs/tätta“安放，放置”】。另参见 dāta- 与（daiva-）dāna-

dacara-：参见 tacara-

Dādarši-：达达尔希施，人名，读作 Dādṛši-，埃兰语版本作 Ta-tir-ši-š，darš- 的强化形式【梵语 dā́dhṛṣi-“勇敢的”】

dadātuv：参见 dā-^{1}

Daha-：族名，“达哈”；Dahā“达哈人（复数）>行省的名字”（XPh 26）【阿维斯塔语 Dāha- 指代一个斯基泰人的部落，于阗塞种语 daha-“男人”，新波斯语 dāh“仆人”，梵语 dāsá-“敌人，妖魔，野蛮人（与 ārya-“雅利安人”对立），奴隶”】

dahyu-：国土，区域，行省；单数主格 dahyāuš，宾格 dahyāum，dahyāvam（XPh 33，58-）；位格 dahyauvā；复数主格 dahyāva，属格 dahyūnām，位格 dahyušuvā；表意符号作 DH-um，DH-yaum；在有错误的晚期文本中单数属格被写作 iyam dahyāuš（AmH 8-）【阿维斯塔语 dahyu-，daiŋ́hu-，daŋ́hu-“土地，领土”，中古波斯语 dēh“土地”，粟特语 dyx’w，新波斯语 dih“村庄”；梵语 dásyu-“魔鬼，神的敌人，无信者，野蛮人”】

*daini-：命令，埃兰语版本作 te-ni-[m]，在古波斯语文献中被后出的 framānā- 一词所替代【阿维斯塔语 daēnā-“宗教”】

daiva-：伪神，邪神；异族的神【阿维斯塔语 daēuua-“伪神，邪神”，新波斯语 dēv“魔鬼”；这一词汇最初为正神之义，原始古印欧语 *dei-u-o-/di-u-“天的；拥有天空的”：梵语 devá-，古佛里吉亚语 devos, 欧斯干语 deívā-，梅萨比语 deiva, dīva“女神”，古威尼斯语 deivos“诸神”，古拉丁语 deivos，拉丁语 deus（> 意大利语 dio, 法语 dieu, 西班牙语 dios, 罗马尼亚语 zău）；古爱尔兰语 día；教会斯拉夫语 divŭ“魔鬼”，古普鲁士语 deiws/deywis, 立陶宛语 diēvas, 拉脱维亚语 dievs；古希腊线性 Bde-wi-jo, de-u-jo-i(?)；原始安纳托利亚语 *dyeus：赫提语 siūs, siūn-，帕莱伊科语 tiuna-“神圣的”】

daivadāna-：伪神的祭祀所，偶像崇拜之地，XPh 37-【daiva- + *dhā-na“容器，保留地”~ 梵语 agni-dhā́na-“装圣火（阿耆尼）的容器”】

dan-：流动，流淌；第三人称单数 danu(taiy)，DSuez c 9【梵语 dhánvati“流淌；奔跑”，dhánutar-“快速流动的”】

dan-：认识，知道；现在时 dā-nā-，参见 ḫšnā-

*dana-：参见 vispazana-

dāna-：参见 daivadāna-

*dānaka-：八分之一谢克尔，一种货币单位【古希腊语外来词 *δανάκη*“波斯硬币”，梵语外来词 dānakā-，dhāṇaka-，dhānaka-，新波斯语 dāng“一种计量单位”，阿拉伯语 dāniq“六分之一迪拉姆”；其词源或与梵语 dā́ti“切开，分割”，阿维斯塔语 vī-δātu“分割，分解”有关】

dar-：持有，占有；停留，居住；dārayāmiy“我占有”，不定过去时中动态 adaršiy“我已占有”；参见 Dārayavau-【< 古印欧语 *d^{h}er-“持有”~ 阿维斯塔语 vī-δāraye^{i}ti“支撑，支持”，粟特语 δ’r-，新波斯语 dāštan“持有”，梵语 dhāráyati“持有，拥有，带着”，拉丁语 frētus“依靠，依赖，信任”】

daraniya-：黄金；dāraniya-kara-“金匠”【< 古印欧语 *ǵ^{h}l̥-eni̯o-“黄金”< 古印欧语 *ǵ^{h}el-“黄色的；绿色的”~ 阿维斯塔语 zaranya-，粟特语 zyrn，于阗塞种语 ysīrra-（*zaranya-），梵语 híraṇya-“黄金”，hári-“苍白的，带黄色的，带绿色的”，古希腊语 *χολή*“胆汁，怒气”；古印欧

语 *ǵ^{h}el-to-~ 哥特语 gul-þ，古高地德语 gol-d，教会斯拉夫语 zla-to，拉脱维亚语 zèl-ts“黄金”】

dārayāmiy：参见 dar-

Dārayavau-：大流士，著名的波斯大君；埃兰语版本作 da-ri-i̯a-ma-u-iš，阿卡德语版本作 da-ri-i̯a-muš，古希腊语文献作 *Δαρειαῖος*，*Δαρεῖος*；主格 Dārayavauš，属格 Dārayavahauš，宾格 Dārayavaum【< 古伊朗语 *dāraya-vahu-“保留 - 善好者”，参见 dāray-，dar-，vau-。参照阿维斯塔语 yā dārayat̰ vahištəm manō Y 31, 7；梵语 vásūni dhāraya RV 9, 63, 30】

darga-：长，长的；只用于副词 dargam“长的，长时间的”（DB IV 56, 75）和专名 *Dargāyu-【< 古印欧语 *d(o)l̥Hg^{h}o-~ 阿维斯塔语 dar^{ə}ga-，dar^{ə}γa-，于阗塞种语 dāra-，奥赛特语 darγ，新波斯语 dēr，梵语 dīrghá-“长的（空间的与时间的）”，古希腊语 *δολιχός*“长的”，*ἐν-δελεχής*“持续的”，拉丁语 in-dulgēre“倾向于，沉浸于”，哥特语 tulgus“坚强的，坚定的”，教会斯拉夫语 dlьgъ，赫提语 daluki-“长的”，立陶宛语 ìlgas“长的”（伴随 d- 的非常规脱落）】

darš-：敢于，勇于；未完成式 a-darš-nau-š；参见 Dādarši-【< 古印欧语 *d^{h}ers-“敢于，勇于”~ 阿维斯塔语 darši-，daršyu-“勇敢的，强大的”，dər^{ə}s-“暴力行动，虐待”，梵语 dhr̥ṣ-ṇó-ti“敢于，勇于”，古希腊语 *θρασύς*“勇敢的”，哥特语 ga-dars“我敢于”，立陶宛语 drĩsti“敢于”，现代英语 dare】

daršam：副词，“很，激烈地，强烈地”【阿维斯塔语 dar^{ə}šat̰“热烈的，兴奋的”，梵语 dhr̥ṣát，dhr̥ṣatá“热烈的，丰富的，很”；参见 darš-】

[da]rtanayā：在愤怒中，仅见于 DNb 13-【阿维斯塔语 zar-“生气，发怒”，zar^{ə}ta-“愤怒的”，梵语 hr̥ṇīté“生气，愤怒”】

dāru-：木头；asādāruv“乌木，乌檀木（本义：石头 – 木）”【< 古印欧语 *dóru~ 阿维斯塔语 dā^{u}ru，梵语 dā́ru“木头，木块”，古希腊语 *δόρυ*“木头”，*δρῦς*“树木”，*δρυμός*“森林”，赫提语 tāru“木头”，教会斯拉夫语 drŭva“木头”，古爱尔兰语 daur“橡树”，哥特语 triu，古北欧语 trē，古英语 tréo“树木”】

dasta-：手【< 古印欧语 *ǵ^{h}es-r-“手”~ 阿维斯塔语 zasta-，于阗塞种语 dasta-，新波斯语 dast，梵语 hásta-“手”，古希腊语 *χείρ*<**χεσ-ρ-*，赫提语 keššar“手”】

*dāšna-：参见 dā-[1]

dāta-：法律；avanādātā（单数工具格） parīdiy“尊重法律”（XPh 49）【阿维斯塔语 dāta-“正当性；法律”，新波斯语 dād，阿卡德语（外来词）dātu，希伯来语（外来词）dat“法律”；参见 dā-[2]】

Dātuvahya-：专名【阿卡德语版本作 Za-’-tu-’-a，对应于伊朗语形式 *zātu-，参考梵语 jā́tu-“天然的，天生的”，jātū́-ṣṭhira-“天生强壮的”，拉丁语 nātū“天生的”，nātū-ra“自然”；-vahya-<vahyah-“更好的？”】

*daþa：数字，“十”，仅见于埃兰语的文本：*daþa-pati-“地方事务官（Decurio）”，*daþama-“第十”【< 古印欧语 *déḱm̥“十”~* 阿维斯塔语 dasa，梵语 dáśa，亚美尼亚语 tasn，古希腊语 δέκα，拉丁语 decem，古爱尔兰语 deich，哥特语 taíhun“十”；阿维斯塔语 dasəma-，梵语 daśamá-，拉丁语 decimus“第十”】

daþa^{n}s（d-þ-s）：强大的，有力的【或与阿维斯塔语 das-var-“健康”，dāsma-nī-“导致健康的”有关】

*dauça-：奠酒【阿维斯塔语 zaoϑra-，梵语 hotrá-“奠酒”】

dauštar-：有好感的，喜爱的；朋友；作为施动名词与宾格对象连接：DB IV 55- þuvām dauštābiyā“应成为你的朋友”【< 古印欧语 *ǵ(e)us-“品尝”，*ǵus-tu-“口味”~ 新波斯语 dōst“朋友”，梵语 joṣṭár-，jóṣṭar-“喜爱的，关爱的”；阿维斯塔语 zaoš-“对……喜悦”，古希腊语 γεύομαι“享受，品味”，拉丁语 gustus“口味，品味”，赫提语 kūša-“媳妇，新娘”，^{LÚ}kūša-“女婿”（<*ǵeus-o-“被选择者”）；古北欧语 kjōsa，哥特语 kiusan“选择”= 现代德语 er-kiesen，现代英语 choose；参见 -dušta-，-zušta-】

dav-：参见 *handaunā-

DH：参见 dahyu-

-di-：附属性指示代词；单数宾格 -dim“他，它”，附属宾格 -diš【阿维斯塔语 dim“他，她，它”（宾格），古普鲁士语 di-（din，dins，dien）】

dī[1]-：看，看到，观察；命令式 dī-diy“看！”【阿维斯塔语 -dī-“看，洞见，意图”，pa^{i}ti-dīta-“瞥见，看到”，新波斯语 dī-dan“看，看到”，梵语 dī́dheti“感受，思考”，dhī́-“思想，意图”，立陶宛语 mándiñga“我认为”】

dī^{2}-：抢夺，拿走；未完成式 a-dī-nā，过去完成式被动态分词 dī-ta-；支配双宾语：DB I 49- haya…Gaumātam…ẖšaçamdītamcaẖriyā“他本可以已夺取高墨达的统治权（但事实上却没有）”【阿维斯塔语 zyāni-（zyānā-）“伤害”，新波斯语 ziyān“损失，损害”，梵语 jinā́ti“抢夺，掠夺”，á-jīta-“未受损害的，完好的”】

didā-：城堡，要塞，城墙【= 新波斯语 dēz“城堡”，色雷斯语 -δίζος，-δίζα；< 古印欧语 *d^{h}eiǵ^{h}-“面团，形状，造型”~ 阿维斯塔语 uz-daēza“墙，城墙”，pa^{i}ri-daēza“围墙”，梵语 dehī́“围墙，堡垒”，deha-“身体”，古希腊语 τεῖχος“墙，城墙”，拉丁语 findger“构造，成形”，哥特语 dáigs，古德语 teig“面团”，吐火罗语 A tsek-，B tsik-“塑造，制造，建造”；另可参见 [d]išta-，paridaida-】

dipi-：文字，文章（ima dipi-mai[y]“这篇我的文字”[DB IV 89]；imadipi[y]“这篇文字”[DB IV 91-]）；dipī̌-“铭文”，单数宾格 dipim，位格 dipiyā（DB IV 47）【源自埃兰语 tippi，更古老形式为 tuppi“铭文”< 阿卡德语 ṭuppu-，tuppu-“字版；文字，文献”，苏美尔语 DUB；梵语 lípi-“书写，文字，字母”当是由古代伊朗语族借入的（< 东部伊朗语 *δipi-），巴利语 lipi-“字母”，阿育王铭文中，-dipi，lipī̌“敕令，公告，记录”；古波斯语 *dipi-bara-> 中古波斯语 dipīr，新波斯语 dibīr，梵语外来词 divira-，亚美尼亚语外来词 dpir“书写者，抄写员”，古波斯语 *dipi-pāna-> 新波斯语 divān“办公室；诗集”> 现代德语 Diwan“咨议会；诗集”】

[d]išta-：被造好的，被完成的；DSf 41-：arjanam taya nā didā [d]ištā“这种城墙被建造所用的建筑材料”【阿维斯塔语 uzdaēza uzdišta“被建造的城墙”，粟特语 δšt’y“被造好的”；参见 didā-】

dīta-：参见 dī^{2}

draug-：说谎，欺骗；现在的 d^{u}ruj-y^{o}，未完成式 a-durujiya；被动态完成式分词 duruẖta-“被欺骗的”【古印欧语 *d^{h}reug^{h}-“说谎，欺骗”，古波斯语 d^{u}ruj-y^{o}= 梵语 drúhyati“损害，试图损害”，阿维斯塔语 a^{i}wi.druža^{i}ti“欺骗”= 梵语 abhi-drugdha-“带来损害的；损害”，被动态完成式分词 ^{o}druxta-“被欺骗”，drəguvant-，drvant-“令人无法相信的”= 梵语 drúhvan-，中古波斯语 družītan“说谎，欺骗”，古高地德语 triogan“欺骗”】

drauga-：谎言，欺骗，背叛，出卖【古印欧语 *d^{h}reug^{h}-os“欺骗，谎言”，阿维斯塔语 draoga-“欺骗”，梵语 droha-“伤害，欺骗”，drógha-“使用伤害性或恶意语言的”，古北欧语 draugr“幽灵（< 欺骗者）”】

draujana-：无信义的，背叛的，欺诈的；参见 draug-

drayah-：大海【阿维斯塔语 zrayah-，中古波斯语 drayāk，新波斯语 daryā“海”，梵语 jráyas-“运动，运行，运行轨道”】

*drazdā-：虔诚的，深信的【阿维斯塔语 zrazdā-“虔诚的”（Yasna 31，1），a-zrazda-“无信的”，zras(-ca)dāṯ“相信”，zrazdā^{i}ti-“信任”，梵语 śraddhā́“信任，信仰；乐于捐助”，巴利语 saddhā-“乐于捐助；信任”，孟加拉语 sād(h)“愿望”，拉丁语 crēdo，古爱尔兰语 cretim“相信，信任”】

*duḫçī-：女儿；埃兰语版本 du-uk-ši-š【<*duktrī-< 古印欧语 *d^{h}ugh$_{2}$tér-~ 阿维斯塔语 dug^{ə}dar-，duγδar-，于阗塞种语 dvara-（*duγtára），粟特语 δwγδ’r，新波斯语 duḫt(ar)，梵语 duhitā́-，亚美尼亚语 dustr，古希腊语 *θυγάτηρ*，欧斯干语 futír，哥特语 daúhtar，古高地德语 tohter，立陶宛语 duktē（属格 -eȓs），教会斯拉夫语 dъšti（属格 -ere），楔形文字卢维安语 tuwatra/i-，卢西安语 kbatra-，吐火罗语 A ckācar，B tkācar“女儿”；中古波斯语 duxš“女孩”】

dūra-：远，遥远；dūraiy“遥远，远离，远远地”（副词 = 单数位格），dūraiyapiy“极远地”，dūradaša“从远处”【阿维斯塔语 dū^{i}re“远远地”，dūrāṯ“从远处”，梵语 dūrá-“远，遥远”，梵语 dūré“远远地”，于阗塞种语 dura-，新波斯语 dūr“远，遥远”；古希腊语 *δηρός*“长时间的，长久的”，赫提语 tūu̯a“远远地”，tūu̯ala“远，遥远”，tūu̯az“从远处”】

duruḫta-，duruj-：参见 draug-

duruvā-：坚固的，安全的，完好无损的；<du-u-ru-u-va-a>，埃兰语版本作 tar-ma【阿维斯塔语 drva-“健康，善好”，中古波斯语 drŭ̄št，drīšt，新波斯语 durust“健康的”，梵语 dhruvá-“坚固的，持久的，安全的”，教会斯拉夫语 sъ-dravъ“健康的”，立陶宛语 drútas“坚固的”】

duš-：前缀，“坏的 -”【< 古印欧语 dus-“坏的”~ 阿维斯塔语 duš-，duž-，梵语 duṣ-，dur-，duḥ-，古希腊语 *δυσ-*；也可在参照哥特语 tuz-，古北欧语、古英语 tor-，古高地德语 zur，现代德语 zer-，亚美尼亚语 t-（如 t-gēt“不 - 知道”）】

dušiyāra-：荒年，粮食歉收，饥荒【duš- + *yār- “年，年度”~ 阿维斯塔语 dužyā^{i}rya- “荒年，饥荒”, yār- “年”，梵语 par(i)-yār-íṇī “一年后才生小牛的（母牛）”，哥特语 jēr “年”，古希腊语 ὥρα “年；季节”，教会斯拉夫语 jara “春季”】

duškarta-：做坏的，变坏的；XPh 42 taya duškartam akariya “恶行被犯下”（RV 10，100，7：ná…cakṛma…duṣkṛtám “我们不曾犯下恶行”）；参见 duš-, kar-

duvaišta-：只见于 DPe 23 d^{u}-u-v-i-š-.-m, duvaiš(t)am “久远地，长久地”（dūra- 的最高级形态）【梵语 daviṣṭhám “（离……）非常远”】

duvara-：门，小门；只见于 DB II 75，89- duvarayā-maiy “在我的门边”【< 古印欧语 *d^{h}uer “门”~ 阿维斯塔语 dvar-，粟特语 δβr，新波斯语 dar，阿富汗语 war，梵语 dvā́r- “门”，亚美尼亚语 dur-k ‘“门（复数）”，古希腊语 θύρα “小门”，拉丁语 forēs “双翅门”，古高地德语 turi，立陶宛语 dùrys，教会斯拉夫语 dvьrь，吐火罗语 B twere “门”】

duvarþi-：柱廊，圆柱式大厅，门廊，大门【*duvar-varþi- “门 - 覆盖”】

duvitāparanam：副词，“一个接一个；依次，顺次；从古至今”（对应于埃兰语 šamak-mar “依次，按顺序”）【梵语 dvitā́ “两次的，两倍的，双重的”, parṇá- “翅膀，羽翼”】

duvitīya-：第二；duvitīyam “第二次”【阿维斯塔语 daibitya-, bitya-，粟特语 δβty-k，阿富汗语 bəl（*bitya-），梵语 dvitī́ya-，印度俗语 biia-（*dvitīya-）“第二”】

farnah-：王家荣耀，声名，幸运；见于各种专名如 Vi^{n}dafarnah-, *Agnifarnah-, *Artafarnah-, *Bagafarnah-, *Farnadāta-, *Frādafarnah- 等【< 古印欧语 *su̯el-no- “阳光”~ 阿维斯塔语 x^{u}ar^{ə}nah- “庄严，崇高；陛下”，梵语 svàr- “光辉，光明，太阳”, svàrṇara- “天空”，于阗塞种语 phārra-，粟特语 prn，新波斯语 farr “光辉，崇高”，奥塞梯语 farn “幸运，财富，和平”，哥特语 sunnō，古北欧语、古高地德语 sunna，古英语 sunne “太阳”；< 古印欧语 *séh$_2$u-l “太阳”~ 梵语 sū́rya-，拉丁语 sōl，古希腊语 ἠέλιος，立陶宛语 sáulė，拉脱维亚语 saũle，古教会斯拉夫语 slьnьce，哥特语 saúil，古北欧语、古英语 sōl（阴性）“太阳”，古爱尔兰语 sūil “眼睛”】

fra-：动词 - 名词前缀，“在……之前，靠前，向前”【< 古印欧语 *pro-~ 阿维斯塔语 fra-，梵语 prá-，古希腊语 πρό-，拉丁语 pro-，古爱尔兰语 ro-，哥特语 fra-，现代德语 ver-，立陶宛语 pra-, prō-，教会斯拉夫语 pro-】

frābara-：他已转让，已出借；参见 fra-, bar-

Frāda-：一个反叛者的名字【*Frāda-farnah-“另光辉增长者”的缩写形式 ~ 阿维斯塔语专名 Frādaṯ.- xᵘarᵊnah-, Frādaṯ.nara-, Frādaṯ.vaŋhu-】

fraharavam：副词，“向右（绕过）”（DB I 17）【梵语 pra-salaví“向右”】

framānā-：命令，指令；*framāna-kara-“工头，工长”【fra- + mā-~ 新波斯语 farmā“命令，指令，敕令”；形式上与梵语 pramāṇa-“标准，尺度，准绳”类似】

framāta-：被指定的，被命令的；taya-maiy framātam“由我指定安排的”（DSf 19-）；fra-mā- 的被动态完成式分词形式

framātar-：指挥官，发号施令者，统治者，君主；单数宾格 framātāram, A3Pa 8 作 framătāram, fra-mā- 的名词形态【中古波斯语 framātā“统治者”，新波斯语 buzurj-farmaδār】

fras-：参见 fraþ-

frāsah[ya]：被树立，被建造（DSf 27）【也可能是 frāsah[am]“我已树立，我已建造”】

frāstāyam：我已送出，我已派出（DB IV 92）；参见 fra-、stā-

fraša-：出色的，卓越的，上等的；paruv frašam“许多精品”（DSf 56-）【阿维斯塔语 f(ə)raša-“超乎寻常的，出色的，强大的”，新波斯语人名 Frašaoštra-“直译：拥有强有力的骆驼者”，亚美尼亚语外来词 hraš-k‘“奇迹，神迹”；梵语 pṛkṣá-“强大的”, prakṣ-, pṛkṣ-“加强，使……变强”】

fratama-：最出色的，最前方的【古伊朗语 *par-þama-“第一，最前的”> 阿维斯塔语 fratəma-，粟特语 'prtm，巴列维语 fratom，中古波斯语 pahlom, pahrom；梵语 pra-thamá-“最前方的，最早的”】

fratara-：第一的，在前的，较好的；*frataraka-“首领，领袖”【阿维斯塔语 fratara-，粟特语 prtr，梵语 pratarám“进而，在未来”，古希腊语 πρότερος“较前的，较早的”】

fraþ-：惩罚，惩治；第三人称单数祈愿式被动态 fraþ-iyaiš“愿他

被惩罚”；第一人称单数现在式 p(a)rsāmiy“我惩罚，我惩治”；u-frastam/u-fraštam ap(a)rsam“我已很好地惩罚了（他）”【<古印欧语 *preḱ-“问，询问”，在古波斯语中发展出拷问、惩治之义～阿维斯塔语 fras-“问，询问”，pər^{ə}sa^{i}te“他问”，于阗塞种语 pulśtä，新波斯语 pursad“他问”，梵语 praś-ná-“疑问，询问，问题”，pr̥cchάti“他问”，亚美尼亚语 e-harç̣“他已问”（= 梵语 á-pr̥cchat），拉丁语 precāri“请求”，poscere“要求，渴望”（<*porcscere），哥特语 fraíhnan“问，询问”，教会斯拉夫语 prositi“请求”，立陶宛语 prašýti“要求，请求”，中古爱尔兰语 arcu“请求”（<*parcu），吐火罗语 AB pärk，A prak，B prek“问，询问；请求”】

fraþara-：出现于 fraþaram XPf 26-，37，“巨大的，突出的，强大的”【如果在 XPg 11 中出现的 frataram 意味着“突出的，巨大的”而非“更宽的”，则 fraþara- 当与 fratara- 被一起考察。如无此重关联，可参考梵语 práthas-“宽度，广延”，古希腊语 *πλάτος*“宽度”，教会斯拉夫语 plesna“鞋底”】

Fravarti-：一个梅德族反叛者的名字，古希腊语文献记作 *Φϱαόϱτης*【可能与阿维斯塔语 fravaši“守护神”有关】

Fravata-：副词，“向下地”（DSf 23-）【中古波斯语 frōt，新波斯语 f^{u}rō(d)“向下”，或源自 *pravat-as“从高处而来”，参考梵语 pravát-“高处，高坡”，pravát-ā“向下，下坡”】

gad-：参见 jad-

gaiþā-：牲畜，畜群，畜产（DB I 65）；*gaiþa-pati“畜群之主”，*han-gaiþa-“同餐者，客人，朋友”【阿维斯塔语 gaēϑā-“房屋，家产”，中古波斯语 gēh-ān“世界”，梵语 gehám“房子”，gehyàm“家居用品”】

gam-：走，去；第三人称单数祈愿式 ā-jam-iyā“愿他到来”，过去完成时被动态分词 ha^{n}-gm-ata“被结合，被聚集”，parā-gm-ata“前进，推进”【<古印欧语 *g^{u}em-“到，来”～阿维斯塔语 gam-，jam-，梵语 gam-“走，去”，古希腊语 *βαίνω*（<*k^{u}em-sḱe-），拉丁语 venio（<*k^{u}em-i̯e-），欧斯甘语 kúm-bened“一起到来”（con-venit），哥特语 qiman，古北欧语 koma，吐火罗语 A käm-，kum-，B käm-，kam-，śem-“到来”】

gan-：参见 jan-

Ga^{n}dāra-：犍陀罗，波斯帝国的行省之一；Ga^{n}dāraya-“犍陀罗的”【古印度族名 Gandhāra，古希腊语记载作 *Γανδαϱῖτις*】

*ganza-：宝藏，财富；*ganza-bara-“司库”【新波斯语 ganj-, ganjvar，梵语外来词 gañja-, gañjavara-“司库”，亚美尼亚语外来词 ganj，古希腊语外来词 *γάζα*（> 拉丁语 gaza，叙利亚语 gazā“宝藏，财富”）】

-gara-：参见 bātugara-

garbāy^{o}：参见 grab-

*garda-：仆人，家奴 = 古希腊语 *οἰκέτης*【源自 *gṛda-“房子”= 梵语 gṛhá-“房子”，阿维斯塔语 gər^{ə}đa-“魔鬼居住的洞穴，居所”，阿尔巴尼亚语 garth“篱笆”，佛里吉亚语 -gordum“城市”，哥特语 gard-s“房子”，立陶宛语 gaȓda-s“畜栏”，教会斯拉夫语 gradŭ“城堡，城市”】

Garmapada-：音译“伽玛帕达”，第四个月（六—七月）之名，“炎热之所”【阿维斯塔语 gar^{ə}ma-，梵语 gharmá-“热，炎热”，拉丁语 formus，古希腊语 *ϑεϱμός*“热的”< 古印欧语 *g^{uh}er-mo-“热”；阿维斯塔语 paδəm, padəm，梵语 padám“脚步，足迹，地方，所在”，古希腊语 *πέδον*“地，土地”，赫提语 pedan“地方，所在”< 古印欧语 pod-“脚”，参见 pāda-】

gastā-：不幸，灾祸；hacāgastā“在不幸（邪恶）面前”（XPh 57-）【原为形容词 gasta-“不幸的，不好的”~ 帕提亚语 gast“可耻的”, gast-gar“反向的”，在阿拉美语的记载中，还有“歧视”之义；或源自 <*gad-ta“（负面意义上）被说出的，被告知的”~ 梵语 gad-“说，言说”，哥特语 qiþan，古高地德语 quethan“说，讲话”；阿维斯塔语 gaδa-“不幸”，梵语 gada-“疾病”<“被诅咒者，被不幸地预言者”？】

gāþu-：王座，地方；单数位格 gāþavā“在这地方”（ava-stā-[DB I 62-], ni-šad-[XPh 34-]）【粟特语 γ’δwk“王座”<*gāϑuka-，阿维斯塔语 gātu-“地方，场所”，梵语 gātú-“道路，路径”】

gāu-：牛；只见于人名 Gaubaruva-, Gaumāta-？, þatagu-【< 古印欧语 *g^{u}eh$_{3}$-u-“牛”~ 阿维斯塔语 gāu-，梵语 gáu-“牛，公牛，母牛”，亚美尼亚语 kov“母牛”，古希腊语 *βοῦς*，拉丁语 bōs“牛”，古爱尔兰语 bō，古北欧语 kȳr，古高地德语 chuo“母牛”，吐火罗语 A ko“牛”，拉脱维亚语 gùovs“母牛”，古保加利亚语 góvedo“牛”】

gaub-：（中动态）自称，自我承认；gaubataiy“他自称”【粟特语 γwβ-

“称赞，称颂”，新波斯语 gōyad“（他）说”，不定式 guftan，奥塞梯语 kovun“祈求”，kuvd“祈祷”】

Gaubaruva-：波斯人名，古希腊语记载作 *Γωβρύης*【gāu-“牛”+ b-r-u-v：“吃牛者”或“有着牛一般眉毛者”？】

gaud-：掩藏，遮蔽；apa-gaud-ay^{o}【阿维斯塔语 gaoz-，梵语 gū́hati“掩藏，遮蔽”，阿维斯塔语 gūzra“隐藏的，秘密的”】

Gaumāta-：高墨达，术士，假冒巴尔迪亚（Bardiya）的篡位者【词源不详，含有 gāu-？】

gauša-：耳朵；*gaušaka-“官职”（“倾听者”）【阿维斯塔语 gaoša-，新波斯语 gōš“耳朵”，阿维斯塔语 gaoš-“听，倾听”，梵语 ghóṣi“听”，ghóṣa-“噪音”，ghóṣati“发声，声明，呼叫”】

*gaya-：参见 baga-

grab-，g(a)rbāy^{o}：抓住，占领；a-g(a)rbāyam“我占领了，占有了”，a-g(a)rb-i[ya]“已被抓住”（DB II 73）【< 古印欧语 *g^{h}erb^{h}-“抓住”~ 阿维斯塔语 gər^{ə}wnā^{i}ti“抓住，握紧”，梵语 gṛbh-ā-yáti“抓住”，英语 grab“抓住，抢占”，教会斯拉夫语 grabiti“抢夺”。赫提语 karp(ii̯e/a)-，karp-“带走，抢走”< 古印欧语 *k(e)rp-i̯é/ó-“采摘，拾取”~ 拉丁语 carpo“采摘”，古希腊语 *καρπός*“果实”，与 grab- 并非同源】

*grafta-：被刻，被书写；出现于 DB IV 90，utā pavastāy[ā] utā carmā gra[ftam] [āha]“被刻写于泥版和羊皮纸上”【< 古印欧语 *gerb^{h}-，grb^{h}-“刻，划，刮擦 > 书写”~ 古希腊语 *γράφω*“书写”，古英语 ceorfan，中古德语 kerben“切，刻”；古教会斯拉夫语 žrěbii“分配”（< 被刻好的小棍？）】

gŭ̄d-：参见 gaud-

ha-：前缀，参见 hakaram

hacā：介词，主要用于离格，“从……而来，离……而去”；hacā-ciy dūradaša“从远处而来”（DSf 23）；hacā paruviyata“自古以来”（DB I 7）；-šimhacā“在他面前（感到畏惧）”【阿维斯塔语 hacā̆“从……而来，从……而出；由于”，粟特语 *cā^{o}<*hacā，于阗塞种语 jha，中古波斯语 hac“从，来自，由于”，新波斯语 az“来自”，梵语 sácā“与……在一起，与，在”】

had-：坐下；存在于 hadiš- 与 ni-šad，使动态 ni-šādayo“坐下来，放

回，带回”（XPh 34-）;ni-šādayam“我已坐回（允许的地方 gāþavā）”，DNa 36 niy-a-šādayam【< 古印欧语 *sed-“坐”,~ 阿维斯塔语 had-, ni-šad-，梵语 sad-, ni-ṣad-（>upa-ni-ṣad-“奥义书［原义：席地而坐所传授者］”），帕提亚语 nšdm，粟特语 nšym，中古波斯语 nišēm，中古波斯语、新波斯语 nišastan，帕提亚语 nšstan，于阗塞种语 näd-，粟特语 nyδ，古希腊语 ἕζομαι，拉丁语 sedēre，哥特语 sitan，立陶宛语 sėdėti，教会斯拉夫语 sěděti“坐”】

hadā：介词，用于工具格，“与……一起，随着”【阿维斯塔语 hadā，haδa，梵语 sahá“与……一起，随着”;ha-< 古印欧语 *sm̥-，类似于 hakaram】

hadiš-：宫殿，居所（原义为“权力之座”）【阿维斯塔语 Hadiš-“居所之神”，梵语 sádas-“座位，宝座”】；参见 had-

hadugā-：参见 ha^{n}dugā-

Hagmatāna-：梅德地区的王室所在，今日之哈马丹；古希腊语文献记作 Ἀγβάτανα, Ἐκβάτανα【词源学上或与 ha^{n}-gmata-“聚集的，汇拢的”相关】

Haḫāmaniš-：阿契美尼德人的祖先名，古希腊语作 Ἀχαιμένης；单数主格 ^{o}iš，属格在晚期语言中作 ^{o}išahyā（AmH 3-）;Haḫāmanišiya-“阿契美尼德的；阿契美尼德人”【本义为“具有友好之意的”:haḫā< 古印欧语 *sok^{u}h$_{2}$-oi-, *sok^{u}-io-“同伴，朋友”~ 阿维斯塔语 haxa，梵语 śákhā“朋友”，拉丁语 socius“伙伴，朋友”；古北欧语 seggr“男人，战士”，古英语 secg“男人，伙伴，战士”;*-maniš- 之于 manah-“精神，思想”类似 hadiš- 之于梵语 sádas-】

hainā-：军队，敌方的军队【阿维斯塔语 haēnā-，于阗塞种语 hīnā-，中古波斯语 hēn，梵语 sénā-“军队”】

haj-：悬挂；出现于 DB II 78 frāhajam“我悬挂出（反叛者的尸身）”【梵语 saj-“粘，挂”，于阗塞种语 ajs-】

hakaram：副词，“一次”（与 -ciy 连用, DNb 34-）【*ha-k(a)r^{t} 的某种变体形式，参考阿维斯塔语 hakər^{ə}t̰，梵语 sakṛ́t“一次”, sa-(ha-)< 古印欧语 *sm̥-“一起，共同”~ 古希腊语 ἅ-παξ，拉丁语 sem-el“一次”。古波斯语 hakaram+ciy“每一次，总是”<*hakr-+cit，参考新波斯语 hargiz“总是”】

Haldita-：哈尔迪塔，亚美尼亚人名，Araḫa 之父【可能源自乌拉尔坦语中的神名 ḫaldi-】

ham-：前缀，“一起，跟随，共同”【< 古印欧语 *sem-/som- “共同的”~ 阿维斯塔语 hąm-，梵语 sám- “共同，一起”，拉丁语 sem-per “总是，一直”，哥特语 samana “一起，共同”，古英语 æt-，to-samne，古高地德语 zi-samane，现代德语 zu-sammen】

hama-：同一的，相同的；hamahyāyā þar(a)da “在同一年”（DB IV 4-）【< 古印欧语 *som-h_2-o- “相同的”~ 阿维斯塔语 hama-，中古波斯语 ham，梵语 samá- “同样的”，古希腊语 ὁμός “同样的，相似的”，哥特语 sama，古北欧语 sam-r “相同的”（> 现代英语 same）；阿维斯塔语 hama- “每个，任何一个”，于阗塞种语 hama- “全部”，中古波斯语 ham “每个，全部”，新波斯语 hama “所有，全部”；教会斯拉夫语 samŭ “共同地”，立陶宛语 sam-，教会斯拉夫语 są- “相同 -，相类 -”】

hamadāraya-：（中动）抓在一起，全面掌控；参见 hama-，dar-

hamapitar-：同父所生的【hama-+pitar-~ 古希腊语 ὁμοπάτριος，古北欧语 sam-feđra，另可参见 hamātar-】

hamārakara-：收税官，税吏【阿拉美语、亚美尼亚语外来词 hamarakar-；新波斯语 hamār “计算，数字，尺度”，亚美尼亚语外来词 hamar< 古伊朗语 ham-māra- “共同 - 计量”~ 梵语 smar- “记忆”】

hamarana-：战役，战斗；hamarana-kara- “斗士，战士”【ham-+ ar-：阿维斯塔语 hamarəna- “战役，会战”，梵语 samáraṇa- “战斗，角斗”】

hamataḫšaiy：我已争取，我已尽力（DB I 68, 70）；hamātaḫšatā “他已尽力”（DB IV 92）；参见 ham-，taḫš-

hamātar-：同母所生的；参见 hamapitar-，DB I 30 中一起被使用【三种可能性：*hama-mātar-：古希腊语 ὁμομήτριος，古北欧语 sam-mædra；*ham-mātar-：梵语 sam-mātár-；*ha-mātar-<*sm̥-：古希腊语 ὄπατρος】

*hambāga-：参见 bāji-

hamiçiya-：叛变的，造反的；叛徒，造反者；hamiçiyam kar- “令……反叛”（DB IV 9-）【<ham-（或 ha<*sm̥-）+ *miça- “盟约，契约”（梵语 mitrá- “契约”，mitrín-，mitréru- “盟誓者”）~ 拉丁语 con-iuratus “同谋”】

*hamapāra-：仓库，储物室；*hamapāra-bara- “库房保管员”【埃兰语版本作 am-pa$_2$-raš，参照吐鲁番巴列维语 ’mb’rg，中古波斯语、新波

斯语 anbār，亚美尼亚语外来词 [h]ambar“仓库，储物室”<ham-+ par-“充实，充满”】

hanatayā-：老年，久远的时间；只出现于 DSe 46 h[-n-t-’-y-’] ha[natāyā]，单数位格【< 古印欧语 *seno-“老的，古旧的”~ 阿维斯塔语 hana-，梵语 sána-“老的，古老的”，古希腊语 ἕνος“去年的，以往的”，古爱尔兰语 sen“古老的”，立陶宛语 sẽnas“年老的”，拉丁语 senior“长者”，哥特语 sinista“最为年长者”】

*handaunā-：金属饰片，护片，饰面【<ham- + *dav-~ 新波斯语 an-dūδan“涂抹，敷上”】

ha(^{n})dugā-：事迹，报告，公告，庄重的声明；通常与动词 apa-gaud-“隐瞒”连用，如 DB IV 55，57【<ham- + *d$^{(h)}$au̯g^{h}-“挤，挤奶”（= 梵语 dogh-），类似拉丁语 ex-pressio（> 现代英语 ex-pression，德语 Ausdruck）】

ha^{n}gmata-：参见 gam-, Hagmatāna-

ha^{n}j-：参见 haj-

hantiy：他们是；参见 ah-

Haraiva-：阿瑞亚，波斯帝国的行省，大致位于今天阿富汗的 Herāt 地区，古希腊语作 Ἀρεία【阿维斯塔语地名 Harōiva-，新波斯语 Harē，常被认为与印度吠陀中提到的河流名 Saráyu- 有关】

Harauvatī̆-：阿拉霍西亚，波斯帝国的行省，古希腊语作 Ἀραχωσία；hacāHarauvatiyā“从阿拉霍西亚而来”（DSf 44-）【阿维斯塔语 Harax^{v}a^{i}tī-“阿拉霍西亚”，梵语河流（及河神）名 Sárasvatī（本义“富于水的地方”），梵语 sáras-“湖，池”】

hard-：放走，送走；出现于 DB II 94 avahar[da]“已离开他”【词源不详。可能与梵语 ava-sarj-“让……离去，释放”有关】

haruva-：整个，全部；haruvahyāyā BU-yā“在全部的大地上”【< 古印欧语 *sol(H)u̯o-“完整的”~ 阿维斯塔语 ha^{u}rva-，梵语 sárva-，古希腊语 ὅλος，爱奥尼亚语 οὖλος“全部，整个”，塞种语 har-biśśa，中古波斯语 har-visp“每个 – 全部”，中古波斯语、新波斯语 har“每个，全部”，拉丁语 salvus“健康的，完好的”，吐火罗语 A salu“完整地，全部地”】

hašiya-：真的，真实的【< 古印欧语 *$h_1$és-nt-, *$h_1$snt-i̯o-“存在的；

真实的"~ 阿维斯塔语 $ha^{i}\vartheta ya$-，梵语 satyá-"真实的"，于阗塞种语 haṭhaṭha "真实，真理"，奥塞梯语 æcæg（<*haþya-ka-）"真实的"；日耳曼语 *sanþa-"真实的"> 古北欧语 sann-r，古英语、古萨克森语 sōđ；拉丁语 sōns "负债的，有罪的（本义：真实存在的）"，赫提语 ašant-"存在的；真实的，正确的"（<$eš^{-zi}$,aš-"是，存在"）】

haumavarga-：赛种人部族的称谓（Sakā haumauvargā），古希腊语作 *Ἀμύϱγιοι*【hauma°= 阿维斯塔语 Haoma-，梵语 Sóma-，具有神奇力量的饮品，类似希腊传统中 *νέκταϱ*。haumavarga- 很可能意味着"敬奉 Hauma 的"~ 于阗塞种语 aurgā-, orgā<*ā-varka-"敬奉，祭礼"】

hauv, hauvam：代词，"这，这个"；hau-dim "这个……他"，hau-šaiy "这个……对他"【阿维斯塔语 hāu "这，这个"，梵语 a-sáu "那，那个"< 古印欧语 *so-au-（= 古希腊语 *οὗτος*<**ὥυ-το-*】

haya：指示代词－关系代词，"这；他，谁"，中性形态 taya【阿维斯塔语 hōyō，梵语 sáyáḥ】

hazānam：参见 hizan-

*hazārapati-：千总【*hazāra-< 古印欧语 $*ǵ^{h}es$-lo-"一千"~ 阿维斯塔语 hazaŋra-，新波斯语 hazār，梵语 sahásra-，古希腊语 *χίλιοι*，拉丁语 mille（<$smih_2$- $ǵ^{h}sl$-ih_2-）"一千"，+ pati-"主人"】

$Hi^{n}du$-：印度河，印度，波斯帝国与印度相关的行省；hacā $Hi^{n}dauv$ "源自印度"；埃兰语版本作 hi-in-du-iš【梵语 Sindhu-（汉语：身毒），阿维斯塔语 Hindu-, Həndu-；通过伊朗语系的中介，形成了古希腊语 *Ἰνδός*，拉丁语 Indus】

hizan-：舌头；单数宾格 hizān-am (ha-za-'-na-ma)【< 古印欧语 $*dnǵ^{h}uh_2$-~ 阿维斯塔语 hizū-，帕提亚语 'zb'n，新波斯语 zabān（<*hizbān-am），梵语 jihvā́，拉丁语 dingua, lingua，哥特语 tuggō，古北欧语 tunga，古高地德语 zunga，吐火罗语 A kantu, B kantwo（<*tänkwo）】

hya：参见 haya

ẖaudā-：帽子，头盔；单数宾格 [ẖaudā]m tigrām "尖顶的帽子"（DB V 22），用于对塞种人的描写【阿维斯塔语 xaoδa-，帕提亚语 xōδ，奥塞梯语 xodä "帽子，盖头"，新波斯语 xōd "头盔"，梵语外来词 khola-"帽子，头巾"，亚美尼亚语外来词 xoir "头饰"】

ḫraþu-：智慧，明智【阿维斯塔语 xratu-“理智；意愿”，于阗塞种语 grata-“理智，聪明”，新波斯语 ḫirad“理智”，梵语 krátu-“力量；理智；意愿”，可能也与古希腊语 *κράτος*“力量，强力”有关】

ḫšaça-：统治，王权，王国【阿维斯塔语 xšaϑra-“统治，统治权”，新波斯语 šahr“城市”，梵语 kṣatrá-“力量，权力，统治”；古波斯语 ḫšaçam frābara：吠陀语 kṣatrám…bibhṛtháḥ，古波斯语 ḫšaçam dārayāmiy：吠陀语 kṣetrā́…dhāraya；参见 ḫšay-, ḫšaþrita-】

ḫšaçapāvan-：行省总督，高官【源自 ḫšaça- + pā-van-；应为外来词，参照阿卡德语 aḫšadara-pannu，梵语 kṣatrapa-, chatrapa-，古希腊语 *ἐξατράπης*, *σατράπης*, *σαδράπας*】

ḫšan-：伤害，损害；出现于’-ḫ-š-t- 的形式中

ḫšap-：夜晚, ḫšapa-vā“既在夜晚……”【阿维斯塔语 xšap-，单数属格 xšapō，梵语 kṣap，单数属格 kṣapáḥ；可能与古希腊语 *ψέφος*“昏暗，黑暗”有关】

ḫšaþrita-：赫沙浦利塔，某梅德王侯的名字【ḫšaça- 在梅德语中呈现为 *ḫšaþra- 的形态】

ḫšay-：统治，支配；中动态现在分词 ḫšayamna-“支配性的”; patiy-a-ḫšayaiy“我曾统治，我曾是统治者”；参见 ḫšaça-, ḫšayāršan-, ḫšayaþiya-【梵语 kṣáyati，阿维斯塔语 xšayeⁱti“统治，支配”；也可能与古希腊语 *κτάομαι*“占有，支配”有关】

Ḫšayāršan-：薛西斯，波斯大君之名，古希腊语作 *Ξέρξης*【<*ḫšaya-’ṛšan-“支配英雄者”，类型上近于古希腊语 *φερέ*-*οικος*“带着房子行走者”】

ḫšayaþiya-：君主，国王；常以意符 ḪŠ 的形式出现; ḫšayaþiya ḫšayaþiyānām“王中之王”，波斯大君的头衔之一（在埃斯库罗斯的剧作《波斯人》中被表述为 *δέσποτα δεσποτῶν*）, A^{3}Pa 10 中为 ḫšāyaþiyănām【<*ḫšay-aþa-“统治”~ 阿维斯塔语 vaxšaϑa-，梵语 vakṣátha-“生长，增长”；新波斯语 šāh“国王，沙阿”, šāhanšāh“王中之王”】

ḫšnā-：认识，认知【= 阿维斯塔语 xšnā-，梵语 jñā-< 古印欧语 *ǵnō- <*ǵneH$_3$-“认识，认知”; *ǵneh$_3$-sḱ-/ǵnh$_3$-sḱ-> 古波斯语 ḫšnā-sa-，阿维斯塔语 xšnā-sa，古希腊语 *γι-γνώσκω*，拉丁语 gnōscō; *ǵn̥H-, ǵn̥H-nā-> 古波斯语 dā-nā- (adānā)，阿维斯塔语 °zānənti，于阗塞种语 ysān-，帕

提亚语 zān-，梵语 jānā́ti，哥特语 kunnan，立陶宛语 žinaū，教会斯拉夫语 znati，古爱尔兰语 ad-gninim; *ǵnēh$_3$-s- 或 ǵn(e)h$_3$-s-> 赫提语 kane/išš-“知道，承认”】

ẖšnāsātiy：他（人们）应能认识；参见 ẖšnā-

ẖšnav-：令人满意，令人喜悦；ẖšnū̆ta-“感到满意的，感到愉悦的”，u-ẖšnav-“欣慰的，愉悦的”，ā-ẖšnav-“感受，听”；ā-ẖšnavāhy“你听”，ā-ẖšnū̆diy-“听！”，ā-ẖšnautiy“（他）把握，领会”【阿维斯塔语 xšnav-“满意，满足”，中古波斯语 šnōhr“恩宠，关爱”，ā-šūtan“听，倾听”，新波斯语 xušnūd“满意”，šunūdan“听”。其意义发展轨迹当是“感受－听”>“美好的感受－听”>“满意，喜悦”。可能与古印欧语 *ksneu̯-“磨尖，使……锋利”有关】

i-：代词词根，参见 ima-，iyam

idā：副词，“这里”【<i-+ *-dha：阿维斯塔语 iδa，梵语 ihá，巴利语 idha“这里”，古希腊语 ἰϑα-γενής“合法婚姻所生的；土生的；直接生成的”，亦可对照拉丁语 ibi“那里”】

ima-：代词，“，这，这个”，单数宾格阳性 ima-m，阴性 imā-m，单数中性主格－宾格 ima【阿维斯塔语 iməm，imąm，imat̰，梵语 imám，imā́m< 印度－伊朗语代词词根 ima-< 古印欧语代词词根 *i-~ 拉丁语 i-s，i-d，哥特语 i-s】

Imani-：伊玛尼，埃兰人名，与某埃兰神名相同；

isuvā-（或 iasu°？）：战斧（只见于 DNd 2），词源不详

išti-：风干的砖；单数主格 °iš（DSf 29）；单数位格 [ištā]（DB IV 90）【阿维斯塔语 ištya-“砖，瓦”，新波斯语 xišt，梵语 iṣṭakā-，iṣṭikā-“烧好的砖”】

iyam：代词，阴性，“这，这个”【代词词根 i-，单数主格阳性 *i-m，阴性 *i-am】

jad-：请求，祈求；jadiyāmiy“我请求，我祈求”【< 古印欧语 *g^{uh}ed^h-“请求”~ 阿维斯塔语 ja^{i}δyemi“我请求”，粟特语’’γδ’k“愿望”，古希腊语 ϑέσσασϑαι“请求”，πόϑος“欲望，愿望”】

jam-：参见 gam-

jan-：打，打击；ja^{n}tiy“他打”，jadiy“（你）打！”，jatā“（你们）打！”，a-jan-am，ava-a-ja【< 古印欧语 *g^{uh}en-“击打，击杀”~ 阿维斯塔语

ja^{i}nti “打”，梵语 hánti “打，打死”,jahí “打！”，赫提语 ku̯enzi “杀死”，古希腊语 *ϑείνω* “杀死”,*φόνος* “杀人，屠杀”；阿维斯塔语 jata，梵语 hatá，古希腊语 -*φατός*< 古印欧语 *g$^{\text{u̯h}}$n-tó- “被杀死的”】

ja^{n}tar-：打击者，毁灭者;ja^{n}ta biyā “愿他是毁灭者，愿他打击”【阿维斯塔语 jantar- “击打者，杀人者”，梵语 hantár- “杀人者；征服者”】

jav- (+abiy)：补充，加入；第一人称单数现在式 abiy-a-jāvayam【帕提亚语 aβgāv-,aβgūδan “增加，加入”,vi-γāv “减少”，粟特语’βz’’w-，中古波斯语 aβzūtan，新波斯语 afzūδan “增加”；进而可对比阿维斯塔语 gūnao^{i}ti “增加，上升”,gaona- “收获，收益”,gav(a)- “手”，立陶宛语 gáuti “获得，收到”，亚美尼亚语 kalum “拿到，抓住，获得”，古希腊语 *γύαλον* “空洞，中空”，拉丁语 vola “中空的手”】

jiv-：生活，活着；命令式 jīvā “活着！你该活着”；形容词 jīva- “活着的”【< 古印欧语 *g$^{\text{u̯}}$ih$_3$-u̯e/o- “生活，活着”,*g$^{\text{u̯}}$ih$_3$-u̯ó- “活着的”~ 阿维斯塔语 jva^{i}ti,java^{i}ti，粟特语 jwt，于阗塞种语 jv-，阿富汗语 žw-，中古波斯语 zīvēt，梵语 jī́vati，拉丁语 vīvit，教会斯拉夫语 živetь “生活，活着”；阿维斯塔语 jva-，梵语 jīvá-，拉丁语 vīvus，立陶宛语 gývas，教会斯拉夫语 živь “活着的”】

jiyamna-：结束，终结；jiyamnampatiy “接近（月）末”（DB II 62）【< 古印欧语 *ku̯ei- “征服，强力”~ 阿维斯塔语 a-jyamna-,a-fra-jyamna- “不减少的，不变弱的”<jyā- “削弱，减少”，梵语 jáyati “战胜，征服”，jyā́ “暴力”,jyā́nam “镇压”，古希腊语 *βία* “强力，力量”，古英语 cwīnan “减少，下降”】

ka-：代词，“谁，他（她、它）”;kaš-ciy “某个（人）”【< 古印欧语 *k$^{\text{u̯}}$i-s “谁”,*k$^{\text{u̯}}$i-d “什么”< 阿维斯塔语 ka-，梵语 ká-，拉丁语 quis，哥特语 ƕa-s，古英语 hwā，立陶宛语 kà-s “谁”;kaš-ciy<*k̑$^{\text{u̯}}$os-k̑$^{\text{u̯}}$id】

kā：位于 tuvan “你” 之后的助词【可能与 ka- 相关】

-kaiy：参见 ada-

kāma-：愿望，欲求;+ 相关名词的宾格形式，如 Auramzadām…kāma āha “这曾是对阿胡拉·马兹达的愿望”（DSf 15-）;yaþā mām kāma āha “正如我曾经的愿望”（DSuez c 12）【可能源自古印欧语 *kn̥H-mo- “爱欲”~ 阿维斯塔语 kāma- “愿望，希求”，梵语 kā́ma- “爱欲，欲望”，拉丁语 cā-rus “珍爱的”】

Ka^{m}būjiya-：冈比西斯，居鲁士大帝之子及后裔之名，埃兰语版本作 kan-bu-ṣi-i̯a，阿卡德语版本作 kam-bu-zi-i̯a，古希腊语作 *Καμβύσης*【或与梵语部落名 kamboja- 相关】

Ka^{m}pa^{n}da-：梅德地名，埃兰语版本作 qa-um-pan-taš

kamna-：少的，小的【阿维斯塔语 kamna-“少的，小的”，kamnānar-“带着少量的人”（DB I 56-，kamnabiš martiyaibiš），kambištəm“最少，至少”，粟特语 kβn，比较级 kmbyy<*kambiyah-，新波斯语 kam“少的，小的”】

kan-^{1}：挖，挖掘；kan-tanaiy“挖掘”，a-kan-iya；ni-kan-“挖开，撕开”，vi-kan-“摧毁（本义：互相挖掘）”【阿维斯塔语 kan-，粟特语 qn-，新波斯语 kandan“挖掘”，梵语 khánati“挖”】

kan-^{2}：扔，投掷；只见于 avākanam“我曾放置，我曾安置（我曾投下？）”（DB I 86）【帕提亚语 aβgan-“扔，抛”，巴列维语 aβkandan，新波斯语 afgandan“扔掉，抛弃”】

ka^{n}ta-：开挖（DSf 25）【本为 kan-^{1} 的被动态过去完成分词，= 阿维斯塔语 -kanta-】

ka^{n}tanaiy：参见 kan-^{1}

kapautaka-：只见于 kāsaka haya kapautaka“青金石”（DSf 37）【本义当是“蓝色的”~ 中古波斯语 kapōt，新波斯语 kabūd“蓝色的”，梵语 kapóta-“鸽子”；乌尔米耶海（Urmia）在斯特拉波的《地理志》（11，13，2）中记作 *Καπαῦτα, κυανῆ ἑρμηνευθεῖσα*“被译作深蓝色的（黑色的）”，亚美尼亚语作 Kaputan，阿拉伯语作 Kabūḏān】

Kāpišakāni-：卡皮萨卡尼，阿拉霍西亚地区的城堡名【-kāni- 也许与 kan-^{1} 有关，参考梵语 khaní-“坑”；Kāpiša- 当与古印度地名 Kāpiśī-、Kapiśā- 有关】

kar-：干，做，建造；被动态过去式 a-kariya（第三人称复数 akariya^{n}tā），完成时祈愿式 ca-ẖr-iyā，不定式 car-tanaiy，被动态过去完成分词 kar-ta；-kara-“- 作者，- 完成者”，如 dāraniya-kara-“金匠”【< 古印欧语 *k^{u}ér-/k^{u}r-“剪，切；削，刻 > 制造，建立”~ 阿维斯塔语 kar-“干，做”，kərəta-，梵语 kar-，kr̥tá-；古波斯语现在式 kunautiy<*kr̥nautiy = 阿维斯塔语 kərənao^{i}ti，梵语 kr̥ṇóti；亦可参考立陶宛语 kùrti“建造，创造；点火，加热”，拉脱维亚语 kur̃t“点火，

加热”】

kāra-：军队，战斗民族，民族，人；kāra-šim“这个民族（畏惧）他”（DB Ⅰ 50）【＜古印欧语 *kor(i)o-“战争；军队”~ 中古波斯语 kārēcār“争执，战斗”，新波斯语 kārī“战士”，kār-zār“战斗场地，战斗”，立陶宛语 kãrias，kãrė，kãris“战争，军队”，哥特语 harji-s“军队”，古希腊语 *κοίρανος*“首领，指挥官”】

Karka-：卡尔人；古希腊语作 *Κάρ*（复数 *Κᾶρες*），*καρικός*

Karmāna-：单数离格 -ā（DSf 35），伊朗东南部的一个地区；古希腊语作 *Καρμανία*，新波斯语 Kirmān

karnuvaka-：石匠【＜*kr̥nva-ka-，对应于动词现在式 *kr̥nau-tiy，古波斯语中保留为 kunautiy，参见 kar-】

karša-：一种重量单位，1/6 的巴比伦钱币【Hesych.<*κέρσα*>· *Ἀσιανὸν νόμισμα*“亚洲货币”，梵语（伊朗语外来词？） karṣa-“一种重量单位”。可能源自阿拉美语，不过被依照伊朗语加以解释：*karš-“牵引，拉＞称重”】

*karšika-：农夫，农民【本义为“拉犁者”~ 阿维斯塔语 karṣi-“犁沟”，karšivant-“犁地者”，梵语 kr̥ṣi-“犁地，农耕”，kr̥ṣīvalá-“垦种者”，源自动词阿维斯塔语 karš-，梵语 karṣ-“拉，牵；犁沟”】

karta-（即 kr̥ta-）：被做好的，被加工的，完成的；kartam“被做好的，被建造的；被完成的作品”；在晚期语言中出现 mām upā mām kartā“由我在我的时代建造”（A^3Pa 22-），utā taya mām kartā“和那由我所建造的”（A^3Pa 26）；参见 kar-

kāsaka：半宝石，玻璃（kāsake haya kapautaka，kāsake haya ah̯šaina[DSf 37，39]）；kāsakaina-“由玻璃构成的”【词源解释尚未取得共识】

kašciy：某个（人），参见 ka-

kata-：参见 ka^nta-

Katpatuka-：卡帕多奇亚，波斯帝国的行省；也可作形容词使用；埃兰语版本作 qa-at-da-du-ka，阿卡德语版本作 ka-at-pa-tuk-ka，古希腊语作 *Καππαδοκία*

kaufa-：城堡【阿维斯塔语 kaofa-“山脊”，巴列维语 kōf，新波斯语 kōh“山丘”，于阗塞种语 kuvaa-（*kaufaka-）“城堡，山丘”；相似的形式还见于 *-p（粟特语 qwp’n，立陶宛语 káupas，kaũpas“堆集”），

*-b-（古英语 heap< 拉丁语 cubare“躺”）】

kunautiy：参见 kar-

Kuru-：居鲁士，波斯大君名，古希腊语作 *Κόρος*, *Κῦρος*；单数属格 °auš【梵语 Kúru-“俱卢”】

Kūša-：埃塞俄比亚【阿卡德语 Kūšu，古埃及语 Kꜣš，旧约希伯来语 Kūš】

Lab(a)nāna-：黎巴嫩山脉（DSf 31）

ma-：第一人称单数“我”的间接格词干，如宾格 mām，属格－与格 manā，属格的附属形 -maiy【阿维斯塔语、梵语 ma-，如阿维斯塔语 mąm, mana, mōi，梵语 mā́m, máma, me；古希腊语 *ἐμέ*, *μοι*，拉丁语 mē，现代德语 mich】

mā：禁止性连词，“不（要）”；mā taya mām“那不是我”, DB I 52；mā-taya“不……”（DB IV 48）；mābiyā“不应存在”（DB IV 59）【< 古印欧语 *meh₂“不（要）”~ 阿维斯塔语 mā，梵语 mā́，古希腊语 *μή*，吐火罗语 AB mā，亚美尼亚语 mi】

mā-：衡量；见于 fra-mā-“命令，安排”（参见 framānā-, framātar），或许还有 ā-mā（如果 <'-m-'-t> 能被解读为 ā-mā-ta）【< 古印欧语 *meh₁-“度量，衡量”~ 阿维斯塔语 maya-“衡量”, māta-“形成的”, vi-mīta-“错误形成的”, avi-mą-m“进行衡量”, zastō. miti-“衡量标准在手”，新波斯语 nu-māyad“指，指示”，奥塞梯语 amajun“建造”，梵语 mí-mā-ti“衡量，度量”；古希腊语 *μῆτις*“智慧，技艺”，拉丁语 mētior“衡量，测度”，古英语 mǣd“尺度，度量衡”< 古印欧语 *meh₁-ti-；哥特语 mēl“时间，小说”，古高地德语 māl“时刻”< 古印欧语 *meh₁-lo-；赫提语 mēḫur/mēḫun-“时间，时段”或也与此有关】

Māda-：梅德；梅德的，梅德人；Mādaiy“在梅德”；古希腊语作 *Μηδία*, *Μῆδος*

magu-：麻葛斯，幻士；对反叛领袖高墨达（Gaumata）的标志性称谓【古伊朗教士头衔 *magu-，阿维斯塔语 moγu.t̰biš“对麻葛斯敌对的”，中古波斯语 magū，新波斯语 mōγ, muγ“幻士，魔术师”；梵语 maghá-“礼物”, maghávan-“大度的，慷慨的”，阿维斯塔语 maga-, magavant-；古希腊语 *μάγος*“幻士，巫师”, *μαγοφόνια*< 伊朗语 *magu-jati-“杀死麻葛斯”，粟特语 mwγzt-】

māh-：月（月亮，年月）；单数位格 māhyā（māh-i + -ā）【< 古印欧语 *meh$_1$-n̥s-/meh$_1$-nes-“月亮”（<*meh$_1$-“测量，衡量”）~阿维斯塔语 māh-，梵语 mā́s-（单数位格 mās-i）“月”，粟特语 m'ẖ，新波斯语 māh，māng，古希腊语多利克方言 μής，爱奥尼亚方言 μείς，雅典方言 μήν，拉丁语 mēnsis，哥特语 mēna，古爱尔兰语 mī，吐火罗语 A mañ，B meñe】

māha-：参见 māh-

māhyā：在（某）月（+月名的属格形式），参见 māh-

-maiy：对我；参见 ma-

Maka-：地名，马克兰；Maciya-“马克兰人”

mām：我（宾格）；参见 ma-

man-^{1}：想，思考；maniyaiy“我曾想”，yadi maniyāiy“当你想”，XPh 47【< 古印欧语 *men-“思考”~阿维斯塔语 man-y^{o}，mainyete“想，思考”，于阗塞种语 man-“善意的想，评价”，中古波斯语 mēnītan“思考，理解”，梵语 mányate，manuté“想，思考”，古希腊语 μέμονα“希望；打算”，αὐτό-ματος“自愿的，自动的”，拉丁语 meminī“回忆；思考”，com-mentus“思虑筹谋的”，哥特语 munan“认为，相信”，ga-munan“纪念”，立陶宛语 menù“纪念”，教会斯拉夫语 mĭněti“认为”】

man-^{2}：等待，等候；a-mānaya，a-mānaiya“他曾等待”【< 古印欧语 *men-“保持，等待”~阿维斯塔语 man-，如 upa-mąnayən“他们应等待”，mānayae^{i}tī“强迫等待，停留”，于阗塞种语 māña，mānda，新波斯语 māndan“保持，停留”，梵语 man-“等待，逗留”，亚美尼亚语 mnam“停留，等待”，古希腊语 μένω“停留，保持，等待”，拉丁语 maneō“坚持，保留”；赫提语 mimmai，mimmanzi“使……退回原地，拒绝”，古希腊语 μίμνω“停下；等待”（< 古印欧语 *mi-mn-）】

manā：我（属格-与格）；参见 ma-

manah-：精神，心意，思维，意愿【< 古印欧语 men-s-“思想，意念”~阿维斯塔语 manah-“心意，精神，思想，追求”，梵语 mánas-“心意，精神”，古希腊语 μένος“力量，激情，精神”，古爱尔兰语 cu-man“回忆”；阿维斯塔语 duš-manah-“恶意的”，新波斯语 duš-man“敌人”，梵语 dur-manas-“悲伤的”，古希腊语 δυσμενής“敌对的”；阿维斯塔语 hu-manah-（hu-mata-），梵语 su-manas-，古希腊语

εὐμενής“善意的”；参见 man-[1]】

manauvĭ̯-：充满激情的，热血的，愤怒的；只见于单数主格 °vĭ̯š（m-n-u-v^{i}-i-š），DNb 13【可能与 man-[1] 有关：梵语 manấ-“愤怒，嫉妒”，manyú-“愤怒，狂暴”】

māniya-：家仆，众人【*māna-<*dmāna-“房子”~ 阿维斯塔语 d^{ə}mā̆na-，d^{ə}mąna-，nmāna-“房子”，梵语 mána-“房子，建筑”，拉丁语 domus“房子，家”，吐火罗语 B mañiya“女仆”，mañniye“男仆”；对照：古波斯语 gaiþām-cāmāniyam-cāv^{i}þbiš-cā“牲畜、仆人和家产”，阿维斯塔语 Yt. 10. 18 uta nmānəm uta visəm“仆人与家产”】

maniyātaiy：被看到，被重视；参见 man-[1]

mar-：死，死去；第三人称单数未完成式 a-mariyatā（即 a-mr̥yata）；被动态过去完成分词 marta-（即 mr̥ta-）“死了的”【< 古印欧语 *mr-(ie/o)-“死，死去”~ 阿维斯塔语 mirye^{i}te，帕提亚语 myr-“死，死去”，于阗塞种语 mirāre“他们死了”，梵语 mriyáte“死，死去”，赫提语 mer-“消失，消亡”，立陶宛语 miȓti，古教会斯拉夫语 mrěti“死，死去”；< 古印欧语 *mr̥-tó-“死去的”~ 阿维斯塔语 mər^{ə}ta-，梵语 mr̥tá-，教会斯拉夫语 mrьtvъ“死了的”；拉丁语 morior“死去”，mortuus“死了”，古希腊语 *ἄ-μβροτος*（阿维斯塔语 a-məša-，梵语 a-mŕ̥ta-）“不死的，不朽的”；另参见 martiya-，uvāmaršiyu-】

mard-：压，榨；只与 vi- 共用，vi-mradatiy“压榨，压迫”，viy-a-mrada“曾掠夺”（DSe 40-，DB V 11）【< 古印欧语 *H_2mord-“压碎，咬（碎）”~ 阿维斯塔语 mōr^{ə}ndat̰“败坏，损害”，梵语 vímradā“变坏，变软！”，mr̥dnā́ti“压，榨”，古希腊语 *ἀμέρδω*“剥夺”，拉丁语 mordeō“啃，咬”，古高地德语 smerzan“痛苦”】

Marduniya-：波斯人名，古希腊语作 *Μαρδόνιος*【词源不详】

Margu-：马尔吉亚那，波斯帝国的一个行省，古希腊语作 *Μαργιανή*，新波斯语作 Marv；mārgava-“出自马尔吉亚那的”

marīka-：仆从，随从；阿卡德语版本作 ^{LÚ}gal-la【*mariya-ka-~ 阿维斯塔语 ma^{i}rya-“年轻人”，中古波斯语 mērak“丈夫，爱人，年轻人”，阿富汗语 mrayai“奴隶”，梵语 márya-“年轻人，爱人，求婚者”，古希腊语 *μεῖραξ*“年轻人，小伙子”，Hesych.<*Μαρικᾶν*>· *κίναιδον. οἱδὲ ὑποκόρισμα παιδίου ἄῤῥενος βαρβαρικόν*“娈童。野蛮人的男童的别称”】

maršiyu-：参见 uvāmaršiyu-

marta-：mar- 的被动态过去完成分词

martiya-：男人，随从；属格 - 与格 martiyahyā（错误的写法作 martihyā[A³Pa 4-]）；Martiya- 是一个反叛者的名字【<mar-~ 阿维斯塔语 mašya-，粟特语 mrtyy，梵语 mártya-“人，有死者”。对照：吠陀语 déva...mártya-，阿维斯塔语 daēvāišca mašyāišca“神（与）人”】

maška-：皮舟，被吹胀的兽皮；复数位格 °āuvā（DB I 86）【源自闪米特语的外来词，阿拉美语 maškā“皮肤”】

mātar-：母亲；只见于 hamātar 的形式【<*meh$_2$-tr-~ 阿维斯塔语 mātar-，于阗塞种语 māta-，新波斯语 mād(ar)，梵语 mātár-，古希腊语 μήτηρ，多利克方言 μάτηρ，拉丁语 māter，古爱尔兰语 māthir，教会斯拉夫语 mati（属格 -ere），吐火罗语 A mācar，B mācer“母亲”，立陶宛语 mótė（属格 móters）“妻子”，阿尔巴尼亚语 motrë“姐姐”】

mā-taya-(mām)：那不是（我）；参见 mā-

maþišta-：（形容词）最大的，最高的；（名词）首领，发号施令者；maþištabagānām“诸神中最伟大者”（DSp 1）【< 古印欧语 *mh$_2$k̑-“瘦长的”，*mh$_2$k̑-isto-“最长的”~ 阿维斯塔语 masišta-，新波斯语 mahišt“最大的，最高的”，古希腊语 μῆκος“长度，高度，广大”，μήκιστος“最长的，最高的”，拉丁语 maciēs“瘦长”，赫提语 mak-l-ant“瘦的”】

mauþ-：逃走；只见于未完成式 a-muþa（’-mu-u-þa，也可读作 amuⁿþu）“他已逃走”【可能源自古印欧语 *meuk̑-~ 立陶宛语 mùkti“逃出，跑出（灰尘）”，拉脱维亚语 mukt“退去，逃走”；进而梵语 muñcáti“放走，释放”，múkti-“解放”，mokṣa-“解脱”，阿维斯塔语 fra-muḫti-“脱鞋”，吐火罗语 A muk-，B mauk-“放手，放弃”】

may-：参见 uzmayāpatiy

mayŭḫa-：门把手【mayu° 与 mayū° 两种读法均有可能：前者可参考粟特语 myγk，新波斯语 mēx“桩，钉”<*mayŭxa-，后者可参考梵语 mayū́kha-“桩”】

mazdā-：参见 Auramazdā-

*Miça-：参见 Miþra-

miþah-：不义，恶事，坏事【阿维斯塔语 miϑō“颠倒的，错误的”，miϑah-vacah-“有错误言论者”，梵语 mithás-“相互的，相对的”；可

能与拉丁语 mūtāre“改变，交换”也有关】

Miþra-, M^{i}þra：密特拉神；也作 Mitra-, M^{i}tra-，非典型古波斯语形式，在其他语言的材料中能发现典型的古波斯语形式 *Miça- 的痕迹（埃兰语材料，及普鲁塔克提到的 *Μεσορομάσδης*“密特拉与阿胡拉·马兹达”）；*miça-“契约，协议”参见 hamiçiya-【阿维斯塔语 Miϑra-，梵语 Mitrá-“密特拉神”，梵语 mitrá-（阳性名词）“朋友，契约伙伴”，（中性名词）“契约”，阿维斯塔语 miϑra-“契约”，粟特语 myš-, myδr-“密特拉神”，帕提亚语 myhr（> 新波斯语 mihr）“太阳”，新波斯语 mihr“友谊”】

mrad-：参见 mard-

Mudrāya-：埃及，埃及人【<*Muzrāya-（古波斯语 -d- 对应古伊朗语 -z-），阿卡德语版本作 mi-ṣir-a-a = /Miṣraya/，参考旧约希伯来语 Miṣrayim，腓尼基语（古希腊字母）*Μύσρα*，现代阿拉伯语称埃及为 Miṣr】

muþ-：参见 mauþ-

Nabukudracara-：尼布甲尼撒，巴比伦人名；阿卡德语版本作 Nabū-kudurri-uṣur

Nabunaita-：那波尼德，新巴比伦王国的最后一任国君，阿卡德语版本作 Nabū-na'id，古希腊语作 *Λαβύνητος*

$Nadi^{n}$tabaira-：那迪塔拜拉，一个巴比伦反叛者之名，也写作 $Nidi^{n}$tabaira（DB 4. 12），阿卡德语版本作 Nidintu-bēl（其义为“Nidintu 之主”）

*nāfa-：家庭，家族，亲属；DB IV 90 [nāmanā]fam“家族成员姓名表”?【阿维斯塔语 nāfa-，中古波斯语 n'p, n'f“家庭，家族”】

nāh-：鼻子；单数宾格 nāh-am【<古印欧语 *$Hneh_2$-s-, *Hnh_2-es-, *Hnh_2-s-“鼻子”（也有一种观点认为古印欧语中关于鼻子的词汇源自 *h_2enh_1-“呼吸”，故而单数主格为 *$h_2énh_1$-ōs，属格为 *h_2n-és<*h_2n̥h_1-és）~阿维斯塔语 nå̊ŋhaya（双数主格 / 宾格？），nå̊ŋhanaṯ（单数位格），梵语 nā́sā（双数主格），nasoḥ（双数属格），nasi（单数位格），拉丁语 nāris，古高地德语 nasa，立陶宛语 nósis，拉脱维亚语 nãss，教会斯拉夫语 nosъ，古高地德语 nasa，古英语 nasu“鼻子”；粟特语 nyc，梵语 nā́sikā-“鼻孔”】

naiba-：美的，好的【新波斯语 nēv“好的，勇敢的”，或源自伊朗语 *ni-ba-“形式，形态”>“经过（良好）塑形的，有（美好）形态的”】

naiy：副词，“不，不是”；nai-šim“不是他”（宾格）（DB IV 49）【<古印欧语 *nei-“不，不是”~阿维斯塔语 naē-ciš“没有人”，拉丁语 nī“不，不是”，哥特语 nei“（难道）不”，立陶宛语 neĩ“从未”，教会斯拉夫语 ni…ni…“既不……也不……”；阿维斯塔语 nōiṯ，中古波斯语 nē“不，不是”，新波斯语 niy-（用在动词前），梵语 nét（néd）“（完全）不”<ná- + ít (íd)】

nāman-：名字；只见于 nāmā 和 nāma“名叫，名字是”的形式【<古印欧语 *h_3neh_3-mn-，*h_3nh_3-men-~阿维斯塔语 nāman-，nāma“名字”，nāmā“名叫”，粟特语 n'm，新波斯语 nām，梵语 nā́man-“名字”，nā́ma“名叫”，拉丁语 nōmen，亚美尼亚语 anun，古希腊语 ὄνομα，阿尔巴尼亚语 emër，emën，古爱尔兰语 ainm n-，哥特语 namō，古普鲁士语 emmens（属格 emnes），教会斯拉夫语 imę，吐火罗语 A ñom，B ñem，赫提语 lāman/lamn-】

napāt-：孙子，外孙；单数主格 napā【<古印欧语 *$h_2$nep-ōt-“除儿子之外的男性后代”~阿维斯塔语 napāt-，中古波斯语 nap，新波斯语 navā(δa)，梵语 nápāt-，拉丁语 nēpos，立陶宛语 nepotis，nepuotis“孙子，外孙，后代”，阿尔巴尼亚语 nip“孙子，外孙；侄子，外甥”，中古爱尔兰语 nïœ（属格 nïath）“外甥”】

nar-：参见 ūvnara-

naþ-：灭亡；使动态 nāþay°“毁灭，摧毁”，vi-nāþayaiš“愿他施加痛苦”，viy-a-nāþaya“他曾造成伤害”【<古印欧语 *neḱ-“消失，丢失”~阿维斯塔语 nas-，梵语 naś-“消失”，阿维斯塔语 nasyant-“退却的”，nasu-“尸体”，中古波斯语 nasïtan“消逝”，古希腊语 νέκυς“死尸；亡灵”，拉丁语 necāre“杀死”，古爱尔兰语 ēc“死亡”，吐火罗语 A näk-，B näk，nek-“（主动）毁灭，失去；（中动）消失，消亡”；使动态：梵语 nāśáyati“毁灭”，拉丁语 nocēre“伤害”<古印欧语 *noḱ-éi̯e-】

nāu-：船；复数主格 nāv-a，DSuez c 11；nāviya-“可以通航的”，*nau-pati-（埃兰语、阿拉美语资料）“船长”【<古印欧语 *neh_2u-“船”~于阗塞种语 no，粟特语 n'w“船”，新波斯语 nāv“小船”，梵语 náu-

“船”，亚美尼亚语 nav（可能源于伊朗语）“船”，古希腊语荷马史诗 *νηῦς*，雅典方言 *ναῦς*，拉丁语 nāvis，古爱尔兰语 nau，古北欧语 nōr，伊利里亚语 *nau-（见于 Nau-na, Nau-portus）】

naucaina-：（属于）松树的，DSf 30-；进一步的定义参见 þarmi-【<*nauca：新波斯语 nōc, nōž “松树”，亚美尼亚语（源自伊朗语）noc, noci “柏树”】

nāva：参见 nāu-

navama-：第九【= 阿维斯塔语 naoma-，梵语 navamá- “第九”< 古印欧语 *$h_1$neu̯n̥-th_2o-，参考拉丁语 nōnus】；根据古埃兰语 nu-ma-u-maš 与新埃兰语 ni-ma-o-maš 的写法，可能指向的是古波斯语 *navauva-（古伊朗语 *navauha-）“九分之一”

nāviya-：参见 nāu-

nay-：引领，操控；未完成式 anaya “他曾引导”, anayatā “他曾被引导”, frānayam “我曾引导”【< 古印欧语 *neiH- “引导，带领”~ 阿维斯塔语 nay-，梵语 nay- “引领，带来”，中古波斯语 nïtan “引领，驱动”，赫提语 nāi-, ne- “操控，带领”；中古爱尔兰语 nē, nīa “战士，英雄”】

ni-：动词前缀，“向下”【阿维斯塔语 ni-，粟特语 n(y)-，新波斯语 ni-，梵语 ní “下面，向下”】

*nidāni-：仓库，储藏室（埃兰语版本 ni-ta-ni-š）【于阗塞种语 nyanaa-，中古波斯语 ny’n “宝库”，梵语 nidhā́na-, nidhána- “容器，储藏器”】

nij-：动词前缀，“向前，离开”，见于 nij-āyam “我已出发”【代表 *niž-：阿维斯塔语 niž-, niš-，梵语 nir-, niṣ- “出来，离开”】

nipadiy：副词，“在后面”【ni- + pad- “脚”> 本义 “在脚下”，类似古希腊语 *ἔνδον*（<*en-dom）“在里面，在家里”】

nipišta-：被写下，被标记；参见 paiþ-

Nisāya-：尼萨雅，梅德的某地名（DB I 58）

nīšādayam：参见 had-

ništāya-：躺下；指令（+ 不定式）; XPh 52- = niyaštāya；参见 ni-, stā-

niyaçārayam：参见 çārayº

niyāka-：祖父，外祖父; apa-nº【源自 *ni-āvaka-（拉丁语 avus “祖父”）

/-āva->ā~ 阿维斯塔语 nyāka-，中古波斯语 niyāk,niyāg，粟特语 ny’k，新波斯语 niyā“祖父”】

niyapi[š]i[ya]：曾被写下（DB IV 91），参见 ni-,paiþ-

niyasaya：参见 sā-

niyaštāya：他已全力投入，他已指令（XPh 50；52- niš°），niyaštāyam“我已安排，我已指令”（DSuez c 8，11）；参见 ni-,stā-

nūram：副词，“从现在起，现在”（DB IV 53）【< 古印欧语 *nu-, nuH-“现在”~ 阿维斯塔语 nūrəm,nūrąm，奥塞梯语 nur“现在”；梵语 nūnám“现在，此刻，今天”，中古波斯语、新波斯语 nūn，阿富汗语 nan“今天”，古希腊语 *νῦν*，拉丁语 num,nun-c，立陶宛语 nū̃n,nūnaĩ, nūnái，教会斯拉夫语 nyně，赫提语 ki-nun“现在，当下”】

pā-：保护，防护；现在时 pay-；第三人称单数未完成式 pātuv；被动态过去完成分词 pāta-【< 古印欧语 *peh_2(i̯)-“保护，守卫”~ 阿维斯塔语、于阗塞种语 pā-，中古波斯语 pā-δan，新波斯语 pāyīδan，梵语 pā́ti“保护，防护”，古希腊语 *πῶ-μα*“盖子”（“保护者”），*ποιμήν*“牧人”，拉丁语 pāscō“放牧”，古教会斯拉夫语 pasǫ (pasti)“放牧”，立陶宛语 piemuõ“牧人”，赫提语 paḫḫasmi“保护”，吐火罗语 B paskenträ, A pāsantär“保护”】

pad-：参见 pāda-

pada-：地方，场所，参见 Garmapada-

pāda-：脚，足；双数工具格 pādaibiyā“用双足”【< 古印欧语 pod-“脚”~ 古波斯语 pāda- 如同梵语 pā́da-“脚，足”可能从单数宾格 pā́d-am 反向构造而成，阿维斯塔语 pad-（单数宾格 pāδ-əm），于阗塞种语 paa-，中古波斯语、新波斯语 pāī，古希腊语 *πούς*（单数属格 *ποδ-ός*），亚美尼亚语 ot-，拉丁语 pēs（单数属格 ped-is），哥特语 fōtu-s，赫提语 pata-，卢维安语 pati-，楔形文字赫提语 pata-，吐火罗语 A pe, B pai“脚，足”，翁布里亚语 peř-i“用脚 pede”；立陶宛语 pāda-s“鞋底，脚底”,pėdà“足迹”】

paišiyā（mā[m]）:DB IV 91，很可能意味着“在（我）之前”【中古波斯语、新波斯语 pēš“在……之前”，新波斯语 pēš-i man“在我之前”】

Paišiyāuvādā-：帕伊施要瓦达，地名；hacā °dāyā“从 Paišiyāuvādā 而来”,DB I 36-【词源不详。可能是 Paišiya- + uvādā- 的结构,*paišiya- 或

与 paiþ- 有关】

paiþ-：书写，绘画，装饰；第三人称复数未完成式 apiþa（或 api^{n}þa?）“他们曾绘画，曾装饰”；ni-paiþ-“写下，记下”，被动态过去完成分词 ni-pišta-（pišta 或无法单独使用），niy-apaištam “我曾写下”，第三人称单数被动态 nuyapi[š]i[ya]，不定式 ni-pištanaiy “书写”【< 古印欧语 *pei̯ḱ-“雕刻，裁剪”~ 阿维斯塔语 paēš-“装扮，染色”，pĭš-“饰品，装饰”，vīspō-pis-“富于装饰的”（= 梵语 viśva-píś），中古波斯语 pēsīt，粟特语ʼpyʼst-“装饰的，修饰的”，新波斯语 nu-vēsad “书写”，奥塞梯语 finsun “书写”；梵语 piṁśáti “雕刻，塑造，装饰”，péśa-“形式，颜色”，古希腊语 ποικίλος“杂色的，多彩的”，古高地德语 fēh “杂色的”，立陶宛语 piẽšti，教会斯拉夫语 pьsati “书写，绘画”】

*panca：五；仅在其他语言材料中有体现，埃兰语 pan-su-ma-š “五分之一”【< 古印欧语 *pénk^{u}e “五”~ 阿维斯塔语 paṇca，于阗塞种语 paṁjsa，粟特语 pnc，新波斯语 panj，梵语 páñca，亚美尼亚语 hing，古希腊语 πέντε，拉丁语 quīnque，古爱尔兰语 cōic，哥特语 fimf，立陶宛语 penkì，吐火罗语 A päñ，B piś “五”】

par-：通知，告知；被动态过去完成分词 parta[m(taiy)] “（你）被告知”，DNb 54【parta-< 古印欧语 *pr̥Htó-“被分配的”~ 梵语 pūrtá-“礼物”，拉丁语 pars（单数属格 par-tis）“部分”，古希腊语 πορεῖν “分配”】

para：介词 + 宾格，“在……的另一边；超过”【< 古印欧语 *perh$_2$“在……之外”~ 阿维斯塔语 parə，parō “在……之外”，梵语 paráḥ “超出……，在……之外”，亚美尼亚语 heri “远离……”，古希腊语 πέρα[ν]“超出，在对面”，欧斯甘语 perum “没有”（= 梵语 param），赫提语 pari̯an “超出……，在……之外”】

parā：动词前缀，“向前，离开”，如 parā-ay-“迁移，出发”（复数过去分词 paraitā），parā-bar-“带走，拿走，取代”；ava-parā “去向那里”【阿维斯塔语 para，梵语 párā “向前，离开”，párā-ay-“离开，消失”】

parābara：（他）已驱逐，已带走，DB I 71；parā-b(a)rta-“被带走的，消失的”；参见 parā，bar-

paradayadām：参见 paridaida-

paradraya：副词，“在海的那一边”；参见 para，drayah-

paranam：副词，“曾经，早先，此前”，DB I 51【阿维斯塔语 parā̆ “此

前”，新波斯语 paran，阿富汗语 parūn“昨天”，梵语 purā́“曾经，早先”，purā-ṇā-“旧的，老的”，哥特语 faúra“前面，此前”】

paratara-：敌人；单数宾格 -am，<pa-ra-ta-ra-ma>，Pārsa martiya dūrayapiy hacā Pārsā pa-ra-ta-ra-ma partiyajatā“（这个）波斯人远离波斯击退了敌人”，DNa 47【梵语 pára-“陌生人，敌人”，阿维斯塔语 pa^{i}ti-jan-，梵语 prati-han-“击退，击杀”；另一种对于此处 <pa-ra-ta-ra-ma> 的读法为 *p(a)rtara-“战斗”~ 阿维斯塔语 pəšanā̆-，梵语 pṛ́tanā̆-“战斗，战役”，则这段话或意味着“（这个）波斯人在波斯之外战斗”或“（这个）波斯人为了波斯而战斗”】

paridaida-：大花园，（畜养鸟兽的）苑囿（只见于晚期波斯语铭文 par^{a}day^{a}dām =*paridaidam，埃兰语版本作 bar-te-taš）【<pariy- + 古波斯语 *daid-，古伊朗语 *daiz-（参见 didā-）：阿维斯塔语 pairi.daēza-“篱笆，围墙”，新波斯语 pālēz“花园”，源自伊朗语的古希腊语外来词 *παϱάδεισος*“花园；天堂”，旧约希伯来语 pardēs，亚美尼亚语 partēz“花园”】

pari-ay-：（中动态）尊守（规矩，法律）；parīdiy (avanādātā)：遵守（法律）！pariyaita，读作 pariy-aitiy“遵守（法律），尊重（法律）”（XPh 49，52）；apariyāya (DB 1. 24)；参见 pariy，ay-

pariy：介词 + 宾格，“关于，与……相关”；也用作动词前缀，如 pariy-ay-，pariyana-【< 古印欧语 *peri, *per：阿维斯塔语 pairi“超越，越过”，梵语 pári“四周，周围”，古希腊语 *πέϱι*，*πεϱί*“关于，在……周围”，拉丁语 per“穿过，通过”，古爱尔兰语 er，ir“在……之前，为了……”，哥特语 faír-“vor-, ent-，er-”，立陶宛语 peř“穿过，通过”，per-，教会斯拉夫语 prě-，前缀】

pariyana-：优势（DNb 52）【梵语 pári“超出，超过”，梵语 pari°，古希腊语 *πεϱί*°，拉丁语 per°“很……，非常……”；pariy-ana-~ 梵语 sám-ana“会面，交往，战斗”】

parna-：“列，排”，参见 duvitāparnam

parnam：更倾向于读作 paranam

par-：参见 fraþ-

Pārsa-：波斯的；波斯人；波斯；古希腊语作 *Πέϱσης*，*Πεϱσίς*，今天的 Fārs；单数位格 Pārsaiy“在波斯”（如 DB I 2），在 AmH 2 中被错误地

写成了 Pārsā（等同于主格）【无确切词源】

parta-：参见 par-

partara-（即 pṛtara-）：战斗，战役？参见 paratara- 词条的讨论

Parþava-：帕提亚人，波斯人【可能对应于梵语 pṛth(i)vī́- "大地"= 阿维斯塔语 pərᵊϑwī "（大地）表层"，梵语 pṛthú- "宽的，广的，大的"= 阿维斯塔语 pərᵊϑu-，另参考古希腊语 *πλατύς*，立陶宛语 platùs，赫提语 palhi-s "宽的"】

paru-：多，许多；单数主格 paruv "多的，过多的"（DB IV 49），"很，非常"

（DSf 56）；阳性复数属格 parūnām, paruvnām; paru-zana- "来自许多族群，来自许多种类"【< 古印欧语 *pl̥h₁-u- "许多的"~ 阿维斯塔语 paᵘru-, poᵘru-，于阗塞种语 pharu-，中古波斯语 pur，梵语 purú-；古印欧语 *polh₁-u-> 古希腊语 *πολύς*；古印欧语 *pelh₁-u-> 古爱尔兰 il，哥特语、古高地德语 filu "多，许多"】

parauva-：更早的，先前的; paruvam "以前，从前", yaþā paruvam-ciy "正如从前"；（hacā） paruviya-ta "自始以来，自古以来"【< 古印欧语 *proH- "早先的，之前的"~ 阿维斯塔语 paᵘrva-, poᵘrva-，梵语 pū́rva- "在前的，在先的"，古希腊语 *πρώην*，多里克方言 *πρώαν* "不久前；前天"，阿尔巴尼亚语 parë，教会斯拉夫语 prьvъ "第一"；阿维斯塔语 paoᵘruya-，梵语 pūrvyá- "首先的，紧接着的"】

pasā：介词 + 宾格与属格，"在……之后"; pasāva（<pasā ava "在那之后"，类似现代德语 nachdem）"此后，然后", pasāva-maiy "然后……我", pasāva yaþa "在……之后（就）"【阿维斯塔语 pasca，梵语 paścā́ "此后，随后"，伊朗来源的埃兰语外来词 *pasca-（在 *daþapati- 的头衔前）"副的 –，副职的 –"，粟特语 pš'-, pyš- "在……后"（作为前缀），新波斯语 pas "在后面"，立陶宛语 paskuī, pãskui "此后，后面，后来"】

pasti-：步兵战士【奥塞梯语 fest-äg, fīst-äg "步行者"，梵语 pattí- "步行者，步兵"<*ped-ti- "步行", *pēd-ti-o-> 立陶宛语 pěscias，教会斯拉夫语 pěšь "步行的"】

pat-：飞行，掉落；只见于 ud-pat- "反抗，反叛"，第三人称单数中动态未完成式 udapatatā【< 古印欧语 *pet- "飞行，落下"~ 阿维斯塔

语 pat-“飞行，飞行中掉落”，于阗塞种语 pīttä（*patati），中古波斯语 patēt，新波斯语 uftad“掉落”，梵语 pátati“飞行，掉落”，ud-pat-“向上飞，升起”，古希腊语 *πέτομαι*“飞行”，拉丁语 petere“追求，冀求”，中古爱尔兰语 ethait“鸟”（= 梵语 pátant-ī），赫提语 pettai̯ezi“赶紧，赶快”】

*pati-：主人，首领；只见于其他语言的材料，如 *daþa-pati-，*gau-pati-，*hazāra-pati-，*nau-pati-，*þata-pati-；另可参考 uvaipašiya-【< 古印欧语 *póti-“主人”~ 阿维斯塔语 pa^{i}ti-，中古波斯语 pat，梵语 páti-“主人”，古希腊语 *πόσις*“丈夫”，拉丁语 potis“强大的，有能力的”（potis sum = possum“我能”），哥特语 brūþ-faþs“未婚夫，新郎”，hunda-faþs“百夫长”（= 梵语 śata-pati-），þūsundi-faþs“千夫长”（= 古波斯语 *hazāra-pati-），立陶宛语 pàts（古老形式 patìs）“丈夫”，教会斯拉夫语 gos-podь“主人”，吐火罗语 A pats“丈夫”】

pati-fraþiya-（= frasiya）：被读诵，被朗读；参见 patiy-，fraþ-

patikara-：画像，雕像，浮雕【新波斯语 paikar“图像”，梵语 prati-kṛti-“图像，形像”；patiy-+kar- 的结构类似法语 contre-fait“畸形的”】

patipadam：副词，“在他（应得）的位置上”；patipadamkar-“放回到他（应得）的位置上，重建”（DB I 62）【pati- + pada-“地方，位置”，可对比 Garmapada-】

patiparsātiy：他已能读（DB IV 48）；参见 patiy-，fraþ-

patiš：介词 + 宾格，“对着，反对”【patiš 之于 patiy，类似古希腊语 *ἄψ*“向后，往后”之于 *ἀπό*“从……而来，在……之后”】

patišam：副词，“此外，而且”（DB IV 89，90）；patiša(m)-maiy“此外我”（DB IV 90）【patiš 的扩展形式，意义上可类比古希腊语 *πρός*“对着，反对；此外，还有”】

Pātišuvari-：巴迪舒瓦里，伊朗族群名；古希腊语作 *Πατεισχορεῖς*【< 伊朗语 *patiš.x^{v}ar-“尊敬，敬仰”：帕提亚语 pdyšfr-，中古波斯语 padixšar-“尊敬”，可对比梵语 abhi-svár-“呼唤，称赞”】

patiy：副词，“对着，反对；此外，还有”；常作为动词前缀，进而出现在各种名词与副词组合中（如 patikara-，patipadam）【阿维斯塔语 pa^{i}ti，粟特语 pt-，中古波斯语 pat，古希腊语 *ποτί*；此外可对比梵语 práti，古希腊语 *προτί*】 patiyābaram：我已带回，我已归还（DB I 68）；参见 patiy, bar-

patiyafrasiya：它已被朗读（DB IV 91）；参见 patiy, fraþ-

*patiyaḫša-：一种宫廷官职【阿维斯塔语 (a^{i}wi-)āxš “照看，监视，监管”, a^{i}wy-āxštar- “监护者，监督者”，这一官职被古希腊人称作 *ὀφθαλμὸς βασιλέως* “国王之眼”】

patiyāvahyaiy：我曾呼叫，我曾祈祷（求助）（DB I 55）【中古波斯语 pai-vah，帕提亚语 pd-vh- “呼告，祈求”<*pati-vah-（可参考阿维斯塔语 vahma- “祈祷者，祈祷”）; avah-y^{o}~ 梵语 avas-yánt- “求助”】

patiyazbayam：我已命令，我已宣告（XPh 38）；参见 patiy, zbay-

pātuv：他应保护！参见 pā-

paþī-：道路，路径；单数宾格 paþī̆m<pa-þa-i-ma>（DNa 58）【<古印欧语 *pont-eh_2-s（主格）, *pn̥t-h_2-ós（属格）“通道，桥”~ 阿维斯塔语 pantå̊，属格 paϑō，梵语 pánthāḥ，属格 pathaḥ “道路”；阿维斯塔语 a-pantąm “弯路，绕道”，中古波斯语 a-pandīh “无路（可行）”（= 梵语 a-pánthāḥ），于阗塞种语 pandā-，奥塞梯语 fändäg “道路”，新波斯语 pand “建议”；亚美尼亚语 hun “浅滩，可涉水之处”，古希腊语 *πόντος* “大海（本义：连通陆地之道路）”, *πάτος* “路径”，拉丁语 pons “桥”，教会斯拉夫语 pǫtь，古普鲁士语 pintis “道路”】

*paþu-：参见 *panca

pavastā-：皮，兽皮，羊皮纸; utā pavastāyā “既在羊皮纸上（也在……）”（DB IV 89-）【中古波斯语、新波斯语 pōst “兽皮，树皮”，梵语 pavásta- “外壳，包裹”】

Pirāva-：尼罗河【古埃及语 pꜣ jtrw ‘ꜣ “那条大河”（托勒密王朝: *μέγας ποταμός*），科普特语（希腊语转写）*πειερο*, *πιαρο*】

piru-：象牙【阿卡德语 pīru, pīlu “象”, šinni-pīri “象牙”，帕提亚语、中古波斯语 pīl（> 晚期梵语 pīlu- “象”），粟特语 pyδ “象”, pyδ-p’k “象卫”，阿拉美语 pīl，阿拉伯语 fīl，古北欧语 fíll “象”, fíl(s) bein “象牙”】

piš-, piþ-：参见 paiþ-

Pišiyāuvādā-：参见 Paišiyāuvādā-

[p]išta-：更好应为 [d]išta-

pitar-：父亲；单数主格 pitā，属格 piça（<*pitr-as）【<古印欧语

*ph_2tḗr“父亲”：阿维斯塔语 ptar-, pitar-, patar-，于阗塞种语 päta-，粟特语 ptr-，中古波斯语 pit(ar)，新波斯语 pidar，奥塞梯语 fidœ，梵语 pitár-，亚美尼亚语 hair，古希腊语 *πατήρ*，拉丁语 pater，欧斯甘语 patir，古爱尔兰语 athir，哥特语 fadar，吐火罗语 A pācar, B pācer】

*piþvabaga-：官职【本义为“膳食分配者”：阿维斯塔语 -piϑwă-“营养，餐饭”，梵语 -pitvá-“营养，用餐（时间）”；*bag-“分配”，参见 bāji-】

p(a)rsāmiy：我惩罚，我惩治；参见 fraþ-

puça-：儿子【阿维斯塔语 puϑra-，于阗塞种语 pūra-，粟特语 -pδr，新波斯语 pus, pusar，奥塞梯语 furt，梵语 putrá-，拉丁语 puer（<*put-lo-，参照 gener、socer 的类型构词）“儿子”, pullus（<*put-s-lo-）“年幼的，幼兽”】

Putāya-：利比亚人（Put 之地的人）；复数：利比亚，波斯帝国行省；埃兰语版本作 pu-ú-ti-i̯a-ap，阿卡德语版本作 pu-u-ṭa

rad-：离开，放弃；只见于（mā） avarada“（别）离开！”（DNa 60）【梵语 rah-“放弃”, rahita-“被分离的，被留下的，脱离于……的”】

rādiy：后置词 + 属格，“由于，出于”；可参见 avahya-rādiy【帕提亚语 rād，中古波斯语 rāy，新波斯语 rā，教会斯拉夫语 radi，俄语 rádi“由于”】

raẖþ-：raẖþatuv（DNb 60），意义与来源不详

raga-：愤怒，怒气；见于 Auramazdāha [ra]gam [va]rdiyaiy（DB IV 44）“我引发阿胡拉马兹达神的愤怒 > 我向阿胡拉马兹达神起誓”【梵语 rágha-“怒气，恶意”】，也有认为这一表述意为“我向阿胡拉马兹达神热切地发誓”【阿维斯塔语 rənǰa^{i}ti-“变得轻快，加速”, rənǰaṯ.aspa“让骏马轻快奔跑者”，梵语 ráṁhate“奔跑，赶忙，加速”】；另有认为读作 Auramazdā-ha^{n}dugam（对应 <du-ga-ma>）vardiyaiy“向阿胡拉马兹达神发出庄严的誓词”，可能性较小

rasa-：到来，到达；参见 ar-

rāsta-：“直的，正直的，正当的”；rāsta-“正当，正义”【< 古印欧语 *reǵ-to-, *r̥ǵ-to-“延伸，拉直”~ 阿维斯塔语 rāšta-“被提出的，被指定的”, rāštəm“沿着直路，直着地”，中古波斯语 rāšt“真的，正确的”，拉丁语 rēctus，哥特语 raíhts“直的，正直的，正当的”】

raþa-：车；只见于 u-raþa-“好的、美丽的车”【< 古印欧语 *Hrot-o/h_2-“转动的”~ 阿维斯塔语 raϑa-，中古波斯语 ras，梵语 rátha-“车”；进而可对比拉丁语 rota，古爱尔兰语 roth，古高地德语 rad，立陶宛语 rãtas“车轮”】

raucah-：日子；常见于类似 XIV raucabiš þakatā āha“14 天过去了”（DB I 38）的表达程式；复数工具格 -bīš，-āiš【< 古印欧语 *leuk-“闪亮的，闪耀的”~ 阿维斯塔语 raocah-“光亮，光明”，中古波斯语 rōc，新波斯语 rōz“日子”，梵语 rocíṣ-“光”；粟特语 rwḫšn-，中古波斯语 rōšn“光明”，新波斯语 rōšan“光亮的”（中古伊朗语中表“光明，光亮”之义的这组词汇，很可能是安史之乱的主要发起人安禄山之名中的“禄山”的来源）；古希腊语 *λευκός*“白色的，明亮的”，拉丁语 lūx“光，光明”，古爱尔兰语 lucahair“光辉，光彩”，古高地德语 lioht“光明的”，教会斯拉夫语 luca“光亮，光线”，吐火罗语 AB luk-“照亮，发光”，赫提语 luk(k)-“照亮，给……光明”，lukkatt-“黎明”】

rautah-：河流，大河；单数主格 rauta（DSuez c 9）【< 古印欧语 *sreu̯-“流动，奔流”~ 阿维斯塔语 ϑraotah-，raoδah-，粟特语 rwt，中古波斯语 rōt，新波斯语 rōd，库尔德语 rō“河流”，梵语 srótas-“水流，河流”；古希腊语 *ῥέω*“流动，奔流”，*ῥύτις*（=*ῥύσις*）“河流”，古爱尔兰语 sruaimm，古高地德语 stroum，立陶宛语 sraũtas“河流”，教会斯拉夫语 struja“水流，潮流”】

*raza-：酒，葡萄酒；埃兰语版本 ra-ṣa-【新波斯语 raz“葡萄酒”，教会斯拉夫语 loza“葡萄藤”】

sā-：抛，扔，放置；现在时 saya°；niy-a-saya“放下去（到……）”；不定过去时 frāsah[ya]?【阿维斯塔语 spā-，现在时 spaya°“抛，扔，放置”，帕提亚语 ny-spy-“放下”（古波斯语 ni-saya-）】

saiymam：参见 siyamam

Saka-：塞族，斯基泰，塞族所居的土地【有几种对于这一族名来源的推测：或认为是以动物名作为族群的图腾或标志 *saka-“狗，犬”，梅德语 *σπάκα*（希罗多德：*τὴν κύνα καλέουσι Μῆδοι*“梅德人称其为犬”）~ 梵语 śván-，古希腊语 *κύων*，立陶宛语 šuō< 古印欧语 *ḱuō(n)“狗，犬”；或认为其本义为“强大有力的”~ 梵语 śaknoti“能，能够”；或认为源自 *sak-“运动的，迁移的”~ 古波斯语 þak-】

*siça-：铅【可能源自梵语外来词 sīśa-“铅”，可对比库尔德语 sīs“白色的；铅矿”】

Sikayauvati-：梅德的城堡名（DB I 58）；参见 þikā

si^{n}kabru-：一种宝石（DSf 37-）【尚无确切的词源。可能与亚美尼亚语 sngoir“红妆色”（>*singaura->*singabru-）有关】

siyamam（或作 saiymam？）：银制的（刻在阿尔塔薛西斯一世的银碗上）；【古希腊语 ἄσημον“没有标记的（金银）”> 中古波斯语 asēm，新波斯语 sīm“白银”】

skauþi-：贫穷的，虚弱的【帕提亚语‘skwẖ“贫穷的”，粟特语 šk’wrδ, škwrδ“困难的”，中古波斯语 škōh】

Sku^{n}ḫa-：一个塞族反叛者的名字，埃兰语版本作 iš-ku-in-qa

spāda-：参见 taḫma-

spāra：参见 Vāyaspāra-

Sparda-：萨迪斯，波斯帝国的行省之一；Spardiya-“吕底亚人”；吕底亚语作 Śfard-，古希腊语作 Σάρδεις

spāþmaida-：军营，军帐；战争；单数位格 spāþmaidayā-（DNb 30-）【阿维斯塔语 hama-spaϑmaēdaya- 表某神祇及其节日之名，当与之相关】

stā-：置，放；（中动）站，立；与 ava-、fra-、ni- 等前缀连用；a-^{h}ištatā“他已建立，他已站立”（DB I 85）；参见 stāna-, upa-stā-【< 古印欧语 *steh$_2$-“站立”~ 阿维斯塔语 stā-（现在时 hišta-）“置放，站立”，于阗塞种语 ṣṭ-“存在，站立”，粟特语’w-sty-“放，摆”，帕提亚语‘št“存在，存身”，中古波斯语 ēstātan“站立，处于”，新波斯语 sitādan, istādan“站立”，梵语 sthā-，古希腊语 ἵστημι“站，立”，拉丁语 sistō“置，放”，立陶宛语 stóti，教会斯拉夫语 stati“踩，踏，登上”】

stabava：与 mā 连用，“（不要）抵触，（不要）反叛”，仅见于 DNa 60【阿维斯塔语 stəmba-“争执，争吵”, stawra-“强大的，坚固的”，于阗塞种语 staura“坚固的”，中古波斯语 staβr [stpl]“强大的”, staft“坚固的”, stambakīh“顽固，坚持”，新波斯语 sitabr, istabr“强大的，坚固的”, sitamba“好争辩的”，奥塞梯语 stāvd“强大的，粗厚的”，亚美尼亚语（< 伊朗语）stambak“严厉的，专横的”，梵语 stambh-“坚持，

固定”, stabhūyámāna-“拒绝的，反对的”】

stāna-：地方，地点；另见 ardastāna-【阿维斯塔语 °stāna-“厩，圈”，新波斯语 °stān，梵语 sthā́na-“居所，住处”；参见 stā-】

stūnā-：柱子【阿维斯塔语 stū̆nā-，于阗塞种语 stunā，巴列维语 stūn，新波斯语 sutūn，梵语 sthū́ṇā-“柱子”】

Sugda-, Suguda-：粟特，波斯帝国的行省

-ša-, -ši-：第三人称附读代词；如 tayai-šaiy（DB I 57），avadā-šim，ḫšaçam-šim（DB I 59）【雅利安语代词 *sa-（*si-）＞伊朗语 h°，在元音 i 与 u（及相关元音）后面变为 š°：新阿维斯塔语 paⁱrišē: utahē，阿维斯塔语早期的伽泰（Gatha）>ha-（属格 - 与格 hōi），古波斯语 >ša-（ši-）】

šāyatām: šiyātim 的错误写法（A³Pa 4）

šiyāta-：幸福的，和平的【< 古印欧语 *kᵘieh₁-ti-“平静，安宁”，古印欧语 *kᵘih₁-“休息，安睡”~ 阿维斯塔语 šyāta-, šāta-“喜悦的”，动词 šyā-“高兴，欢喜”，拉丁语 quiētus“平静的”，亚美尼亚语 hangeaw“安息的”，古教会斯拉夫语 počiti“安睡，安息”】

šiyāti-：幸运，幸福；多次出现于其他语言的专名中，如埃兰语的 *Paru-šiyāit-（古希腊语 *Παρύσατις*），*api-šiyāit-，*vispa-šiyāit-【< 古印欧语 *kᵘieh₁-ti-“平静，安宁”~ 阿维斯塔语 šāⁱti-“欢乐，满足”，拉丁语 quiēs（属格 quiētis）“宁静，和平”】

šiyav-：前进，动身，进军；abiy-šiyav-“转向……”【< 古印欧语 *kᵘi̯eu̯-“进行运动”~ 阿维斯塔语 šyav-, šav-“行动，前进”，于阗塞种语 tsu-，粟特语 šv-，新波斯语 šavad“走，行进”，梵语 cyávate“行动，离开”；亚美尼亚语 čogay“（我）已走”，古希腊语 *σεύομαι*“赶忙，冲向”】

štā-：参见 stā-

ta-：参见 taya-

tacara-：宫殿，行宫【新波斯语 tazar“夏季住所”，亚美尼亚语外来词 tacar“神庙”。tacara- 的词源可能与阿维斯塔语 tacar-“进程，轨道，长度”有关 ~ 阿维斯塔语、梵语 tak-“奔跑”，在此意义上 tacara- 原指成排的房间】

taḫma-：能干的，勇敢的；只见于专名如 Ciçaⁿtaḫma-，*Arta-taḫma-，

Taẖmaspāda-【阿维斯塔语 taxma-“能干的，勇敢的”，新波斯语 tahm“强大的”；-spāda- = 阿维斯塔语 spāda-，新波斯语 sipāh“军队”】

taẖš-：只与 ham- 连用，“勤勉，努力，争取”【~*tvakš-“勤勉，努力”，阿维斯塔语 ϑwaxša-“热心的，勤勉的”，梵语 tvákṣas-“活力，能力”；可能与梵语 takṣ-，阿维斯塔语 taš-“做木工，加工”也有关联】

-taiy：参见 tuvam

takabara-：头上带盔的；作为 Yauna- 的称谓名号，DNa 29【taka- 可能对应于古希腊语 *σάκος*“盾牌”，梵语 tvák“皮，兽皮”，taka-bara-（<*tvaka-bara-）对应于古希腊语 *σακεσ-φόρος*，*φερεσ-σακής*】

tanū-（t-n^{u}-u^{o}）：身体，躯体，自我，自身（pasātanūm“在其之后”[XPf 31]）【阿维斯塔语 tanū-，梵语 tanū́-“身体，位格，自身”，新波斯语 tan“身体”，阿维斯塔语 tanu-kərᵊta-“自我所生的”：梵语 tanū-kṛ́t-“自我生成的”】

tar-：摆渡，横越；只与 vi- 连用：viy-a-tarayāmā“我们已越过”（DB I 88）【< 古印欧语 *terh$_1$/h$_3$-“穿越”~ 阿维斯塔语 tar-“越过……而达到”，中古波斯语 vi-tar-tan“越过，超过”，新波斯语 gu-δaraδ“（从旁边）走过”，梵语 tar-“越过，克服”；另可对比古希腊语 *τορός*“（声音）穿透的，尖锐的”，拉丁语 termen，terminus“边界的标志，边界”】

ta[ra]：介词 + 宾格，“通过，穿过”，只见于 DSuez c 12【阿维斯塔语 tarō，tarə“穿过，越过”，新波斯语 tar，梵语 tirá-“经过，越过”；参见 tar-】

tarsa-：（对……）畏惧；第三人称单数现在时 tarsatiy，未完成式 a-tarsa【< 古印欧语 *tres-e/o-“畏惧”~ 读作 tṛsa- = 阿维斯塔语 fra-tərᵊsaⁱti“对……畏惧”，于阗塞种语 drrātaa-“惊恐的”，粟特语（’）cštyh“恐惧”（<*tṛšti-ā），新波斯语 tarsīdan“害怕，畏惧”，阿富汗语 tṣ̌əl“逃跑”，梵语 trásati“战栗，恐惧”，古希腊语 *τρέω*“战栗，逃跑”，拉丁语 terrēre“恐吓，使害怕”，立陶宛语 trišù“战栗”】

taš-：参见 ustaš(a)nā-

taumā-：种族，家族，后代；单数宾格 taumām，属格 / 离格 taumāyā【<*tauhmā-，*tauẖmā-：阿维斯塔语 taoxman-“种子，胚胎”，粟特语 tγmy，新波斯语 tuxm“种子”，梵语 tókman-“苗，芽”，toká-“后代”】

tauman-：力量，强大，财富【taumā- 的 n- 词根构造，其所表达的

“力量”可能最初与生命创造相关】

tauvīyah-：更强的，更有力的；阳性单数主格 t-u-v^{i}-i-y-’（DSe 39）【tav- 的比较级形态；参考梵语比较级 távīyas-“更强的”】

tav-：强大，能够；tāvayatiy“(他)能”，a-tāvayam“我曾能”（DNb 33-, 47）；可参见 tauvīyah-、tunuvant-、tauman-【阿维斯塔语 tav-“强大，能够”，梵语 tavīti“拥有力量”，tavás-，távasvant-“有力的”；教会斯拉夫语 tyti“变胖”，拉丁语 tumēre】

taya-：指示代词、关系代词词根，“那，那个”；参见 haya-；中性单数主格-宾格 taya“它”，作为连词 = 英语 that（utātaya “and that”，DSf 28-）；tayā“二者”（DSf 14）；tayā-diš（DB I 65）；tayai-šaiy（DB I 57）；tayanā“用此，对此”【梵语 tá-，古希腊语 τό-，拉丁语 is-tum，古印欧语 *to-】

tigra-：尖顶的；tigra-ẖauda-“带尖帽的”（对塞种人的称谓）【阿维斯塔语 tiγra-“尖顶的”，梵语 tigitá-，tig-má-“尖锐的”，古希腊语 στίγμα“标记，斑点”，拉丁语 in-stīgāre“刺，蛰”；tigra-ẖauda-~ 阿维斯塔语 urvi.xaoδa-“趋向头盔顶部”，奥赛梯语 cyrğ-xud/ciyğ-xodǵ“带尖帽的”】

Tigrā-：底格里斯河，埃兰语版本作 Ti-ig-ra【当是具有苏美尔语来源，通过巴比伦语形式 Diq-/Di-iq-lat 而进入古波斯语，由于其流速快而被解释为“如同箭一般（快的）”（阿维斯塔语 tiγri“箭”），这一词源解释在古时已流传颇广，如 Strabon 11. 14. 8，Rufus 4. 9. 16】

tunuvant-：强大的；阳性单数主格 tunuvā，宾格 tunuva^{n}t-am，属格 tunuva(^{n})tahyā【tav- 的现在时词干 *tunau-/*tu-nu- 的分词形态】

tuvam：人称代词，“你”；宾格 þuvām，属格附属形 -taiy“你的”【< 古印欧语 *túh$_2$，tuh$_2$-óm~ 阿维斯塔语 tvam，梵语 t(u)vám，古希腊语多里克方言 τύ，拉丁语 tū，哥特语 þu“你”；附属形参考阿维斯塔语 tōi，tē，梵语 te，古希腊语 τοι，立陶宛语 -ti】

tuvīyah：参见 tauvīyah-

þā-：通知，告知，宣布；第三人称单数 þātiy；kārahya þādiy...yidiy... kārahyā þāhy“通知人们！……当……你通知人们”（DB IV 54-）【与 þa^{n}h- 词源上无直接关联，而更可能源于 *śā-：梵语 śā́s-ti“教导，命令”，阿维斯塔语 sā-tar-，sās-tar-“统治者”】

þad-：参见 þa^{n}d-

þah-：参见 þa^{n}h-

Þāigraci-：萨伊格拉齐，月份名，五月 / 六月；埃兰语版本中作 sa-a-kur-ri-ṣi-iš【*þigra-，西北伊朗语 *sigra-> 新波斯语 sīr“蒜”；°ci-“聚集的”，新波斯语 cīdan“聚集”；þāigraci-“收集蒜的（月）？”~Sīrsūr“大蒜节”】

þakata-：被动态分词，“过去的，流逝的”；常与 raucah- 连用【阿维斯塔语 sak-“经过，流逝”，被动态过去完成分词 °saxta-，帕提亚语 sak-，中古波斯语 sacēt“经过”】

þa^{n}d-：显现，显示；þadayātaiy“愿它显现”（DB IV 49）；mā...þadaya“它（未）显现”【þaday-：阿维斯塔语 sadaye^{i}ti，saδaye^{i}ti“变得可见，出现，显现”，梵语 chadáyati“显现，被认为”；阿维斯塔语 sənday-，梵语 chand-“令……满意（原意：令……(以符合心意的方式）出现）”】

þa^{n}h-：说，说出，宣布，宣称；þātiy“他说”，常用于句首，是古波斯语中最明确的动词前置用法；a-þaha(m)“他（我）曾说过”；þahyāmahy“我们（名）叫”（DB I 7）；þa^{n}stanaiy“(去）说出，公告”（DB I 53-）【阿维斯塔语 sąh-“告知，公开”，被动态过去完成分词 °sasta-，梵语 śaṁsati“言说，赞美”，阿维斯塔语 sasti- = 梵语 śastí-“赞美，声誉”，中古波斯语 saḫ^{v}an“词”，passaḫ^{v}“回答”，新波斯语 suḫun“词”】

þanuvaniya-：弓箭手，射手【<*þanvan-“弓”：阿维斯塔语 ϑanvan-/ϑanvar-，梵语 dhánvan-，dhánuṣ-】

þard-（þarad-）：年；写作 <þa-ra-da>；单数属格 þar(a)d-a【阿维斯塔语 sar^{ə}d-，新波斯语 sāl“年”，梵语 śarád-“秋天”】

þarmi-：柏，柏树【中古波斯语、新波斯语 sarv“柏树”】

þastanaiyi：参见 þa^{n}h-

þata-：数字，“百”；只见于 þata-gu-，撒塔吉地亚，波斯帝国行省名（gu-<gāu），见于其他语言的文献，如埃兰语之 *þata-pati“百夫长”【< 古印欧语 *dk̑m̥tóm~ 阿维斯塔语 satəm，于阗塞种语 sata-，sa-，粟特语 st-，帕提亚语 sd，中古波斯语 sat，新波斯语 sad，梵语 śatám，古希腊语 ἑ-κατόν，拉丁语 centum，古爱尔兰语 cēt，哥特语 hund，立陶宛语 šimtãs，教会斯拉夫语 sъto，吐火罗语 A känt，B kante“百”】

þikā-：鹅卵石，碎石【粟特语 šykth，于阗塞种语 siyato，中古波斯语 sygd“沙子，沙滩”，阿富汗语 šəga，梵语 síkatā-“沙子，碎石”；也可注意达罗毗荼语和乌拉尔语中表达“沙子”的词汇：usiku，usigu；hiekka】

þuḫra-：波斯人名【阿维斯塔语 suxra-，新波斯语 surx“红色”，梵语 śukrá-“光明的，光亮的”】

þūravāhara-：音译“苏拉瓦哈剌”，第二月之名，四月 / 五月【vāhara- 当是“春天”之义 < 古印欧语 *u̯es-r“春天”~ 新波斯语 bahār“春天”，梵语 vāsará-“清晨，日子，清朗的日子”，vasantá-，古希腊语 ἔαρ，拉丁语 vēr“春天”；þūra- 或为“节日”（新波斯语 sūr“节日，婚礼”）之义，亦有认为表“强大”之义（阿维斯塔语 sūra-，梵语 śū́ra-“强大的”）；古波斯语专名 *Arta-þūra-，古希腊语作 Ἀρτασύρας，原意当是“真理的节日”】

þuvām：（宾格）你；参见 tuvam

u-（元音之前 uv-）：前缀，“好的，好 -”，如 u-frastam/u-fraštam，u-martiya-，u-raþa-，uš-hamaranakara-，uv-aspa-【< 古印欧语 *$h_1$sú-“好的”~ 阿维斯塔语 hŭ-，于阗塞种语、中古波斯语、新波斯语 hu-，粟特语 ẖw-，梵语 su-，古爱尔兰语 su-，so-，教会斯拉夫语 sъ-“好的，好 -”，古希腊语 ὑ-γιής“健康的”，赫提语 aššu-“好的”】

uba-：两个，二者【< 古印欧语 *h_2(e)n(t)-b^{h}oH-“两个”~ 阿维斯塔语 uba-，梵语 ubhá-；古希腊语 ἄμφω，拉丁语 ambō，立陶宛语 abù，教会斯拉夫语 oba，哥特语 bai，bojōþs，吐火罗语 A āmpi，āmpe，B ant-api，āntpi】

ubartam (ubr̥tam) abara-：善待，以好的方式相处；参见 u-，bara-

ucāra-：繁荣的，成功的；ucāra(m)-maiy“对我卓有成效的”（DSf 20）【cāra-~ 阿维斯塔语 cārā-，新波斯语 cār，亚美尼亚语外来词 cār“手段，方法，辅助手段”，ucāra- 原意可能是“（拥有）好的手段”<^{h}u-cāra-】

ud-：前缀，“上面，在上”；ud-pat-；在某些辅音前变为 us°，uz°，如 us-taš(a)nā-，uzmayāpatiy【< 古印欧语 *ud-“外面；上面”~ 阿维斯塔语 us，us°，uz°，梵语 út，ud°“向上，向外”，哥特语 ūt“在外面”，古教会斯拉夫语 vy-“外面”】

udapatanā：他已反叛（DB I 36）；参见 ud-, pat-

Ufrātu-：幼发拉底河；埃兰语版本作 ú-ip-ra-tu-iš，阿卡德语版本作 pu-rat-tu，古希腊语作 *Εὐφράτης*【可能源自苏美尔语，在民间词源学中被解释为 *hu-frātu-“具有好的浅滩者”，以区别于被解释为“如同箭一般（湍急）”的底格里斯河（Tigris）～阿维斯塔语 pəṣu，pərətu“浅滩”< 古伊朗语 pr̥tu-/*pr̥tú-“浅滩”】

Ūja-：参见 Ūvja-

umartiya-：拥有能干的从属者，人手众多的（DSp 3, DSuez d 4, AmH 6）；参见 u-, martiya-

upā：介词 + 宾格，“在……旁边；在……（当政）之时”；参见 upa-stā-【< 古印欧语 *(h_1)upo“在……下面”～阿维斯塔语 upa，梵语 úpa“在……旁边”，古希腊语 *ὑπό*“在……下面”，*ὕπο*“下面”，拉丁语 s-ub“在……下面”，古爱尔兰语 fo“在……下面”，哥特语 uf“在……上面”】

upariy：副词，“上面”（tayaiy upariy nipištā“它们被写在上面”[XPh 31]）；介词 + 宾格，“在……上面”（DSf 27）【< 古印欧语 *uper(i)“上面”，*upero“上边的”～阿维斯塔语 upa^{i}ri“上面”，新波斯语 bar，梵语 upári，古希腊语 *ὑπέρ*“在……上面”，*ὕπερ*“上面”，拉丁语 s-uper，古爱尔兰语 for，哥特语 ufar“在……上面”】

upastā-：帮助，援助；常见于 upastām bar-“带来帮助”；参见 upā-, stā-【阿维斯塔语 upastā-，现代德语 Bei-stand“帮助”】

uraþa-：参见 raþa-

ustaš(a)nā-：阶梯，楼梯【us-（= ud-）+ taš-“制作，制造”= 阿维斯塔语 taš-，梵语 takṣ-< 古印欧语 teḱ-“制造”，参考古希腊语 *τέκτων*“木匠，工匠”，*τέχνη*“技艺”，拉丁语 texere“编织，建造”】

uš-：理智，判断力；双数主格 uš-īy，双数工具格 ušibiyā【本义为“耳朵”= 阿维斯塔语 uši, ušibya“耳朵”（双数），中古波斯语 uš，新波斯语 hōš“耳朵”< 古印欧语 *$h_2$eus-, *h_2e/ous-n-“耳朵”～古希腊语 *οὖς*“耳朵；（容器）把手”，拉丁语 auris，古爱尔兰语 áu，哥特语 ausō，立陶宛语 ausìs，古教会斯拉夫语 uxo“耳朵”】

ušabāri-：骑骆驼的【uša-“骆驼”<*ušça-<*uštra-：阿维斯塔语 uštra-“骆驼”，梵语 úṣṭra-“骆驼，水牛”】

uš-hamaranakara-：好的战士；参见 u-, hamarana-

uška-：参见 uš-

uška-：大陆，陆地；单数属格 uškahyā【本意为“干燥的（大地）”= 阿维斯塔语 huška，新波斯语 xušk，梵语 śúṣka-“干的，干燥的” < 古印欧语 *h_2s-us-“干燥的”~ 古希腊语 *αὖος*（<*sausos），立陶宛语 saũsas，教会斯拉夫语 suchъ，古高地德语 sōrēn，古英语 sēar“干的”】

utā：连词，“和，且”；utā...utā“不但……而且”；uta-maiy（XPh 58 等），utā-maiy（DB IV 46），uta-šim（XPh 34），utā-taiy（DB IV 56 等）【< 古印欧语 * 阿维斯塔语 uta，梵语 utá“和，且”，古希腊语 *ἠ-ύτε*“如同，就像”】

uva-：自己的，自己；只出现于复合词中【< 古印欧语 *seu̯o-, su̯o-“他（自己）的”~ 阿维斯塔语 x^{v}a-，梵语 svá-“自己的，自己”，古希腊语 *ὅς*，多里克方言 *ϝός*，拉丁语 sovos, suus“他的”】

uvādā-：来源，出身，家谱；pa[t]iša[m u]vādā[m akunavam]“以上我已陈述我的出身”（DB IV 90-）【uva- + dā-，对应于梵语 sva-dhā́-“特性，本质，自然”（本义：自我 - 设定）】

Uvaḫštra-：乌瓦赫沙特拉，梅德国王的名字，埃兰语版本作 ma-ak-iš-ta-ra，阿卡德语版本作 ú-ma-ku-iš-tar，古希腊语作 *Κυαξάρης*【Ua-va-ḫa-ša-ta-ra 也可读作 Uva-ḫšatra-。有可能的是 Uv-aḫštra-“好的监护者”~ 阿维斯塔语 a^{i}wy-āxštar-“监护者，主管”；更大的可能为 ^{h}u-vaḫštra-“拥有好的生长（增长）者”< 古印欧语 *h_2u̯eg-s-“增长，生长”~ 阿维斯塔语 vaxš-，梵语 vakṣáyati“使……生长”，古希腊语 *αὐξώ*“增长，扩大”，哥特语 wahsjan“增长，生长”】

uvaipašiya-：自己的，自身的；uvāipašiya-“私产”【阿维斯塔语 x^{v}aē-pa^{i}ϑya-，巴列维语 x^{v}ēβaš，粟特语 γypδ，阿富汗语 xpal“自己的”；uvai-<*svai-（梵语 svay-ám“自己”），pašiya-<*pati̯-a，参见 pati-】

uvāmaršiyu-：自然死亡的（“拥有自己死亡的”）；与 mar-“死亡”了连用（DB I 43）【有关其确切含义，讨论颇多，也有解释为“自杀”或“自我招致的死亡”的。其意义可能较为接近拉丁语 sua morte 所表现的自然死亡】

Uvārazmī̌-：切罗米亚，波斯帝国的辖地，古希腊语作 *Χωρασμίη*；hacāUvārazmiyā“从切罗米亚那里来”（DSf 39-）【*razm-~ 阿维斯塔语

rasman-“方阵，军阵”，拉丁语 regimen“引导，指引”；uva- + razm-~梵语 sva-rā́jya-“自己的统治”】

uvaspa-：富于马匹的（DSp 3，DSuez c 4，AmH 6）；参见 u-，aspa-

Ūvja-，Ūja-：埃兰；Ūvjiya-“埃兰人”【中古波斯语 Xūžistān，新波斯语 Xūzistān，亚美尼亚语 Xužastan“埃兰”】

ūvnara-：熟练技巧，技艺，能力【阿维斯塔语 hunara-“能干，能力，技艺”，中古波斯语、新波斯语 hunar“才能，才干”；梵语 sūnára-“强大的，幸运的，美丽的”；ūvnara-<*su-“好的”+ *h$_2$ner-“力量，生命力；男人”（阿维斯塔语 nar-，新波斯语 nar，梵语 nar-，古希腊语 ἀνήρ，阿尔巴尼亚语 njer，古教会斯拉夫语 ner“男人”）】

uzmayāpatiy：（与 kar- 连用）钉上，定在桩上【若 uzmaya-<*ud-zma-“在地面上的”，则当源自古印欧语 *d^{h}ǵ^{h}-om-“大地”~阿维斯塔语 zå̊，单数宾格 zą̄m，梵语 kṣā́ḥ，单数属格 jmás，古希腊语 χθών，拉丁语 humus，赫提语 tēkan，takn，楔形文字卢维安语 tii̯amm(i)-，象形文字卢维安语 takam-，立陶宛语 žẽmė，古教会斯拉夫语 zemlja，吐火罗语 B keṃ，A tkaṃ“大地”，古爱尔兰语 dú“场所，地方”】

-vā：附读连词，“或，或者”；-vā...-vā“或者……或者”【阿维斯塔语、梵语 vā，古希腊语 ἠέ，ἠ<*ἠ-ϝέ，拉丁语 -ve“或，或者”】

vaçabara-：持斧者（仅见于 DNd 1）?【vaça- 的涵义有争议，或源自 *vaśr-“斧”~奥塞梯语 uäs，梵语 vā́śī-】

vah-：参见 āvahana-

vāhara-：参见 þūravāhara-

Vahauka-：波斯人名，古希腊语作 Ὦχος【va(h)u-“好”】

Vahyazdāta-：瓦赫亚兹达塔，波斯人名，大流士的反叛者之一（DB IV 26）【vahya-，vahyah-，vau-“好”的比较级形态 = 阿维斯塔语 vahyah-，梵语 vásyas-；Vahyazdāta- 本义或为“拥有好的（更好的）法律者”，参考阿维斯塔语专名 Vahu.δāta-，Vohu.dāta-】

vaina-：看，观察【阿维斯塔语 vaēna-“看，观察”，梵语 véna-“看，观察；向往，追随”；中古波斯语 wēn-，粟特语、帕提亚语 wyn，新波斯语 bīn-“看，观察”】

vaj-：戳坏（眼睛）；第一人称单数未完成式 a-vajam【奥塞梯语 auädz，auädze“犁沟”，拉丁语 vōmis，古高地德语 waganso“犁头”】

van-：堆积，堆起；第三人称单数未完成式 a-vaniya（DSf 25, 29）【于阗塞种语 uysvan-“堆积”】

var-：现在时 *vr̥-nav-，中动态 v(a)r-nav-a-“被相信，被信以为真；选择”；第三人称单数现在时 v(a)rnavataiy“它被当作是真的”；虚拟式 v(a)rnavātaiy“愿它被相信”；第三人称单数命令式 þuvām v(a)rnavatām“让它说服你！”（DB IV 53）；第三人称单数未完成式 a-v(a)rnavatā“他已选择”【巴列维语 vur(r)av-，新波斯语 giravīδan“相信”；阿维斯塔语 var-, vər^{ə}nav-“选择，决定”，梵语 var-（vr̥ṇīté, vr̥ṇoti, vr̥ṇute）“选择，选中，想要”；进而可对比拉丁语 velle，哥特语 wiljan“愿，想”】

vard-：参见 Artavardiya-

*vardiya-：见于 Auramazdāha [ra]gam [va]rdiyaiy（DB IV 44），“引发阿胡拉马兹达神的愤怒 > 向阿胡拉马兹达神起誓”；参见 raga-, vard-

vardana-：城市【或读作 vr̥dana-~ 阿维斯塔语 vər^{ə}zəna-“乡镇”，梵语 vr̥jána-“地方，村庄，居民点”, °vardhana-“城市”】

Varkāna-：西卡尼亚（Hykania），今伊朗戈尔甘（Gurgan），位于里海南部【读作 Vr̥°，埃兰语版本作 Mi-r-ka°；词源上可能与 *vr̥ka-“狼”有关：古印欧语 *u̯lk^{u}o-“狼”~ 阿维斯塔语 vəhrka-，于阗塞种语 birgga，粟特语 wyrk-，新波斯语 gurg，库尔德语 varg，梵语 vŕ̥ka-，立陶宛语 vil̃kas，教会斯拉夫语 vlьkъ，吐火罗语 B walkwe“狼”；还可对比古希腊语 *λύκος*，拉丁语 lupus，哥特语 wulfs“狼”】

Varkazana-：音译“瓦尔卡扎那”，第八个月之名，十月 / 十一月；仅见于 DB III 88 [Varkazanahya]，依据埃兰语版本 Mar-ka-ca-na° 补上阙文【这种读法有不确定性。如果正确，则 Varka- 或源自 Vr̥ka-，Varkazana- 为“狼族”之义】

v(a)rnavātaiy, v(a)rnavatām：参见 var-

vart-：参见 vrat-

*varuþa^{n}ha-：参见 þa^{n}h-

vasiy（v-s-i-y，也可读作 vasaiy？）：副词，“非常，很；很多”【巴列维语 vas，新波斯语 bas“很多”。可能本义为“如所愿的”, *vas-/vasa- 的位格形态 ~ 阿维斯塔语 vasō, vasə“如愿的，随意的；不受限制的”】

vašna-：愿望，意愿；只见于单数工具格 vašnā“依照……的意愿，借助……的恩惠”（Auramazdāha, DB I 11 等）【< 古印欧语 *u̯ek̑-“想要”~ 阿维斯塔语 vasna-“交换价值，价格（符合交易双方意愿的）”，vas- = 梵语 vaś-“想，愿，希望”，赫提语 u̯ek-mi“希望，要求”，古希腊语 ἑκών，克里特方言 ϝεκών“自愿的”；古波斯语 vašnā~ 古北欧语 vegna，现代德语 wegen“由于，为了”】

vau-：好的；见于 Dārayavau-, Vahauka, Vaumisa-；其比较级见于 Vahyazdāta-【= va^{h}u-~ 阿维斯塔语 vaŋhu-, vohu-，梵语 vásu-“好的”】

Vaumisa-：沃弥萨，波斯人名，古希腊语作 Ὠμίσης【Vau-“好的”；^{o}misa-（^{o}m^{i}-i-s-）可能源自 *miça- = Miþra, Va^{h}umisa-~ 梵语 Vasumitra-“善友”；也可能为 Vaum-isa-“希求善好的”~ 梵语 *vasum-iccha-】

vayam：人称代词，“我们”【< 古印欧语 *u̯éi̯s, *u̯ei̯-óm~ 阿维斯塔语 vaēm，梵语 vayám；哥特语 wei-s，赫提语 u̯ēš，吐火罗语 A was, B wes“我们”】

Vāyaspāra-：波斯人名【可能源自 *Vayas-pāra“增进力量的”：梵语 váyas-“食物，力量”, pārá-“超越的”】

vazarka-（vazr̥ka-）：大的，有力的【-z- 是梅德语的典型性标志；参考粟特语 vz’rk，中古波斯语 vazurg，新波斯语 buzurg，亚美尼亚语外来词 vzurk“大的”。古波斯语 vazr̥ka-<*vazar-“力量”，参考阿维斯塔语 vazār^{ə}t-“有力的”, vāzišta-“最有力量的”，梵语 vā́ja-“力量，强力”，拉丁语 vegetus“活跃的，精力充沛的”，哥特语 wakan“醒（着）”】

vi-（viy-）：名词 - 动词前缀，“分离，离开”【阿维斯塔语 vi-, vī，梵语 ví；哥特语 wi-þra“对着，对面”，现代德语 wi-der“反对，违背”】

Vidarna-：韦达纳，波斯人名，古希腊语作 Ὑδάρνης【可能源自 vi- + *d(h)ar-“持有”】

Vi^{n}dafarnah-：波斯人名，埃兰语版本作 mi-in-dar-pa-na，古希腊语作 Ἰνταφέρνης【vinda-~ 梵语 vindáti“找到，到达”, farnah-“光荣，名声”；参考阿维斯塔语专名 Viδat̰.x^{v}ar^{ə}nah-】

vinasta-：过错，冒犯；参见 vi-, naþ-

*vīra-：英雄，男人，战士【= 阿维斯塔语 vīra-，梵语 vīrá-，拉丁语 vir；阿拉美语中保留的古波斯语人名 *Virafša- = 梵语 virapśá-<*virapśv-a-“拥有大量的人与家畜的”，阿维斯塔语 pasu-vīra-，翁布里亚语 ueıropequo】

visa-：全部的，所有的【< 古印欧语 *u̯ik̑u̯o-“全部的”~ 阿维斯塔语 vī̌spa-，于阗塞种语 biśśa-，粟特语 wysp-，中古波斯语 visp（har-visp），梵语 víśva-“全部的，所有的”；进而可对比教会斯拉夫语 vьsь，俄语 vesь，立陶宛语 vìsas，拉脱维亚语 viss，古普鲁士语 wissa“全部的，所有的”】

vispa-：全部的，所有的；vi[s]padā，副词，“到处，遍在”（DB IV 92）【词源与 visa- 相同】

vispazana-：包含所有部族（种类）的；复数属格 °zanānām, DSuez c 5【vispa- + zana-：梵语 viśva-janá-, viśva-janī́na-“包含一切民族的”】

Vištāspa-：维斯塔斯帕，大流士父亲的名字，古希腊语作 *Ὑστάσπης*【阿维斯塔语人名 Vīštāspa。-aspa-“马”较确定, višta- 可能源自 *vi-š[H]ta-~ 阿维斯塔语 hita-< 古印欧语 *sHtó-，可对照阿维斯塔语专名 Hitāspa-，其本义为“拥有套上挽具的马”；也可能与于阗塞种语 biṣṭa-“学生”相关 <*višta，则其本义为“拥有训练好的马”】

viþ-：宫殿，王宫，王室；房子，家产；单数宾格 viþ-am, XPh 58 等；复数工具格（作复数宾格用） viþbiš(-cā), DB I 65【< 古印欧语 *u̯ik̑-“房屋”~ 阿维斯塔语 vī̌s-“庄园，宫室”，于阗塞种语 bisā-“房子”，中古波斯语 vīs“村庄，家庭”，梵语 víś-“房子，住所，家庭，种族”，拉丁语 vīcus“村庄（房子的群落）”；古印欧语 *u̯oik̑-o-> 梵语 véśa-“房子（特别是指妓院）”，古希腊语 *οἶκος*“家”】

Vivāna-：维瓦那，大流士派在阿拉霍西亚的总督名【vi- + van-“胜利”，或 vi- + vahana-/vāhana-】

Viyaḫna-：音译“威赫哈那”，第十二月之名，二月 / 三月【vi-i-ya-ḫa-na-，根据埃兰语版本，可读作 Viyḫana<vi- *kan-“挖掘”（梵语 khan-“挖掘”, 阿维斯塔语 xan-“井”）】

viyaka：他已摧毁（DB I 64）; viyakanam“我已摧毁”（XPh 38）；参见 vi-, kan-[1]

*vrādah-：参见 baga-

vrat-：发誓，郑重承诺; (v)-r-t-i-y-i-y，读作 vratiyaiy“我发誓”（DB IV 44）【从名词 *vrata-（梵语 vratá-，阿维斯塔语 ^{u}rvata-“誓言”，

^{u}rvaiti-“契约，忠诚”）派生而来】

ya-：反身代词，“谁，那个”；见于 yaciy“无论，总是”【阿维斯塔语 yat̰-cit̰，梵语 yác-cit“即便，只要”】，haya，taya【<*ya-s，*ya-d】，单数工具格 yanaiy，yadā，yadiy，yātā，yaþā，yāvā【<古印欧语 *h_1i-o-“那个”~阿维斯塔语 ya-，梵语 yá-，中古波斯语、新波斯语 i，ya-，古希腊语 ὅς，教会斯拉夫语 i-že“谁，那个”】

yad-：尊崇，敬奉，祈祷；第二人称单数中动态祈愿式 yadaišā“愿你敬奉”（XPh 50）；yadataiy“他敬奉，他祈祷”（XPh 53）；（mā）yadiyaiša“他们（不）应被敬奉”（XPH 39）【<古印欧语 *Hi̯aǵ-“崇敬”~阿维斯塔语 yaz-，梵语 yaj-，古希腊语 ἅζομαι“尊崇，祈祷，献祭”】

yadā：连词，“如果，假使”；yadā-taya，XPh 35-；yadā-yā，XPh 39【阿维斯塔语 yadā，yaδa，梵语 yadā́“当……之时，如果，只要”】

Yada：地名；根据埃兰语版本 ^{AŠ}An-za-an，巴比伦语版本 $^{KUR/URU?}$An-za-an^{KI}，这一地名应对应于安善（Anšan）地区。词源不详

yadi-maniyāiy：参见 man-^{1}

yadiy：连词，“当……之时；假如”【阿维斯塔语 yezi，ye$^{(i)}$δi，梵语 yádi“当……之时”】

yakā-：印度黄檀（DSf 34）【新波斯语 jag】

yam-：与 ā- 连用，“带，拿（给自己）”；ā-yasatā“（他）曾带，曾拿（接管掌握）”（DB I 47，III 4，42-）【阿维斯塔语、梵语 yam-“持有，掌握，呈献”，阿维斯塔语现在时 ā-yasa-，梵语 ā́-yaccha-“获取”；吐火罗语 A yom-，B yäm-，yom-“获得，实现”】

yāna-：恩惠，眷顾，偏爱【<*i̯m̥H-no<*i̯am-“准许，给予”（参见 yam-）：阿维斯塔语 yāna-，yąna-“恩惠，眷顾”。对照：阿维斯塔语 Y. 1, 19 yānəm...ja^{i}δyemi~古波斯语 DPd 21 yānam jadiyāmiy“我祈请眷顾”，Y. 68, 21 dasta...yānəm~DPd23 y[ānam]...dadātu[v]“他应维持眷顾”】

yanaiy（y-n-i-y）：连词，“当……时，而，然而”【可能源自 *ya-na + *id】

yār-：参见 dušiyāra-

yasa-：参见 yamyātā：连词，“直到”，如 DB I 54，69，DSf 32-，34，XPh 45- 等【帕提亚语 yd“直到”<*yătā̆，参见 ya-】

yaþā：连词 / 副词，“如同，正如，由于，因而”；pasāvayaþā“在此之后……”，yaþātaya“此后”【阿维斯塔语 yaϑa，梵语 yáthā“正如”，参见 ya-】

yaud-：动乱，反叛【阿维斯塔语 yaoz-“陷入暴乱 / 叛乱”，现在时 yaoza^{i}ti；对照：阿维斯塔语 Yt. 13, 95 dahyunąm yaoza^{i}ntīšca~ 古波斯语 XPh 31- dahyāva...ayauda，DSe 32- dahyāva [ayauda]“各地已叛乱”，DNa 32 imām būmī̆m yau[da^{n}tīm]“那叛乱的土地”；进而可对比新波斯语 -yōz“欲求的，贪婪的”，亚美尼亚语外来词 yuzel“欲求，渴望”】

yāumaini-：大流士的一种特质，只见于 DNb 40（yāumainiš amiy“我是 y°”），或意味着“具有沸腾的复仇之力的”【yāu-<*yāsu-“煮沸，沸腾”：阿维斯塔语 yah-，梵语 yas-“沸腾，蒸发”，-maini- = 阿维斯塔语 maēni-，梵语 mení-“报复，复仇”】

Yauna-：爱奥尼亚；hacā Yaunā“来自爱奥尼亚”（DSf 42-）；Yaunā“爱奥尼亚人（复数）”（DSf 33-）【古希腊语 *Ἴωνες, Ἰάονες*“爱奥尼亚人”，梵语 Yavana-“希腊人（< 爱奥尼亚人）；（引申为）西方人，外国人”，Yavanī“王室女侍卫长”（指波斯人，而非希腊人）】

yauviyā-：水道，运河（DSuez c 8-，10，12）【巴列维语 yōy，新波斯语 jō，jōi“水道，运河”，梵语 yavyā́-“河流，水流（可能也有运河之义）”】

yāvā：连词，“只要”【阿维斯塔语 yavaṯ“只要，尽量”，梵语 yā́vat“如此大，如此广”；古波斯语 -ā~ 阿维斯塔语 yavant-，梵语 yā́vant-】

yāvaiy：副词，“总是”【阿维斯塔语 yavōi，yavē̆，yavaē-“总是，始终”】

zana-：种族，种类；只见于与 paru-、vispa- 连用的比较级【< 古印欧语 *ǵenH-“生育”~ 阿维斯塔语 -zana-“种族，种类”，srvō.zana-“属于有角的族类”，梵语 jána“种族，民族，性别，种属”，古希腊语 *γόνος*“后代，孩子”，拉丁语 gigno“生育”，genus“出生，起源；种属”】

zbay-：与 pati- 连用，“公布，宣告，安排”；patiy-a-zbayam“我曾呼叫”（XPh 38）【阿维斯塔语 zbaye^{i}ti，梵语 hváyati“呼唤，呼叫”；中

古波斯语名词 ā-zbāyišn“呼唤”，立陶宛语 žavěti“呼唤，蛊惑”，俄语 zvatь“呼唤，呼叫”】

Zra^{n}ka-：德兰吉亚那，波斯帝国的行省之一；°ā“德兰吉亚那人（复数）”；古希腊语作 *Σαϱάγγαι*, *Ζαϱάγγαι*, *Δϱάγγαι*, *Δϱαγγηνή*, *Δϱαγγιανή*【词源不详】

zūrah-：不公正，不义，邪恶；zūra-kara-“作恶者，行不义者”【阿维斯塔语 zūrah-“不义”，zūrō-jata-“被不义地杀害的”，zūrō-bər^{ə}ta“被不当地夺走”，新波斯语 zūr“错误的；谎言”，奥塞梯语 zurun“转过，转身”；阿维斯塔语 zbar-“走弯路，走斜路”，梵语 hvar-“弯身，把……引入歧途，伤害”，hváras-“亵渎，邪行；弯曲，不正”，粟特语'zbr-“穿过（河流）”】

汉语－古波斯语

A

阿尔沙美：Aršāma-
阿尔塔薛西斯：Artaḫšaça-
阿胡拉马兹达：Auramazdā-
阿契美尼德：Haḫāmaniša-
阿契美尼德人：Haḫāmanišiya-
埃及，埃及人：Mudrāya-
埃兰：Ūvja-
埃塞俄比亚：Kūša-
爱奥尼亚，爱奥尼亚人：Yauna-
按照，根据：anuv（＋属格 / 位格）

B

巴比伦：Bābiru-
巴比伦人：Bābiru-, Bābiruviya-
巴尔迪亚：Bardiya-
巴克特里亚：Bāḫtri-
百：þata-
柏树：þarmi-
帮助：upastā-
绑缚：ba^{n}d-
保护：pā-, pay-
被骗：duruḫta-
鼻子：nāh-
变成：bava-
变坏：duškarta-
玻璃：kāsaka-

波斯，波斯人:Pārsa-
不，不是:naiy
不义:zūrah-
不忠:arika-
步兵:pasti-

C

财富:tauman-
仓库:*hamapāra-;*nidāni-
仓库保管员:*hamapārabara-
曾经:paranam
此后:pasāvayaþā,yaþātaya
此外:patiy
从……而来:hacā(+离格)
从古至今:duvitāparanam
错误的，虚假的:duruḫta-

CH

超过:para(+宾格)
车:raþa-
臣属:ba^{n}daka-
成功的:ucāra-
成为:bava-
城堡:didā-;kaufa-
城镇:vardana-
惩罚:fraþ-
持有:dar-
船:nāu-
窗框:ardastāna-
创造:dā-

长的:darga-
重建:patipadamkar-

D

打，打击:jan-
大流士:Dārayavau-
带来，带着:bar-
戴头盔的:takabara-
当 …… 之时:yadiy
到来:ar-, rasa-
道路:paþī-
等待:man-
敌人:hainā-; paratara-
底格里斯:Tigra-
地方:pada-; stāna-
第一:fratara-
第二:duvitīya-
第三:çitīya-
第九:navama-
第十:*daþama-
奠酒:*dauça-
雕像:patikara-
多，众多:paru-

E

恶事，不义:miþah-
恶意的:arika-
恩惠:yāna-
儿子:puça-

F

发誓:vrat-

法律:dāta-

反对:patiš(+宾格)

反叛:udpat-

反叛的，敌对的:hamiçiya-

房子:viþ-

放弃:rad-

放置:stā-

愤怒的:manauvī̆-

斧子，战斧:isuvā-

父亲:pitar-

G

敢于:darš-

冈比西斯:Ka^{m}būjiya-

高贵的:āmāta-

高墨达:Gaumāta-

给，给予:fra-bar-;dā-

更强的:tauvīyah-

弓箭手:þanuvaniya-

宫殿:tacara-;viþ-

关于:pariy(+宾格)

过去的，流逝的:þakata-

H

(可以)航行的:nāviya-

好箭手:uþanuvaniya-

(拥有)好马的:uvasa-,uvaspa-

好骑手:uvasabara-

好投矛者:uvarštika-

好战士:uššhamarankara-

和……，且……:utā;utā...utā

河流:rautah-

很，非常:daršam;vasiy

衡量:mā-

后来:adakaiy

后面，随后:abayapara（*abiyapara）;nipadiy

（大型）花园:paridaida-

幻士:magu-

荒年，饥荒:dušiyāra-

黄金:daraniya-

谎言:draujana-

毁灭:vikan-;nāþay-

毁灭者:ja^{n}tar-

活的:jīva-

或者:-vā

J

激情的:manauvī̆-

技巧:ūvnara-

家仆:māniya-

家谱:uvādā-

家庭，家族:taumā-;*nāfa-

尖顶的:tigra-；戴尖顶帽的:tigraḫauda-

坚固的:duruva-

矫健:aruvasta-

脚:pāda-

较好的:fratara-

阶梯:ustaš(a)nā-

借助……的眷顾:vašnā + 属格
精神:manah-
敬奉:yad-
酒:*raza-
酒杯:bātugara-
居鲁士:Kuru-
居住地:āvahana-
军队:hainā-;kāra-
军营:spāþmaida-

K

卡尔人:Karka-
看:dī-;vaina-
恐惧:afuvā-

L

来源，出身:ciça-;uvādā-
蓝色:kapautaka-
离开:rad-
黎巴嫩:Lab(a)nāna-
理智:uš-(通常用双数 ušīy)
力量:tauman-
列，排:parna-
流动:dan-
陆地:uška-
吕底亚:Spardiya-

M

马:aspa-

马尔吉亚那:Margu-
矛戈，标枪:aršti-
帽子:ẖauda-
梅德，梅德人:Māda-
美好的:naiba-
门：大门 duvarþi-；小门 duvara-
门把手:mayuẖa-
密特拉神:Miþra-
庙宇:āyadana-;daivadāna
灭亡:naþ-
民族:kāra-
名字:nāman-
（下）命令:framāya-
某个（人）:kašciy
母亲:mātar-
木头:dāru-

N

那波尼德:Nabunaita-
那个:hauv(阳性 / 阴性名词),ava(中性名词)
那里:avadā
能，能够:tav-
尼布甲尼撒:Nabukudracara-
尼罗河:Pirāva-
你:tuvam(属格 - 与格:-taiy)
年:þard-
农民:*karšika-
努力，尽力:hamataẖša-
女儿:*duẖçī-

P

帕提亚，帕提亚人:Parþava-
叛乱，动乱:yaud-
朋友:dauštar-
皮毛，兽皮:pavastā-
皮舟:maška-
贫穷的:skauþi-
仆从:marīka-

Q

其他的:aniya-
奇斯匹斯:Cišpiš
骑手，骑士:asabara-
千:*hazāra-
千总:*hazārapati-
铅:*siça-
前进:šiyav-
虔诚的:brazmaniya-;*drazdā-
强大的:tunuvant-;vazarka-
抢夺:dī-,dīnā-
请求:jad-
全部:visa-,vispa-;haruva-
全部土地:visadahyu-
全部种族:vispazana-

R

人，男人:martiya-
扔:sā-
日子:raucah-

如此，这样:avaþā
如果，假如:yadā

S

萨迪斯:Sparda-
塞族人:Saka-
私产:uvāipašiya-
思考:man-,maniya-
死:mar-
死了:marta-
松树（的）:naucaina-
送出:fraišaya-
粟特:Sugda-,Suguda-
随从:anušiya-;ba^{n}daka-
碎石:þikā-
孙子，外孙:napāt-

SH

杀死:avaja-
（被）杀死:avajata-
善意的:agriya-
伤害:ḫšan-
少的:kamna-
舌头:hizan-
身体:tanū-
神:baga-
生活:jiv-
牲畜:gaiþā-
圣地:āyadana-
十:*daþa

石匠:karnuvaka-
石头:aþa^{n}ga-
石头所造:aþa^{n}gaina-
手:dasta-
水:ap-
水道，运河:yauviyā-
税赋:bāji-
税吏:*bāji-kara-;*hamārakara-
说，说出:þah-,þātiy
说谎:draug-;durujiya-

T

逃走:mauþ-
天:asman-
听:āh̯šnav-
通过:tara（+宾格）
通知:par-;þā-
同父所生的:hamapitar-
同母所生的:hamātar-
同样的:hama-
统治：名词 h̯šaça-；动词 h̯šay-,patih̯šay-
投掷:kan-
土地:būmī̆-;dahyu-

W

挖掘:kan-
完好的:duruva-
王，国王，君主:h̯šāyaþiya-
王国:h̯šaça-
王座:gāþu-

为人所知地：azdā
伟大的：vazarka-
伪神：daiva-
伪神的祭所：daivadāna-
（对……）畏惧：tarsa-
文字：dipi-
我：adam（属格 - 与格：manā，-maiy）
我们：vayam（属格 - 与格：amāh̯am）

X

（令人）喜悦：h̯šnav-
喜悦的：h̯šnū̆ta-，uh̯šnav-
显现：þad-
现在：nūram
相信：v(a)rnava-
想：man-
向下：aurā
象牙：piru-
小的：kamna-
邪恶：zūrah-
心意：manah-
行走：ay-
幸福的：*badra-；šiyāta-
兄弟：brātar-
宣告，公告：ha$^{(n)}$dugā-；patizbay-
薛西斯：H̯šayāršan-

Y

压，榨：mard-
雅利安：Ariya-

雅利安拉姆那:Ariyāramna-
雅利安种族:Ariyaciça
亚美尼亚:Armina-
亚美尼亚人:Arminiya-
亚述:Aþurā-
亚述人:Aþuriya-
沿着，靠着:anuv（+离格）
眼睛:cašman-
也:-ciy, -patiy
夜晚:ḫšap-
一:aiva-
一次:hakaram
（与……）一起:hadā（+工具格）
以前:paruvam
因而，因此:avahyarādiy;yaþā
引领，引导:nay-
印度:Hi^{n}du-
印度人:Hi^{n}duya-
英雄:*vīra-
勇敢的:taḫma-
优势:pariyana-
由于，出于:rādiy（+属格）
远，遥远:dūra-;dūraiy
愿望:kāma-
月:māh-
越过:tar-

Z

灾祸:gastā-
在……之后:pasā（+宾格/属格）
在……之前:paišiyā（+宾格）

在……之上:upariy(+宾格)

在……(当政)之时:upā(+宾格)

在……之中:a^{n}tar(+宾格)

在洞(坑)中:baršnā

自古以来:(hacā)paruviyata

自己:tanū-

自己的:uvāipašiya-

总督:ḫšaçapāvan-

总是:yāvaiy

走:gam-

祖父，外祖父:niyāka-

最大的:maþišta-

最前的:fratama-

遵守(法律):parīdiy(avanādātā),pariyaitiy

作恶者:zūrakara-

作品:kartam

作者:-kara-

坐:had-

做事，干事:kar-

ZH

战士:hamaranakara-

战争:hamarana-;spāþmaida-

站立:stā-(中动态)

这，这个:iyam(阳性/阴性名词),ima(中性名词)

这里:idā

真的，真实的:hašiya-

真理:arta-

整体的:haruva-

正确(的)，正直(的)，正义(的):rāsta-

只要:yāvā

执戈（矛）者：arštika-

执戟者：vaçabara-

直到：yātā

指挥官：framātar-

指令，安排：nistāya-, niyastāya-

秩序：arta-

智慧：ẖraþu-

忠实的，忠诚的：agriya-

肘尺：arašni-

柱子：stūnā-

抓住：grab-, g(a)rbāy-

砖：išti-

转向：abiyšiyav-

卓越的：fraša-

参考文献

语法 – 辞典

Bartholomae, Ch., 1961². Altiranisches Wörterbuch, Berlin

Brandenstein, W. / Mayrhofer, M., 1964. Handbuch des Altperischen, Wiesbaden

Geige, W. / Kuhn, E., 1974² (hrsg.). Grundriss der iranischen Philologie, erster Bd. 1 Abteilung, Strassburg, 152-248

Hinz, W. / Koch, H., 1987. Elamisches Wörterbuch，2 Bd., Berlin

Hinz, W., 1942. Altpersischer Wortschatz, Leipzig

Johnson, E. L., 1917. Historical Grammar of the Ancient Persian Language, NewYork

Kent, R. G., 1953². Old Persian:Grammar, Texts, Lexicon, New Haven

Meillet, A., 1931². Grammaire du vieux-perse, Paris

Schmitt, R., 1989 (hrsg.). Compendium Linguarum Iranicarum, Wiesbaden, 25-31, 56-85

—2014. Wörterbuch der altpersischen Königsinschriften, Wiesbaden

Skjærvø, P. O.,2016. An Introduction to Old Persian, Harvard University, https://sites.fas.harvard.edu/~iranian/OldPersian/opcomplete.pdf

Tolman, H. C., 1892. A Grammar of the Old Persian Language, Boston

语言 – 文字 – 文本研究

Allegri, M. / Panaino, A., 1995. "On the š-Ending in Old Persian akunauš and similar Forms", in B. G. Fragner et al.(ed.), Proceedings of the Second European Conference of Iranian Studies, Rome, 1-33

Benveniste, E., 1969. Le vocabulaire des institutions indo-européennes, 2 vol., Paris

Briant, P., 1996. Histoire de l'Empire perse de Cyrus à Alexandre, Paris
—1997. "Bulletin d'histoire achéménide", Topoi, Orient - Occident, Suppl. 1
Cameron, G.G.,1948. Persepolis Treasury Tablets, Chicago
Diakonoff, I. M., 1969. "The Origin of the 'Old Persian' Writing System and the Ancient Oriental Epigraphic and Annalistic Traditions", in M. Boyce / I. Gershevitch (ed.), W. B. Henning Memorial volume, London, 98-124
Eilers, W., 1940. Iranische Beamtennamen in der keilschriften Überlieferung, I, Leipzig
Hale, M., 1988. "Old Persian Word Order", Indo-Iranian Journal 31, 27-40
Herrenschmidt, C., 1990. "Nugae antico-persianae", in H. Sancisi-Weerdenburg / A. Kuhrt (ed.), Achaemenid History IV. Centre and Periphery, Leiden, 37-61
Herzfeld, E., 1938. Altpersischen Inschriften, Berlin
Hinz, W., 1969. Altiranische Funde und Forschungen, Berlin
—1973. Neue Wege im Altpersischen (Göttinger Orientforschungen, III/1), Wiesbanden
—1975. Altiranisches Sprachgut der Nebenüberlieferungen (Göttinger Orientforschungen, III/3), Wiesbanden
Hoffmann, K., 1958. "Altiranisch", Handbuch der Orientalistik I, IV, 1. Leiden-Cologne, 1-19
—1965. "Zu den altiranischen Bruchzahl", KZ 7, 247-54 (Aufsätze zur Indoiranistik I: 182-90, 338)
—1970. "Zur awestischen Textkritik: Der Akk. Pl. mask. Der a-Stämme", in M. Boyce / I. Gershevitch (ed.) , W. B. Henning Memorial volume, London, 187-200 (Aufsätze zur Indoiranistik I: 274-87)
—1973/1976/1992. Aufsätze zur Indoiranistik, 3 Bd., J. Narten (hrsg.), Wiesbaden
Hoffmann, K. / Narten, J., 1989. Der Sasanidische Archetypus: Untersuchungen zu Schreibung und Lautgestalt des Avestischen, Wiesbaden
Lecoq, P., 1974. "Le problème de l'écriture cunéiforme vieux-perse", in Commémoration Cyrus. Jommage universel III (Acta Iranica 3), Tehran /

Liège, 25-107
—1997. Les inscriptions de la Perse achéménide, Paris
Mayrhofer, M., 1969. "Das Altpersische seit 1964", in M. Boyce / I. Gershevitch (ed.), W. B. Henning Memorial volume, London, 276-98
—1971. "Neuere Forschungen zum Altpersischen", in R. Schmitt (hrsg.), Donum Indogermanicum, Festgabe für Anton Scherer zum 70. Geburtstag, Heidelberg, 41-66
—1978. Supplement zur Sammlung der altpersischen Inschriften, Wien
Meißner, B./ Oberhuber, K., 1967. Die Keilschrift, Berlin
Porten, B., 2011[2]. The Elephantine papyri in English: Three millennia of cross-cultural continuity and change, Leiden
Schmitt, R., 1977. "Der Numerusgebrauch bei Länder- und Völkernamen im Altpersischen," Acta Antiqua Academiae Scientiarum Hungaricae 25, 91-99
—1978. "Zur altpersischen Syntax (DB III 12-14)," Zeitschrift für Vergleichende Sprachforschung 92, 62-68
—1980 [1981]. "Altpersischforschung in den Siebzigerjahren," Kratylos 25, 1-66
—1987. "Altpersisch m-n-u-vi-i-š = manauviš," in G. Cardona / N. H. Zide (hrsg.), Festschrift for Henry Hoenigswald On the Occasion of His Seventieth Birthday, Tübingen, 363-66
—1989 (hrsg.). Compendium Linguarum Iranicarum, Wiesbaden, 25-31, 56-85
—1991. The Bisitun Inscriptions of Darius the Great, Corpus Inscriptionum Iranicarum I, I, Texts I, London
—1993a. "Zum Schluss von Dareios' Inschrift 'Susa e'," AMI 25, 147-54
—1993b. "Cuneiform Script," in Encyclopaedia Iranica, VI/5, 456-62
—1995a. "Zur Enklise im Altpersischen," in H. Hettrich et al., eds., Verba et Structura. Festschrift für Klaus Strunk , Innsbruck, 285-301
—1995b. "Direkte und indirekte Rede im Altpersischen," in M. Ofitsch / Ch. Zinko (hrsg.)., Studia Onomastica et Indogermanica. Festschrift für Fritz Lochner von Hüttenbach zum 65. Geburtstag, Graz, 239-47

—1995-1996. “Eine Goldtafel mit angeblicher Dareios-Inschrift,” Archäologische Mitteilungen aus Iran 28, 269-73

—1996 [1998]. “Epigraphisch-exegetische Probleme der altpersischen Texte ‘DNb’ und ‘XPl’ (Teil 1)”, Bulletin of the Asia Institute 10, 15-23

—1997a. “Epigraphisch-exegetische Probleme der altpersischen Texte ‘DNb’ und ‘XPl’ (Teil 3),” Archäologische Mitteilungen aus Iran 29, 271-79

—1997b. “Notgedrungene Beiträge zu westiranisch st versus št oder: Epigraphik und historische Dialektologie,” Incontri linguistici 20, 121-30

—1998. “Neue Lesungen des Bīsutūn-Textes,” in Studia Iranica et Alanica. Festschrift for Prof. Vasilij Ivanovič Abaev on the Occasion of His 95th Birthday, Rome

—1999a. Beiträge zu altpersischen Inschriften, Wiesbaden

—1999b. “Bemerkungen zum Schlußabschnitt von Dareios’ Grabinschrift DNb,” AoF 26, 127-39

—1999c. “On two Xerxes Inscriptions,” Bulletin of the School of Oriental and African Studies 62, 323- 25

—1999d. “Frustula Susiana,” Studia Iranica 28, 1999, 163-71

—1999e. “Zur Bedeutung von altpers. /dahyu-/,” in P. Anreiter / E. Jerem (hrsg.), Studia Celtica et Indogermanica. Festschrift für Wofgang Meid zum 70. Geburtstag, Budapest, 443-52

—2000. The Old Persian Inscriptions of Naqsh-i Rustam and Persepolis, Corpus Inscriptionum Iranicarum I, I, Texts II, London

—2007. Pseudo-altpersische Inschriften: Inschriftenfälschungen und moderne Nachbildungen in altpersischer Keilschrift, Wien

—2009. Die altpersischen Inschriften der Achaimeniden: Editio minor mit deutscher Übersetzung, Wiesbaden

Shahbazi, A.S. , 1985 (ed). Old Persian Inscriptions of the Persepolis Platform (Corpus Inscriptionum Iranicarum , Pt. 1, Vol. 1) , London

Sims-Williams, N., 1981. “The Final Paragraph of the Tomb-Inscription of Darius I (DNb, 50-60): The Old Persian Text in the Light of an Aramaic Version,” BSOAS 44/1,1-7

Skjærvø, P. O., 1999. “Avestan Quotations in Old Persian?” in S. Shaked and A. Netzer, eds., Irano-Judaica IV, Jerusalem, 1999, 1-64

—1999 [2002]. "Methodological Questions in Old Persian and Parthian Epigraphy," Bulletin of the Asia Institute 13, 157-67

—2005. "The Achaemenids and the Avesta," in Vesta Sarkhosh Curtis and Sarah Stewart (ed.), Birth of the Persian Empire, London and New York, 52-84

—2009. "Old Iranian languages," in G. Windfuhr (ed.), The Iranian Languages, Routledge Family Series, London and New York, 43-195

—2011. The Spirit of Zoroastrianism, New Haven and London: Yale University Press.

—2011. Review of Rüdiger Schmitt, ed., Die altpersischen Inschriften der Achaimeniden: Editio minor mit deutscher Übersetzung, Wiesbaden: Reichert Verlag 2009, in OLZ 106, cols. 325b-328b

Stronach, D., 1990. "On the Genesis of the Old Persian Cuneiform Script ," in F. Vallat, ed., Contribution à l'histoire de l'Iran. Mélanges offerts à Jean Perrot, Paris, 195-203

Tavernier, J., 1999. "Zum altpersischen hy /hya/," Archív Orientální 67, 683-93 Tedesco, P. , 1921. "Dialektologie der westiranischen Turfantexte," Monde oriental, 184-257

Testen, D., 1997. "Old Persian and Avestan Phonology," in Alan S. Kaye (ed.), Phonologies of Asia and Africa, Winona Lake, 1997

Thieme, P., 1969. "Sanskrit sindhu-/Sindhu- and Old Iranian hindu-/Hindu-", in M. Boyce / I. Gershevitch（ed.）, W. B. Henning Memorial volume, London, 447-50

Weissbach, F. H., 1911. Die Keilschriften der Achämeniden, Leipzig

历史－宗教研究

阿甫基耶夫（B.И.*Авдиев*），《古代东方史》，王以铸译，上海：上海书店出版社，2007

丹尼尔（E. Daniel），《伊朗史》（东方·剑桥世界历史文库），李铁匠译，上海：东方出版中心有限公司，2016

伊利亚德（M. Eliade），《宗教思想史》第一卷，吴晓群 / 晏可佳译，上海：上海社会科学出版社，2013[2]

芬纳（S. E. Finer），《统治史（卷一）：古代的王权与帝国 — 从苏美尔到罗马》，王震、马百亮译，上海：华东师范大学出版社，2010

刘文鹏 / 吴宇虹 / 李铁匠，《古代西亚北非文明》，北京：中国社会科学出版社，1999

奥姆斯塔德（A. T. Olmstead），《波斯帝国史》，李铁匠 / 顾国梅译，上海：上海三联书店，2017

Boyce, M., 1975/ 1982. Zoroastrianism, Handbuch der Orientalistik I, viii: Religion 1, 2, 2A, I-II, Leiden-Cologne

—1984. Textual Sources dor the Study of Zoroastrianism, Manchester

Duchesne-Guillemin, J., 1962. “L’étude de l’iranien ancien au vingtième siècle”, Kratylos 7，1-44

—1970. Zoroaster und Abendland, ins Deutsche übersetzt von Ursula Weisser, in B. Schlerath (Hrsg.), Zarathustra, Dramstadt, 217-252

Frye, R., 1984. The History of Ancient Iran, München

Kellens, J., 1987. “Charackter of ancient Mazdaism ”, in History and Anthropology 3, 239-62

Koch, H., 1977. Die religiösen Verhältnisse der Dareioszeit. Untersuchungen an Hand der elamischen Persepolistäfelchen, Wiesbaden

Kuhrt, A., 2010. The Persian Empire: A corpus of sources from the Achaemenid period, London

Malandra, W. W., 1983. An Introduction to Ancient Iranian Religion. Reading from the Avesta and the Achaemenid Inscriptions, Minneapolis

Potts, D. T., 2013 (ed.). Oxford Handbook of Ancient Iran. Oxford

印欧语历史比较语言学

Bammesberger, A., 1988 (hrsg.). Die Laryngaltheorie und die Rekonstruktion des indogermanischen laut- und Formensystems, Heidelberg

Beeks, R. S. P., 2011[2].Comparative Indo-European Linguistics: An Introduction, Amsterdam/Philadelphia

Clackson, J., 2007. Indo-European Linguistics: An Introduction, Cambridge

Kellens, J., 1990 (ed.). La reconstruction des laryngales, Liège

Mayrhofer, M., 1986. Indogermanische Grammatik, Vol. 1, 2nd half-volume, Lautlehre, Heidelberg

—2006^{2}. Die Fortsetzung der indogermanischen Laryngale im Indo-Iranischen, Wien

Meier-Brügger, M.,2003. Indo-European Linguistics. Berlin/New York

Rasmussen, J. E., 1999 [1983]. “Determining Proto-Phonetics by Circumstantial Evidence: The Case of the Indo-European laryngeals”, Selected Papers on Indo-European Linguistics, Copenhagen, 67–81

Skutsch, O., 1977. Accusativus Graecus, Glotta 55. Bd., H. 1./2, 85-88

Tichy, E., 2004^{2}. Indogermanisches Grundwissen für Studierende sprachwissenschaftlicher Disziplinen, Bremen

Winter, W., 1965 (ed.). Evidence for Laryngeals, London-Den Haag-Paris

图书在版编目（CIP）数据

古波斯语教程：语法·文本·词汇 / 白钢著. --
上海：华东师范大学出版社，2022
ISBN 978-7-5760-2948-2

Ⅰ.①古… Ⅱ.①白… Ⅲ.①波斯语—古代语言—教材 Ⅳ.①H731

中国版本图书馆 CIP 数据核字 (2022) 第 106632 号

VI HORAE
华东师范大学出版社六点分社
企划人 倪为国

古波斯语教程：语法·文本·词汇

著　　者　白　钢
责任编辑　王　旭
责任校对　徐海晴
封面设计　刘怡霖

出版发行　华东师范大学出版社
社　　址　上海市中山北路 3663 号　邮编　200062
网　　址　www.ecnupress.com.cn
电　　话　021-60821666　行政传真　021-62572105
客服电话　021-62865537　门市（邮购）电话　021-62869887
地　　址　上海市中山北路 3663 号华东师范大学校内先锋路口
网　　店　http://hdsdcbs.tmall.com

印 刷 者　上海盛隆印务有限公司
开　　本　787 × 1092　1/16
插　　页　1
印　　张　17.25
字　　数　150 千字
版　　次　2022 年 7 月第 1 版
印　　次　2022 年 7 月第 1 次
书　　号　ISBN 978-7-5760-2948-2
定　　价　108.00 元
出 版 人　王　焰

（如发现本版图书有印订质量问题，请寄回本社客服中心调换或电话 021-62865537 联系）